MARTIN AMANSHAUSER

TYPISCH WELT

Gedruckt nach der Richtlinie des
Österreichischen Umweltzeichens
„Druckerzeugnisse",
Druckerei Theiss GmbH, Nr. 869

MIX
Papier aus verantwortungsvollen Quellen
FSC® C012536
www.fsc.org

Grafische Gestaltung: Mathias Nemec, Wien
unter Verwendung eines Fotos von Heribert Corn
Druck und Verarbeitung:
Druckerei Theiss GmbH, St. Stefan im Lavanttal
ISBN 978-3-7117-2040-5

Informationen über das aktuelle Programm
des Picus Verlags und Veranstaltungen unter
www.picus.at

MARTIN AMANSHAUSER

TYPISCH WELT

111 GESCHICHTEN ZUM WEITER REISEN

PICUS VERLAG WIEN

NOTIZEN EINES ZIEMLICH ZUFÄLLIG ANWESENDEN

Einige Reisen, von denen ich hier schreibe, haben mich an Orte geführt, die ich aus eigenem Antrieb meiden würde (unter anderem Luxushotels oder Sightseeing mit Menschenschlangen), allein schon deshalb, weil mir dafür Geld und Geduld fehlen. Das *Schaufenster*, die Freitagsbeilage der Tageszeitung *Die Presse*, gibt mir immer wieder Gelegenheit zu Pressefahrten in solche ungewohnten Sphären. Ebenso oft bilden meine Geschichten aber private Reiseerlebnisse ab. So sind aus zwei Jahrzehnten eine Menge Erlebnisse zusammengekommen, von einer etwas irren Stadtbesichtigung St. Petersburgs über die Wahl zur stärksten Eringer Kuh im Wallis bis zur Mopedfahrt durch die osttimorensische Exklave Oecussi-Ambeno. So einzigartig sie sein mögen, so typisch sind sie für die wirren Wege eines zeitgenössischen Reisenden. Es handelt sich nicht um Reportagen eines Korrespondenten, der vor Ort lebt, sondern um Notizen eines ziemlich zufällig Anwesenden. Manche geraten trotzdem oder gerade deswegen unvorsätzlich politisch. Es reist sich halt durch eine Diktatur anders als durch Frankreich oder Deutschland.

Ich reise zwar viel, aber auch nicht sehr viel anders als die anderen. Ich mag die Ortsveränderung, die Verkehrsmittel finde ich nicht einmal besonders unbequem, ich schlafe überall halbwegs gut. Aufgrund der beruflichen Vorgaben sind mir manchmal nur kurze Einsichten möglich – ganz so wie konventionellen Urlaubern, denen immer die Zeit für dies und das fehlt. Herausgekommen ist ein Dokument des Versuchs, Sehenswürdigkeiten ebenso wie vorgegebenen Routen auszuweichen, oder, falls sie nicht vermeidbar sind, ihnen neue Perspektiven abzugewinnen. Ich glaube, das tun inzwischen viele Menschen. Kaum ein Tourist will heute nur Tourist sein. Und davon handeln diese Texte. Häufig erhalte ich Reaktionen wie »Genauso ist es mir auch gegangen!«

Im 21. Jahrhundert kann sich der Mensch ja an die meisten Punkte dieser Erdkugel transportieren lassen. Flugbuchungen nach wenigen Klicks suggerieren eine neue Art von Reisefreiheit und rufen ein chaotisches Buchungsverhalten hervor. Dem zeitgenössischen Tourismus wurde wiederholt vorgeworfen, dass er unsere Sicht auf die Orte (»Destinationen«) oberflächlich macht. Doch fast unwillkürlich denken wir heute bei jeder Reise ihren Sozial- und Umwelt-Impact mit: Nach der Enttäuschung namens Kapitalismus hält uns allein schon das kollektive Krisenbewusstsein dazu an. So hat mich mein eigener ökologischer Fußabdruck bereits ganz real durch einen Albtraum gejagt.

Eine Leserin sagte mir einmal, sie würde meinen Zielen im wahrsten Wortsinn »nachreisen«. Zunächst war ich geschmeichelt. Kurz darauf öffnete sich vor mir ein Schlund. Handelte es sich um eine Art von sekundärem Stalking? Ich finde, Sie müssen nicht ganz so weit gehen. Diese Geschichten sollen Räume öffnen, in die Sie hineinspazieren. Gelegentlich werden Sie wohl mit mir denken: Diesen Wahnsinn kenne ich, das passiert auch nur unterwegs, typisch Welt! Auch Reisemuffel (ich bin selbst ein verhinderter) können dadurch ein Stück in der Gegend herumkommen.

Als ich die Texte gesammelt las – mit zweihundert weiteren, die wir in diese Auswahl nicht aufgenommen haben –, war ich doch recht bestürzt über den Umfang der Reisetätigkeit dieses Menschen, zu dem ich geworden bin.

Martin Amanshauser, Mai 2016

BAHAMAS

AMANSHAUSER HAT EINEN CHAUFFEUR

Auf Paradise Island steht das *Atlantis,* zweitausenddreihundert Zimmer, der größte Hotelkomplex der Karibik. Ein paar Straßen weiter, in den Apartments des irgendwie dazugehörigen, aber viel exklusiveren *Ocean Clubs,* werde ich von oben bis unten betreut. Beim nachfolgenden Cocktailempfang versuche ich, möglichst überschwänglich zu wirken. Wer sich in einem US-Satellitenstaat schwertut mit Smalltalk, der gilt allzu rasch als magenkranker Grübler. »Europäer blicken meist drein wie Sargträger«, erklärt mir eine PR-Lady, und plötzlich kann ich lachen.

Die Tür geht auf, alle starren in diese Richtung. Großer Auftritt des Hotelzampanos K., Chef des *Atlantis.* Er feiert seinen siebzigsten Geburtstag mit Festdinner und fünfundzwanzigjähriger Freundin oder Gattin und einer Show von Patti LaBelle (»Voulez-vous coucher avec moi«), die er live im Bahamas-TV übertragen lässt. Ich fürchte schon, dass ich mit ihm und ihr smalltalken muss, aber so einer spricht zum Glück doch nur mit ausgesuchten Menschen.

Andere suchen wiederum mich aus, kaum steht man kurz in Ruhe da, schießt jemand auf einen zu. »How do you like the cocktail?«, werde ich alle drei Minuten gefragt, und später: »How do you like the dinner? You enjoy the wine? Was the trip nice? First time here in Paradise?« Ich lege mir Antworten zurecht: »It's *so* gorgeous« oder »It is *most* amazing!« oder »My trip was very relaxed.« Die nehmen mir das erstaunlicherweise ab. Meine Gänsehaut merkt keiner.

Der *Ocean Club* beschämt mich mit Zuteilung eines persönlichen Butlers. Er heißt Audrey, Aldrych oder so ähnlich, er bringt mir regelmäßig Erdbeeren mit Schokoladencreme, und bei meiner Rückkehr hat er im Zimmer alles zum Besseren verändert. Leider stellt sich bald heraus, dass er auch meine schmutzigen Unterhosen in Kuvertform zusammenfaltet (deshalb »briefs«?) und sie unter die frischen mischt. Dabei glättet (bügelt?) er sie, sodass ich, um die alten wieder auszusortieren, an jedem Einzelstück schnüffeln muss.

Ich bastle gerade am Laptop an einer Geschichte, die in Libyens Wüste spielt. Passt nicht hierher, ich schäme mich dafür. Meinen Libyen-Reiseführer verstecke ich wie einen Porno im Koffer, damit mich Audrey/Aldrych nicht für einen charakterlosen Fremdgeher hält.

Am Nachmittag klopft er, serviert wieder Erdbeeren, von denen er offenbar sehr viele besitzt, und fragt nach meinem Beruf. »Writer and journalist« gefällt ihm: Audrey/Aldrych gesteht, dass er im bürgerlichen Leben (wenn er gerade nicht Butler ist) selbst Artikel für eine Nassauer Zeitung verfasst.

Inseltrip per Stretchlimousine: Der Chauffeur mit den weißen Handschuhen wirkt deutlich vornehmer als ich. Eigentlich sollte ich ihn herumkutschieren, nicht er mich. Er steigt ganz vorne ein, ich ganz hinten – wir sind ungefähr die Weltrekorddistanz im Weitsprung voneinander entfernt – und ich sinke lässig, routiniert, in die Ledersitze vom Typ Ikea-Sofa »Klippan«. Davor ist genügend Platz, falls man es zu zweit am Boden tun will. Ich (völlig alleine) kann dem proletarischen Impuls des Fotografierens dieses Innenraums nicht widerstehen. Stirnrunzeln des Chauffeurs im Rückspiegel.

Trip so amazing, limousine so gorgeous, dinner so (falls man das sagen kann) heavenly, limousine erneut so very great. Chauffeur: »How was your evening?«

Ich: »So touching. Most amazing!«

Er, herzenswarm: »At home you can kick your shoes off, man!«

Ich, überfordert: »Well, yes!« (Hätte antworten sollen: »Great idea, man!«)

Er, zärtlich: »Soon you be sound asleep, man!«

Ich, entkräftet: »Oh certainly, man!«

Kaum bin ich aus der Limousine, zischt mir ein Rezeptionist ins Ohr: »Enjoyed evening?«

Zurück im *Ocean Club* des *Atlantis*: alle Unterhosen in Reih und Glied. Ich könnte schwören, den Libyen-Führer im Koffer verstaut zu haben. Jetzt liegt er auf dem Nachtkästchen.

Hotel Atlantis, One & Only Ocean Club auf Paradise Island, Nassau, Bahamas.

TUNESIEN

GUIDE MOHAMMED, ALL LANGUAGES

Ausgrabungsstätten deprimieren mich. Sie gleichen einander wie die Kommentare der Guides: »Die Hauptstraße. Abdrücke der Wagenräder. Privathaus eines reichen Bürgers, erkennbar an der großen Küche. Wohnungen für Hausangestellte. Theater mit zweitausendfünfhundert Sitzplätzen. Gegenüber Thermenanlagen. Und das hier … nun … das ist das Bordell!« Schüchternes Lachen im Publikum. Aber ich als Kunde, ich zweifelte immer daran.

Bei einer Tunesienfahrt standen drei Ausgrabungsstätten auf dem Programm. Ich beschloss, sie als Spaziergänge durch angenehme Natur zu interpretieren. In Bulla Regia und im phönizischen Utica tauchten zum Glück keine Guides auf. Ich setzte mich abseits der Thermenstraßen in die Wiese, zählte die roten Riesenerdbeeren in den Kaktusfeldern. Das war angenehm. Am dritten Schauplatz, in Dougga, dem numibisch-römischen Thugga in der Provinz »Africa proconsularis«, drohte eine Führung.

Mohammed war der urtümlichste Guide, den ich je gesehen hatte. Ungefähr siebzig (oder siebenhundert) Jahre alt, Reibeisenstimme, faltiges Gesicht unter roter Wollkappe, Augen hinter tiefdunkler Sonnenbrille. Trotz eines Humpelbeins bewegte er sich agil durch die Steinwüste. Auf seinem Namensschild stand: *Mohammed. Languages: all.* Von der ersten Sekunde an hing ich an seinen Lippen.

Schon als Kind sei er durch diese Ruinen spaziert, Traumberuf: Tourist Guide. Mohammed sei nie von Dougga oder Thugga losgekommen. Er lebe auf dem Hügel gegenüber. Seine Söhne wollten nichts von Fremdenführerei wissen, sagte er voll Bedauern, als wäre seine Arbeit ein kostbarer Handwerksladen, der bald verfallen müsste.

Mohammed zeigte uns Gemeinschaftslatrinen, Küchen, Prunkstraßen, er redete ohne Pause, und ich ging trotzdem gern hinter ihm durch das Ruinenfeld. Erstaunlicherweise erweckte auch er den Eindruck, gern hier zu sein. Ich wartete ängstlich darauf, dass Mohammed die elende Bordellgeschichte auspackte.

Es kam anders: Er deutete auf eine winzige und erschreckend reale Steinskulptur von einem Penis mit dazugehörigen Hoden. Der Richtungspfeil zum Bordell! Wo genau sich die Aktivitäten abgespielt hätten – so Mohammed –, sei unklar. Historiker und Archäologen hätten ein bestimmtes Gebäude im Visier, Mohammed selbst sei sich da gar nicht so sicher.

Antikes Thugga, Dougga Nouvelle, Tunesien.

KUBA

HUGO CHÁVEZ BREMST AMANSHAUSER AUS

Insgeheim hatte ich gehofft, Fidel Castro würde während meines Aufenthalts sterben. Doch Castro überlebte meine Kubawoche ohne Probleme, es ging ihm danach sogar besser. Während des Hinflugs per *Iberia* hatte ich bereits mein revolutionäres Initialerlebnis. Auf dem Bildschirm wurde ein »Programa de Fidelización« angepriesen … kubanische Propaganda? Erst langsam begriff ich, das Insert warb um Frequent Flyer, »Fidelización« hieß das Treueprogramm.

Vom Flughafen fuhr ich mit dem Mietwagen zum Hotel. Ich hörte Folgeton hinter mir. Ein Polizeiwagen drängte mich rüde an den Fahrbahnrand, der Beifahrer deutete mir, ich solle stehen bleiben. Dann fuhren sie mit Hochgeschwindigkeit weiter. Ein paar Sekunden später raste ein Politikerkonvoi an mir vorbei, eine Schlange von Ladas und Mercedes verschwand in der Nacht.

Im Hotel blieb ich bei »Aló Presidente« hängen, jene stundenlange Talkshow im venezolanischen TV, mit der Diktator Hugo Chávez sein Volk unterhielt. Erstaunlicherweise sendeten sie gerade ein Gespräch von Chávez mit Fidel Castro. Castro, am Krankenbett, trug einen seiner berühmten Trainingsanzüge, Chávez saß in orangefarbener Kfz-Mechanikermontur daneben: zwei Arten von Revolutionären.

Der echte Revolutionär erweckt einen leicht dementen Eindruck, der falsche Revolutionär redet auf ihn ein. Chávez doziert um sein Leben, er scheint zu befürchten, dass sein Gegenüber, todkrank und fast schon wieder ein Kind, Entlarvendes oder Peinliches heraussprudelt. Chávez verbirgt sich in einem rhetorischen Kotau, der ihn als Erben der wahren Revolution legitimieren soll: ein beflissener und zugleich maßlos pathetischer Priester.

»Es wird behauptet, ich sei der Teufel, besser gesagt ein Teufelchen, denn du, Fidel, du bist ja der große, alte Teufel!«, meint Chávez mit selbstzufriedenem Lächeln. Auf einen solchen Diskurs steigt Fidel Castro nicht ein. Der Alte ist für keinen »Talk« zu haben, er murmelt einen seiner vertrackten, gelehrten Sätze. Chávez gestikuliert, talkt die Internationale des Bolivarismus rauf und runter, plaudert aus dem Politikernähkästchen, »hablé con un amigo, Lula da Silva, y dije a Lula – ¡ó Lula! – ¡tu no puedes …!«, und so weiter bis in alle Ewigkeit, Fidel Castro wirft verzweifelte Altersheimblicke in die Kamera.

Als Chávez sich in Che Guevaras Tradition (sie feiern vierzig Jahre Auferstehung) »zwei, drei, viele Vietnams« wünscht und »die pueblos« aufwecken will, wacht statt ihnen Castro auf, holt tief Luft und beginnt mit etwas Langem, maßlos Kompliziertem. Und auf einmal predigt nur mehr Castro, eindringlicher als Chávez, echter, witziger, der bärtige Opa gerät in sein Element und wirkt überhaupt nicht mehr senil.

Während Castro nie wieder aufhört zu sprechen und Chávez schwitzend, mit verkniffenem Gesicht zuhören muss, schalte ich auf einen lokalen Sender und erfahre, welcher Konvoi so rasant an mir vorbeigefahren ist: Hugo Chávez auf Staatsbesuch in Kuba.

Aparthotel Montehabana, Miramar, Calle 70 und Avenida 3, Havanna, Kuba.

JAPAN

AMANSHAUSER IM KAPSELHOTEL

Ich war nach Tokio gefahren, unter anderem, um Haruki Murakami, ein *Kapselhotel* und »meinen« Verlag kennenzulernen. Murakami war vorbei, der Verlag erst übermorgen, also war die Kapsel dran.

Die Kapsel ist eine Unterkunft für Leute, die sich kein *Love-Hotel* oder *Business-Hotel* leisten können (so heißen billige Unterkünfte, auch wenn sie weder mit Liebe noch mit Geschäft zu tun haben), oder für außerhalb Wohnende, die nach einem Gelage ein paar Stunden übertauchen müssen, bis wieder eine S-Bahn fährt – fast immer sind es Männer. Sie übernachten für wenig Geld in einer zwei Meter mal achtzig Zentimeter großen Schublade, rundherum plastikverschalt.

Ich hatte das *Green Plaza Shinjuku Capsule Hotel* gefunden, hatte die Sicherheitstafeln gelesen, aus denen hervorging, dass Tattoo-Träger nicht willkommen waren – kein Problem für mich –, und schritt auf die Rezeption zu. Da saß ein alter Kerl mit zerfurchtem Gesicht, der bei meinem Anblick den Kopf schüttelte. Er sprach nur ein Wort Englisch. Er hielt mir die flache Hand hin. Pass? »No!« Geld? »No! No!« Der Alte blickte mir in die Augen und schüttelte den Kopf. Sein Verhalten bedeutete nichts Gutes, unter Umständen wollte er mich nicht einlassen. Ich hob beide Arme, um gestisch die Frage »Warum?« auszudrücken. Es konnte doch nicht sein, dass ich aus rassischen Gründen abgewiesen wurde … Der Alte erhob sich um ein paar Zentimeter und zeigte an meinem Körper nach unten. Endlich begriff ich: die Schuhe! Wenn ich mich umblickte, trug niemand Schuhe. Wohin mit meinen? Er deutete in eine Richtung.

Zwei Minuten später händigte ich ihm den Schlüssel für das Schuhschließfach aus, den er emotionslos entgegennahm und mir immerhin im Gegenzug Hausschuhe und einen anderen Schlüssel aushändigte – den zu meiner Kapsel? Ich machte zwei Schritte auf den Eingang zu und rechnete ohnehin bereits mit der Ablehnung: »No! No!« Der Alte zeigte auf meinen Koffer und deutete in eine andere Richtung. Aha – nächstes Schließfach. Ich nahm einige Umräumungen vor, damit ich Pyjama, Zahnbürste und Computer dabeihatte.

Zurück an der Rezeption, erkannte ich erstmals den Anflug eines Lächelns im Gesicht des alten Mannes. Ich gab ihm den zweiten Schlüssel zurück und erhielt im Austausch dafür einen dritten, Nummer 3017, gemeinsam mit einem penibel gefalteten Bademantel und dem unmissverständlichen Handzeichen, dass ich mich endlich zu meiner Kapsel begeben solle.

Die Kapseln sahen aus wie diese Schubladen in den »Tatort«-Filmen, in denen Leichen zwischengelagert werden. Im Unterschied zu Letzteren hatten sie einen Fernseher. Meine Kapsel war eine im Erdgeschoß, das heißt in der unteren Reihe. Ich kroch hinein und schloss hinter mir den Rollladen. Der Sender übertrug Szenen aus dem japanischen Parlament.

Die Kapsel begann zu wackeln, und ich musste dem oberen Nachbarn zuhören, der weiß ich was tat.

Green Plaza Shinjuku Capsule Hotel, 1-29-2 Kabukicho, Shinjuku, Tokio, Japan.

FRANKREICH

AMANSHAUSER ISST PHỞ

»Die Bewohner von Les Olympiades haben die niedrigste Sterberate Frankreichs«, sagt Nguyen Van Thang, und er muss lachen. »Kaum einer von uns Pariser Vietnamesen stirbt! Wollen Sie wissen wieso?« Thang lässt sich mit der Antwort Zeit. »Es ist nicht, weil wir so gesund leben«, erläutert er und bestellt ein Bier, »obwohl Pho natürlich ein gesundes Essen ist.«

Wir sitzen im voll besetzten Restaurant *Phở 14* im dreizehnten Pariser Arrondissement. Im Spätherbst und Frühwinter sitzen Franzosen und Vietnamesen auch bei eisigen Temperaturen im Freien davor. »Manche kommen mit Handschuhen«, sagt Thang, »außerhalb von Hanoi gibt es keine bessere Suppe als hier in Les Olympiades!«

Kein Wunder – rundum lebt die größte vietnamesische Gemeinde Europas. Viele sind Nachfahren der Boatpeople, die vor dreißig Jahren ihre Heimat auf klapprigen, überfüllten Schiffen verließen. Eine knappe Million Menschen flüchtete – ein Viertel davon ertrank im Südchinesischen Meer. Thang, einer der nicht Ertrunkenen, gehört zu den neunzigtausend vietnamesischen Flüchtlingen in Frankreich.

Etwa sechzigtausend Menschen, vorwiegend Asiaten, leben in der Hochhaussiedlung Les Olympiades, einem gigantischen Urbanisierungsprojekt aus dem Paris der siebziger Jahre. Die Wolkenkratzer, manche über hundert Meter hoch, tragen die Namen von Olympia-Austragungsorten, Athènes, Helsinki oder Sapporo. Kleinere Gebäude heißen Squaw Valley oder Cortina. Thang lebt im Squaw Valley.

Ich frage mehrmals nach, wieso denn keiner der Pariser Vietnamesen stirbt, doch Thang ist bei einem anderen Thema – der Aussprache des Wortes Pho: »Die Franzosen sagen Fooo. Natürlich komplett falsch – c'est fou! Die Deutschen sagen Po – witzige Idee, aber das würde ja *le cul* heißen! Richtig spricht man Pho aus, wenn man den ersten Konsonanten des genitalen englischen four-letter-words haucht … versuchen Sie, nur zu!« Ich mache vorsichtig: »Ffff, ffff … fuck?« Thang mustert mich triumphierend: »Perfekt! Fuck ohne ack! Sie haben es! Fuck ohne ack!«

»Wieso sterben die Pariser Vietnamesen nicht?«, erinnere ich Thang. »Ist ganz simpel«, erklärt er, während das Pho, die Rindsbrühe mit Reisnudeln, Steakscheiben und dem Nebenteller mit Minze, Thai-Basilikum, Sojasprossen, Chili, Limette und Koriander endlich nicht nur ausgesprochen, sondern auch serviert wird, »wir haben wenige Familiennamen. Jeder zweite in Vietnam heißt Nguyen – wie ich. Wenn einer dieser Nguyens stirbt, rückt ein anderer Nguyen nach. Die Aufenthaltsbestätigung bleibt ja in Kraft! Die französischen Behörden erfahren nie davon … deshalb leben wir so lange. Einige Nguyens sind schon hundertzwanzig.«

Phờ 14, 129, Avenue de Choisy, Paris, Frankreich.

NEUSEELAND

AMANSHAUSER BEIM ABSEILING

Kieran McKay fühlt sich in Höhlen wohl. »Ich verbrachte schon als Kind jede freie Minute drin.« Heute macht er Touren durch Schluchten der Waitomo Caves – und er will keineswegs langweilige Freizeitkleidungsbesucher in Schiffchen bugsieren: »Expedition, nicht Tourist Adventure. Dieser Teil der Höhle ist eine kleine Herausforderung. Leute mit gutem Fitnesslevel schaffen das.« Kierans Mauseloch, durch das wir in den Berg schlüpfen, befindet sich zwanzig Kilometer talaufwärts. Er kleidet seine Besucher mit zwei Schichten Stretchgewand vom Typus langer Unterhose ein, darüber ein Ganzkörperanzug, »wir werden ja bis zum Hals im Wasser stehen, elf Grad«.

Das klingt beunruhigend. Ebenso verstörend die ersten Meter im Höhlensystem, ein Durchschlupf, der Geburtstraumata heraufbeschwört und ein paar arge Wände mit Absturzgefahr. »Einige Besucher drehen gleich wieder um. Das ist völlig in Ordnung, die kriegen ihr Geld zurück.« Dass ich zu denen gehören könnte, zieht er offenbar nicht in Betracht.

Furchtlosen Anfängern verpasst Kieran McKay einen theoretisch-praktischen Grundkurs. Am Seil eingehakt hantelt man sich über tiefe Schluchten hinweg, an den steilsten Klippen wird »Abseiling« – ein Fachbegriff – betrieben, fünfzehn Meter mit doppelter Sicherung dem Abgrund entgegen. Als Belohnung erreicht man nach einer Klettertour von einer guten Stunde eine Halle mit Stalagmiten und Stalaktiten, die in allen Farben schimmern. »Sie wachsen einen Zentimeter pro Jahrhundert. Also Vorsicht, nicht mit dem Helm dranstoßen!«

Kieran hebt eine versteinerte Auster vom Boden auf: »Die ist jahrtausendealt, kein Mensch hat sie je in der Hand gehalten. Das Faszinosum am Caving ist dieses Entdeckergefühl: etwas als absolut erster Mensch zu tun. Wie viele Orte auf der Erde gibt es, wo noch niemand war?« Er selbst kennt viele solcher unterirdischer Landschaften. Ende der neunziger Jahre wäre eine davon beinahe zu seiner letzten geworden. »Ich dachte, das Abseiling dort sei zu fünfundneunzig Prozent sicher, aber es gab eben noch die anderen fünf Prozent. Meine Verankerung riss. Ich stürzte zwanzig Meter ab. Hatte Glück – Arm und Bein gebrochen, zerschmetterter Kiefer. Ich brauchte vier Tage, bis ich es ans Tageslicht zurückschaffte …«

Raststation an einem Flüsschen, in den man die Gummistiefel hält. Kieran McKay packt unvorstellbar große Kekse aus, hart und rau, mit Schokolade, sie passen irgendwie. »Bitte die Helmlampe ausschalten!« Gelbe Pünktchen an der Decke: die weltberühmten Glühwürmchen der Waitomo Caves. »Leute fragen, wie ich die Nässe, die Kälte, die Dunkelheit ertrage«, spricht Kieran in die Dunkelheit, »dabei merke ich das kaum. Früher hatte ich oft ein mulmiges Gefühl, ich wollte raus. Seit dem Unfall gar nicht mehr. Wenn ich jetzt eine Woche durchgehend unterirdisch bin, gefällt mir das.«

Wir klettern das Flussbett entlang, der Wasserpegel steigt bis zum Hals. An kritischen Stellen hilft Kieran, notfalls darf man sogar auf seine Schulter steigen. Doch bei den wenigen entscheidenden Schritten im Leben ist man alleine.

Waitomo Caves, Nordinsel, Neuseeland.

SIMBABWE

AMANSHAUSER IM NIGHTCLUB

Vom *Bulawayo Club*, dem ehemaligen britischen Kolonialklub, der heute ein Hotel ist, sind es keine zweihundert Schritte zum *Café Baku*, Treffpunkt der jungen Leute von Bulawayo. Es ist Samstagabend, Musik dröhnt, die halbe Innenstadt zittert. Als Weißer passt man nicht hinein. Aber Solomon löst das Problem. Der junge Türsteher mit dem Brasilien-T-Shirt zeigt mir auch, wo man sich anstellt, um sich nicht vorzudrängen. Ein Zambezi-Bier. Alle blicken mich an, in Bulawayos Nachtleben sind sonst keine Weißen. Ein paar Typen mögen mich nicht. Sie versuchen es mit Bodychecks. Andere schauen düster. Na ja, eben Rassisten. Die meisten Anwesenden sind neugierig und freundlich. Und Solomon löst Konflikte, das kann er.

Dann gibt es noch Stretcher. Er ist Weißer, einen Kopf größer als alle anderen, hat schlohweiße Haare und fungiert als respekteinflößende, übergeordnete Instanz. Stretcher stapft durch die Menge, räumt lässig die Getränke und Dosen weg. Er ist Miteigentümer und Rausschmeißer. Irgendwann begrüßt er mich, so auf die Art, ein Mitweißer. Kaum spreche ich mit Stretcher, hagelt es keine Bodychecks mehr. »Nur keine Angst«, sagt er, »die Leute sind nett. Früher war ich mitten unter ihnen, jetzt sind mir die Mädels zu jung.« Er räumt Dosen in eine Kiste, die er mit seinem Prankenfuß zwischen den tanzenden Leuten durchschiebt. »Das *Café Baku* ist Durchgangsstation, von hier aus ziehen die Leute in die Clubs. Ab zwei Uhr sind wir leer.« Stretcher und Solomon, das ist ein gehöriger Schutz.

Jemand stellt sich als Denis vor und fragt, woher ich bin. Das übliche Spiel: »Austria.« – »Australia?« – »Nein, Austria, das Land in Europa.« Denis sieht verwirrt aus. Er will den Ländernamen buchstabiert haben: »Austria? Gibt's denn so was wirklich?« – »Klar! Ein kleiner Staat, mitten in Europa.« – »Klingt so erfunden«, antwortet Denis, »na gut, ich kenne nicht alle Länder. Versprich mir, wenn du jemanden aus Simbabwe im Austria triffst, dass du ihm von mir erzählst.« – »Was soll ich ihm denn erzählen?« – »Nichts Besonderes, es genügt, wenn du ihm sagst, dass du mich getroffen hast.« – »Das werde ich.«

Denis würde bestimmt die Nase rümpfen, wenn er wüsste, dass ich im *Bulawayo Club* wohne. Ich persönlich finde die Koloniesache ja architektonisch schön, aber wer weiß, ob Denis für solche Feinheiten ein Gespür haben würde. Ich habe mein elitäres Nachtquartier sogar Solomon verschwiegen – der gerade einen total betrunkenen Typen durchs Lokal prügelt. Nicht einmal Stretcher sag ich das. Der ist unterwegs, um noch ein Bier für uns zu holen. Zur Feier des Tages, weil es mit meiner Person einen Mitweißen gibt. Verbrüderung, alle sind glücklich, noch ein Bier, danach gehe ich alleine die zweihundert Schritte vom *Café Baku* zum Kolonialklub. Und morgen die Zebras.

Café Baku, Ecke Main Street und 9th Avenue, Bulawayo, Simbabwe.

ZYPERN

AMANSHAUSER STIEHLT DEN STEIN APHRODITES

Man führte uns ein Golfhotel im Westen Zyperns vor. Mir und zehn anderen Journalistinnen und Journalisten. Die Pressereise dauerte drei Tage. Ich hätte gerne Nikosia oder zumindest Limassol gesehen. Leider stand beides nicht auf dem Programm. Alles drehte sich um das Golfhotel. Es lag einige Kilometer von der Küste entfernt, damit die Gäste nicht mit den Pauschaltouristen kollidierten. Meine Stadtpläne hatte ich aufgegeben, meine Strandfantasien musste ich vorläufig verschieben. Es gab ein Dinner im Hotel-Restaurant, aus meiner Perspektive eine gigantische Zeitverschwendung mit sechsundfünfzig Gängen. Alles schmeckte ausgezeichnet, wenn ich auch die Größe der Portionen bemängelt hätte, aber das tun ja alle, die solche Lokale besuchen – offen oder insgeheim. Wie gern wäre ich stattdessen in einer zyprischen Kleinstadt in einem dreckigen Eckcafé mit unerheblicher Küche gesessen.

Die Managerin des Golfhotels saß mir gegenüber. Sie verhielt sich außergewöhnlich unaufdringlich. Vermutlich las sie meinen Augen ab, wie es um mich stand. Es war entlastend, dass sie nicht dauernd ihr Hotel lobte und nicht über Golf sprach. Ich fragte nach dem Meer. Ein Schatten huschte über ihr Gesicht – war sie enttäuscht, dass ich einen Ort außerhalb des Hotelkomplexes erwähnte? Sie fasste sich und erzählte, dass an der nahen Küste Aphrodite dem Meer entstiegen sei. »Wenn Sie einmal Zeit haben« – die Managerin lächelte, weil sie wusste, wie das Gut *Zeit* auf Pressereisen gemanagt wird – »müssen Sie die Stelle unbedingt sehen!«

Am nächsten Morgen fuhren wir mit dem Bus in das Städtchen Pafos ein. Da waren Cafés, Souvenir- und Ansichtskartenläden. Die Touristen wirkten heruntergekommen, fett und rot aufgeschwemmt, offensichtlich Musterexemplare aus der BRD. Die Piefkes aus den Siebzigern waren nicht ausgestorben! Mich überkam eine schmerzhafte Melancholie. Ich fühlte mich stark hingezogen zu den blonden, blassen Sonnenbrandfamilien mit der *Bild am Sonntag* in der Hand – doch beim Näherkommen erwiesen sich die Deutschen ausnahmslos als Briten mit *The Sun*.

Am Nachmittag verzichtete ich wegen Kopfschmerzen auf die Besichtigung des Golfplatzes. Ich fragte an der Rezeption nach dem Strand. »The beach is not yet ready«, antwortete man mir. Das fand ich lustig. Ich entschlüpfte. Nach fünfzehn Minuten erreichte ich einen Steinstrand. Er war zwar leer, aber durchaus »ready«, und das, wie mir schien, schon seit mehreren Tausend Jahren. Ich schwamm ein paar Minuten und legte mich zum Trocknen auf die heißen Steine.

Da kam Aphrodite. Sie entstieg den Fluten und machte mit einem der gängigen Megapixelboliden ein paar Aufnahmen vom hübschen Strand. Ich sagte mehrere Male halblaut ihren Namen. Sie ignorierte mich völlig. Ich grollte, stand auf, zog mich an – Aphrodite war weg. Verschluckt vom Meer? Ich steckte den schönsten Stein ein, den ich fand.

Im Hotel rannte ich der Managerin in die Arme. »Wie war es am Strand der Aphrodite?«, fragte sie. Ich lobte ihn. »Das freut mich«, sagte sie, »ich hoffe, Sie haben keinen Stein mitgehen lassen … Wer Steine mitnimmt, den trifft der Fluch der Göttin!« Ich antwortete stockend, dass ich niemals stehle. »Wieso?«, fragte die Hotelmanagerin und lächelte mich an.

Strand der Aphrodite, bei Pafos, Zypern.

PERU

DER DIEBSTAHL VON AMANSHAUSERS JEANSWURST

Ich wollte einen kurzen Sprung in den Pazifik machen. Meine Geldbörse mit den Karten und Dokumenten hatte ich – weil ich gewarnt wurde – vorsorglich im Hotel gelassen. Aufgrund dieser einwandfreien Planung, dachte ich, konnte absolut nichts passieren. Am Stadtstrand von Lima-Chorrillos spielten an diesem windigen Novembertag ein paar Jungen Fußball. Einige Verkäufer wollten T-Shirts loswerden, andere wiederum Kokosnussscheiben verkaufen. Ich schüttelte sie alle ab. Der Strand war ausgestorben. So weit ich blicken konnte, waren zwanzig oder dreißig Badende zu sehen.

Ich hielt es für intelligent, meine Jeans, in deren Hosentaschen sich eine kleine Kamera und ein kleiner Geldbetrag befanden, zu einer Art Jeanswurst zusammenzurollen. Diese legte ich zwischen meine Tasche und mein Handtuch. (Ein Fehler: Das von mir deutlich ausgesandte Signal *Jeanswurst* bedeutete – ich begriff das erst später – für alle Aufmerksamen *Wertgegenstand*. Welcher Idiot würde sonst seine Hose derart kompakt zusammenrollen? Zudem war die Jeanswurst, wie wir sehen würden, für einen potenziellen Dieb ein kompakter, vergleichsweise leicht zu entfernender Gegenstand.)

Ich badete drei oder vier Minuten im Pazifik. Ich schwamm nicht hinaus, weil man mir von unguten Strömungen erzählt hatte. Währenddessen beobachtete ich ununterbrochen meine Habseligkeiten, wandte mich also dem Strand zu, was mein Badevergnügen spürbar verringerte. Zitternd kalt verließ ich das Wasser, ergriff mein Handtuch, trocknete mich ab, umgürtete mich mit ihm, ließ unterhalb meine Badehose fallen und zog meine frische Unterhose an. Danach stand ich ein paar Minuten mit Handtuchrock da und beobachtete die Jungen beim Fußballspielen. Schließlich wollte ich meine Jeans anziehen.

Wo war sie? War sie in der Tasche, unter der Tasche? In dem Moment, als ich den Verlust in seinem Ausmaß begriff, war ich ausgesprochen verblüfft. Und gleich darauf ausgesprochen wütend. Der Dieb hatte nicht nur die ersetzbare Kamera und die Geldscheine an sich gebracht, sondern auch einen Wertgegenstand. Meine beste Hose. Ich hatte sie förmlich verwursten lassen.

Da stand ich also in Unterhose am Chorrillos-Strand und stampfte mit dem Fuß in den Sand. Es war, trotz aller Vorsichtsmaßnahmen, einem Dieb gelungen, meine gute alte Hose, die ich vor zehn Minuten zusammengerollt hatte, von einem Ort zu entfernen, den ich durchgehend – jedenfalls relativ durchgehend – beobachtet hatte.

Neben mir spielten die Jungen unentwegt Fußball. Ich rief ihnen zu, ob sie eventuell meine Hose gesehen hätten. Das Spiel kam kurz zum Erliegen. »Wie? Pantalones?« Ja, sagte ich – eine zusammengerollte Hose, aus Jeansstoff (ich sagte nicht Jeanswurst, »salsicha de pantalones«). Die hatte gerade jemand gestohlen! »Nein, hier war niemand.« Sie spielten weiter. Ich zählte sie durch: sieben Jungen. Drei gegen vier. Waren es vorher acht gewesen? … Über die Rückfahrt in Unterhose im Taxi zum Hotel und mein ununterbrochenes Geschimpfe auf peruanische Gauner, das den armen Taxler sehr beschämte, berichte ich ein anderes Mal. Vielleicht auch nie.

Stadtstrand von Chorrillos, Lima, Peru.

DOMINICA

DER ALTE MANN UND DER AMANSHAUSER

Die Welt des *Sunset Bay* ist überschaubar, eine Dschungelvegetation zum Flüsschen hin, Pelikane, zitternde Kolibris, fliegende Fische. Ein massiger Leguan plumpst von einem Baum. Ich stehe im schwarzen Sand an der Westküste jenes Karibikstaats, der unablässig mit der Dominikanischen Republik verwechselt wird. Dominica ist die letzte Naturinsel der Region, wild und teilweise unberührt.

Ich kann mich gut in einen Dominicaer hineinversetzen, der unablässig mit einem Dominikaner verwechselt wird, da ich selbst aus Austria bin und beständig mit einem Australier verwechselt werde.

Schwarzen Sand mag ich am liebsten, er heizt sich schnell auf, für jemanden mit Meeressozialisation an der Adria ist er immer wieder eindrucksvoll. Viele Einheimische genieren sich für den »schmutzigen« Strand: das fehlende Selbstbewusstsein allzu kleiner Staaten. Von Ausländern fischen sie mit der Frage »Do you like Dominica?« sehr gerne das kleinste aller Komplimente.

Dort, wo ein Flüsschen ins Meer mündet, steht ein alter, magerer Mann. Er sieht nicht so aus, als wollte er »Do you like?« fragen. Er mustert mich mit erhobenem Kopf. Findet er, dass meine blasse Haut woanders hingehört?

Kurz gelingt es mir, ihn zu vergessen, da schreckt mich ein plätscherndes Geräusch auf: Der Alte pisst in den Sand. Sein Penis zeigt in Meeresrichtung. Was mich irritiert hat, kommt mir auch logisch vor: Es ist sein Strand, nicht meiner. Der Alte winkt mir ungezwungen mit einer – der freien – Hand zu.

Kurz darauf beobachte ich, wie er sich am ganzen Körper einseift und in der Flussmündung kurz untertaucht, bevor er zum Haarewaschen ins Meer geht. Danach nimmt der Alte ein Handtuch und setzt sich hin – zwei oder drei Meter entfernt. Er sagt schüchtern »Hello«. Ich sage auch Hallo. Er sagt, er spreche Kreolisch, kein Englisch. Er hat fast keinen Zahn mehr. Woher ich denn komme? Austria. »Ah, Australia?« Nein, Europe. Er runzelt die Stirn. »Europe continent«, sagt er, »many nation.« Beide nicken wir nachdenklich.

»You like Dominica?« Ja, gebe ich zu. Wir lauschen lange Zeit nur den Geräuschen der Brandung, dem Gluckern des Flusses. Zwei oder drei Minuten später bricht der Alte das Schweigen, indem er mir feierlich die Himmelsrichtungen zeigt: Norden-Süden und Westen-Osten. Ich nicke und weise ihn auf den Igelfisch hin, der weiter vorne tot im Sand liegt: eine stachelige Kugel. Er sagt nur »yes, fish, fish«, hält tote Fische offenbar für unwesentlichen Small Talk. Wir schweigen.

Er deutet auf meine Kamera: Ob ich ein Foto von ihm machen würde, wenn er dafür einen Dollar verlangen würde? Ich gehe auf den Geschäftsvorschlag ein. Leider habe ich keine Dollar dabei, nur eine Zwei-Euro-Münze mit dem deutschen Bundesadler. Ich beteuere, dass der Wechselkurs für ihn keinen Nachteil bedeuten wird. Er nickt skeptisch. Und ich zweifle auch ein bisschen, ob er Wechselwillige findet. Der Alte steckt die Münze ein und seufzt tief. Diese Geschäfte mit Fremden – sagt seine Miene – haben echt immer einen Haken.

Hotel Sunset Bay, zwei Kilometer von Salisbury, Dominica.

TOGO

AMANSHAUSER UND DER FETISCHHANDEL

Fetischware in Lomé: Affenschädel, Büffelpenis und Gepardenhaut sind nicht nur Rohstoff für Voodoozauber, sondern auch für die traditionelle Medizin. Zu den wunderlichsten Orten gehört der *Marché des Féticheurs* in Lomé, der größte Fetischmarkt Westafrikas. Er hat wenige Besucher. Früher befand er sich im innerstädtischen Marché Bé, vor einigen Jahren wurden die Stände in den Vorort Akodésséwa verlegt, in eine sandige, heruntergekommene Gegend. Akodésséwa sieht aus, als würden größere Bauvorhaben verwirklicht, aber sie könnten ebenso gut seit Jahrzehnten stagnieren.

Togo importiert Voodookunst aus Benin, nur im Süden des Landes gibt es Altare, wo Hühner in Schnaps und Feuer geopfert werden. Voodoobedarf ist kein tägliches Business, die westafrikanische Medizin gerät außer Mode. Neben den obligatorischen Puppen und Figuren bietet der Fetischmarkt Vogelskelette, eingetrocknete Schrumpelkrokodile, halb trockene Papageien, Gepardenhäute, Kalbsknochen, Geier- und Eulenmaterial, Chamäleon, Häute von Viper und Python, Krokodils-, Katzen- und Affenkopf, Büffelteile und auch sonst alles, was man für faulen oder effizienten Zauber so benötigt.

Wegen der miserablen Auftragslage der Branche treiben sich »freie« Guides herum, die über animalische Füße, Trockenaugen und Penisse fachsimpeln, und es kommt zu Konflikten mit den offiziellen Guides. Es geht darum, wer die Einladung ins Hinterzelt begleitet. Den Besuchern sagt man: »Sie haben unglaubliches Glück, der Meister ist heute *persönlich anwesend!«* Mit beträchtlichem Brimborium werden Zauberkugeln und Donnersteine vorgeführt, und am Ende vertreibt der sogenannte Meister, der hauptberuflich als Impresario eines Ramschunternehmens fungiert und auch immer auf dem Markt *anwesend* ist, seine magisch aufgeladenen Kinkerlitzchen zu erheblichen Preisen.

Doch für Fetischware existiert ein seriöser kultureller Hintergrund: So betreibt Monsieur A. Joseph einen Stand namens *Ingenieur Traducteur des Forces Vaudous Africaines*. Er verwendet für seinen Stand das Schlagwort »Apotheke für die ganze Welt«, Hauptbereiche: Mörserprodukte, Knochenstaub, Eingelegtes. Wenn man ihn fragt, ob er heute etwas Frisches empfehlen kann, findet Joseph das gar nicht merkwürdig. »Zerstäubte Krallen sind empfehlenswert. Ich verkaufe sie auch im Ganzen. Viele Kunden zerbröseln sie daheim. Bei uns geht es um das passende Originalprodukt.« Das Zerstäuben von Tierfetischen mit Zauberkraft überlebt in Westafrika als Parallelsystem zur Medizin, deren State of the Art sich nur Ausgesuchte aneignen und leisten können.

Die Ausbildung zum Fetischspezialisten dauert mehrere Jahre. Geheilt wird, indem den Patienten, oft am Rücken, Schnitte beigebracht werden. Durch sie massieren Heiler diverse Staubpulver unter die Haut. Und die dunkle Seite des Heilzaubers? »Voodoo ist nicht beliebig anwendbar, sondern mit Vorsicht zu genießen«, erklärt Joseph, »seine düstere Form wird von den meisten gemieden. Völlig zu Recht. Denn bösartige Puppenstechzaubereien haben die Tendenz, mit doppeltem Gewicht auf die Zauberer zurückzufallen.« Er selbst bleibt übrigens lieber bei den traditionellen Hausmitteln.

Akodésséwa Fetish Market, Marché des Féticheurs, Lomé, Togo.

GOA/INDIEN

AMANSHAUSER UND DER OHRENSÄUBERER

Goa wäre, würde es in Österreich liegen, das kleinste Bundesland. Es erreicht bei der Einwohnerzahl Wiens fast die Größe des Burgenlands. Noch einmal so viele Menschen besuchen es pro Jahr. Ein Teil davon sammelt sich um den Flohmarkt von Anjuna, der ausschließlich Ramsch anbietet, und versinkt in Trancemelodien, während die Sonne malerisch ins Meer sinkt. Viele Indienveteranen sind darunter, braun gebrannt und in Fetzen gekleidet, Leute, für die es zur Routine gehört, ihre Zugfahrkarten am Schalter für »Senior Citizens, Physically Handicapped, Freedom Fighters and Foreign Tourists« zu kaufen. Leute, die nach dem ersten oder zehnten Joint schon sichtlich den westlichen Widerstand gegen das Waren- und Dienstleistungsoffert aufgegeben haben, das Indien für sie bereithält. Kurz und gut: Die Welt ist dort für den Ohrensäuberer in Ordnung.

Der Ohrensäuberer übt seine Profession an Goas Stränden aus, wo sich viele Menschen auf engem Raum aufhalten. Meist erscheint er in Form eines haarsträubend dünnen Mannes uneinschätzbaren Alters – und unvermittelt. Nehmen wir an, Sie haben sich in den Sand oder auf eine der allgegenwärtigen Reisstrohmatten gesetzt, womöglich mit einer Flasche *Kingfisher* in der Hand.

Wie aus dem Nichts nimmt der Ohrensäuberer neben Ihnen Platz. In der Hand hält er ein Wattestäbchen und mit einer entschlossenen, raschen Bewegung putzt er Ihr Ohr! Er sagt dazu: »Ear-clean necessary! Your ear very, very dirty!« Sogleich hält er Ihnen das Ergebnis seiner Intervention hin, nämlich Ihr Ohrenschmalz auf seinem Wattestäbchen. Was denken Sie nun? Ja, bist du narrisch, denken Sie. Habs kaum bemerkt … dieser distanzlose Kerl hat echt aus der Tiefe meines Ohrs mein Ohrenschmalz geholt …

Jetzt wird Ihnen der Ohrensäuberer in erstklassigem Englisch erklären, dass er, sobald Sie ihm dazu den Auftrag geben, mit aller gebotenen Vorsicht und für einen geringen Obolus den Dreck aus beiden Ohren ziehen wird: »Ear-clean very cheap!«

Wie die meisten Opfer begriff ich des Ohrensäuberers einfaches, aber kluges Geschäftsmodell erst nachträglich. Seine Intervention ist Fake, er dreht während seiner Operation das Wattestäbchen um und präsentiert einem eine Art Show-Ohrenschmalz aus seinem Fundus.

Anjuna Beach, Market Road, Goa, Indien.

USA

AMANSHAUSERS OBAMA-HAUBE

Kurze Zeit, nachdem Obama seine erste Wahl gewonnen hatte, kaufte ich in New York eine Haube (für deutsche Leser: Mütze) mit der Aufschrift »Obama, 44th President of the United States«, fünf Dollar. Ich trug sie in jenem Winter oft, weil absehbar war, dass der Messias und damit die Haube irgendwann an Massentauglichkeit verlieren, ja eventuell peinlich werden würde. (Ich selbst plante, auf jeden Fall auf Obamas Seite zu bleiben.) Das Problem löste sich von selbst: Ich verlor das gute Stück.

Als ich wieder nach New York flog, saß im Flugzeug nach JFK ein Kosovo-Albaner neben mir, der hundertdreißig Kilo wog. Teile seines Fettes flossen unwillkürlich über die Armlehnen in meinen Sitzbereich. Ich muckte nicht auf. Er konnte sich ja nicht entleiben, und wenn er wütend geworden wäre, hätte er mich womöglich zerquetscht. Ich las – passenderweise – die recht dümmlichen Jugendaufzeichnungen eines anderen US-Messias, des nämlichen JFK. Ob es in den Sechzigern JFK-Hauben gegeben hat?

An der rechten Körperhälfte sehr zerdrückt kam ich in New York an. Im Hotelzimmer hing ein Print an der Wand, der JFK darstellte. Die Leselampe war eine Büste von George Washington. Nach einer Dusche stand mein Besuch der Metropolitan Opera an – Adresse: Lincoln Center Plaza. Der Einlass begann fahrlässig spät, doch wie Zauberkugeln rollten die sittsamen Amerikaner zu ihren Sitzen, eine Art gegenteiliger Evakuierung von erschreckender Perfektion.

Ich büßte für den strapaziösen Flug. »Two Boys«, die Oper von Nico Muhly (2011), wurde für mich zu einem Kampf gegen den Schlaf. Meine Lage in der Met verschlimmerte, dass die deutsche Übersetzung des im Original redundanten Librettos (ein Kritiker bezeichnete es als »underwhelming«) als rote Digitalschrift an der Vorderlehne durchflimmerte. Tolles Service, arge Folter. Hellwach wurde ich, nachdem vor der Pause der letzte Ton verklungen war: Alle Amerikaner hoben mit einem Schlag in dröhnender Lautstärke zu sprechen an.

Am Ende der Oper wieder der gleiche Weckruf für mich: kurzer Applaus, schlagartig laute, angeregte Gespräche. Es wirkte so gesund! Mir wurde klar, mit welcher vergeistigten, jahrhundertealten Grazie (Miesepetrigkeit) sich Opernbesucher in Europa am Ende einer Vorstellung wie aus Gräbern erheben.

Der Weg zum Hotel war eiskalt, ich wünschte mir die Obama-Haube zurück. Sah mich in Souvenirshops der 8th Avenue nach ihr um. Es war wieder einmal typisch Welt: Die verkauften die nicht mehr.

Metropolitan Opera, 10 Lincoln Center Plaza, New York, USA.

ÖSTERREICH

SCHÖNSKIFAHRER AMANSHAUSER

Einmal kränkte mich ein Skilehrer aus einem der großen Skigebiete. Ich sei halt kein Carver, sondern ein »Schönskifahrer«. Gute Bezeichnung, aber in Wirklichkeit fahre ich leider immer hässlicher – die Carvingski zwingen mich dazu. Obwohl es so leicht sein soll, die neue Technik zu lernen, steckt in mir noch immer der Stockeinsatz, das Umsteigen, das Wedeln. Ich fahre ganz anständig, aber ich kämpfe gegen meine taillierten Ski an.

Deshalb habe ich mich in den letzten Jahren in kleine Skigebiete zurückgezogen, die noch Schlepplifte betreiben. Dort übe ich in Ruhe meinen ketzerischen Mischstil aus. Das beste von ihnen liegt in Puchberg am Schneeberg, dort, wo Straße und Tal bei einer kleinen Ansiedlung namens Losenheim enden. Meine Kinder absolvieren Kurse im *Skigebiet Salamander*, und ich versuche auf der gleichen Piste wie ein verletzter Storch zu wedeln.

Eines lernt gerade den Schneepflug, zu dem man heute *Pizzastück* sagt, was ich mir nie merken kann, »Pizzaschnitte« nenne ich es. »Papa, sag *Pizzastück!*«, fordert das Kind. »*Pizzastück*«, wiederhole ich brav und zweifle gleich wieder. Abends essen wir *Pizza*, in einem Lokal namens *Alpentaverne,* wo ein Chef namens Zurap Sulejmani auch einen guten »Insalata Hendl« serviert.

Das andere Kind, etwas größer, rast bereits *im Pizzastück* über Flach- und Steilstücke. Wenn wir gemeinsam fahren, verspüre ich große Lust, ihm mitzuteilen, dass es nach jedem Bogen den Bergski ordentlich beiziehen und die Ski enger und parallel stellen soll. Weil es sonst aussieht »wie ein Wiener«. So bezeichneten wir in Salzburg in den siebziger Jahren schlechte Skifahrer.

Selbstverständlich kommt kein Wort über meine Lippen. Seine taillierten Ski sind dazu konstruiert, das *Pizzastück* langsam in ein wunderbares Carven übergehen zu lassen, in jenes beschleunigende Carven, das ich nie gelernt habe, wofür mich das Kind in ein paar Jahren altmodisch finden wird.

Mein eigener Vater, Jahrgang 1928, fuhr nur ein einziges Mal mit mir Ski. Er zog am Salzburger Mönchsberg seine alten Latten mit den Blechkanten an und schoss den Hang hinab in der Technik der Vorkriegszeit, mit Schulterkraft die Kurven erzwingend. Seine Ski hinterließen Rostspuren im Schnee.

Skigebiet Salamander und Pizzeria Alpentaverne, Losenheimer Straße 134, Puchberg am Schneeberg, Österreich.

THAILAND

DER TUK-TUK-SCAM

Ein seriöser Thai setzt sich zu mir, Geschichtelehrer, erläutert die politische Lage – er ist königstreu – und verrät mir drei echte Geheimtipps: einen Tempel, einen Aussichtsturm und einen Großhandelsshop mit echten Souvenirs, »interesting deals«, der erst kürzlich für Privatpersonen geöffnet worden sei. Zum Abschied – er will zum Glück kein Geld – zeichnet er mir die Orte in meinen Stadtplan, und er winkt sogar ein Tuk-Tuk herbei und macht mit dem Fahrer einen Thai-Preis für die Tour aus.

Leider bricht das Tuk-Tuk nach einigen Kilometern zusammen, der Fahrer, null Englisch, erklärt Kompliziertes. Zum Glück kommt gerade ein Anzugmann vorbei, Englischsprecher. Die Reparatur dieses Tuk-Tuks würde, übersetzt er, zehn Minuten dauern. Er persönlich sei Regierungsbeamter – ah ja, Austria, er kenne Salzburg, war dort mit einer Delegation! Er sieht sich den Zettel mit den Tipps an. »That's interesting!« Erstaunlich, erläutert er, dass ein Lehrer in diesem Großhandelsshop verkehre, die hätten keine Souvenirs, dort kaufe er selbst seiner Frau gelegentlich Schmuck, das sei angesichts der Währungsschwankungen in Thailand die ideale Geldanlage.

Das Tuk-Tuk fährt wieder, adé Regierungsbeamter, ab zum Tempel. Dort spricht mich gleich ein Exmönch an, der jetzt Student ist und als Guide arbeitet. Nein, sage ich, ich will nicht geführt werden. Er akzeptiert, wir kommen trotzdem ins Gespräch. Ich lasse mir die Tipps des Geschichteprofessors verifizieren. Der Student sieht den Plan an und lächelt: »That's interesting« – dieser Großhandelsshop, tolle Sache, nichts für ihn, er selbst sei arm, aber ein Freund habe dort Schmuck gekauft und im Ausland mit Gewinn verkauft, doch er bezweifle, dass sie Ausländer in solche Läden überhaupt hineinließen.

Nach dem Aussichtsturm will der etwas ignorante Tuk-Tuk-Fahrer – obwohl ich sage, ich muss da bitte überhaupt nicht hin – die vereinbarte Route bis zur letzten Station erfüllen, setzt mich direkt beim viel erörterten Großhandelsshop ab. Ein amerikanischer Rechtsanwalt spricht mich vor dem Laden an, ein Expat, lebt seit zehn Jahren in Bangkok, und der hat gerade da drin was gekauft, nicht zum ersten Mal, gute Investition.

Daheim google ich den Shop. Scam warning, Betrugsalarm! Dutzende Geschädigte berichten. Und, unglaublich, Figuren wie der Geschichtelehrer, der Tuk-Tuk-Fahrer, der Regierungsbeamte, der Exmönch und der US-Rechtsanwalt werden mehrfach beschrieben. Sie gehören zum Grundpersonal des berühmten Thai Jewellery Scams.

Premier Sapphire Factory Export Center Co., Ltd., 463/9–12 Look-Luang Road, Bangkok, Thailand.

ITALIEN

ÜBERQUERUNG DES CANAL GRANDE MIT SCHLAUCHBOOT

Im *Stiegl-Bräu* (Salzburg) schmiedeten Alex und ich, zwei siebzehnjährige Schüler, einen simplen und eleganten Plan. Wir wollten mit dem Schlauchboot nachts venezianische Kanäle befahren.

War das möglich? Na, selbstverständlich!, beschlossen wir und begannen auf der Stelle mit der Vorbereitung.

Alex hatte Postkarten gebracht, und angesichts der wunderschönen Szenarien riefen wir nicht ohne Ironie »aaah« und »oooh«, das Schwärmen »dummer Touristen« imitierend. Anhand eines Stadtplans legten wir die Routen fest. Allein uns, den Risikobereiten, würde sich die wahre Schönheit der Stadt erschließen.

Kurz darauf, in einer kühlen Augustnacht des Jahres 1986, schlichen wir durch Venedig, im Rucksack die *Explorer*, ein orange-schwarzes Schlauchboot. Um ein Uhr früh entschieden wir uns für eine ruhige Ecke am Rio S. Margherita, breiteten das Boot aus, pumpten. Da musste alles flott gehen. Der Blasebalg schnaufte und keuchte asthmatisch. Er war viel zu laut. Trotzdem es ging alles gut und binnen Minuten erhob sich, formte sich die *Explorer* – endlich.

Es blubbert und plätschert, als wir uns abstoßen, ins bedrohliche Schwarz gleiten. Am Vortag sind wir mit der *Explorer* aufs offene Meer gefahren, für ein privates Fotoshooting. Wir sind uns recht muskulös vorgekommen. In Wirklichkeit bestehen wir aus Haut und Knochen. Die Fahrt im Dunklen ist ganz anders. Es ist mehr wie die Wirklichkeit. In Kanälen fühlt man sich als Schlauchbootfahrer dem Wasser so nahe. Von der Kellerebene aus wirken die Häuser archaisch, baufällig, bedrohlich. Venedig stinkt nach fauligem Moos und nach noch etwas Unbekanntem.

Eine Ratte lässt sich ins Wasser platschen. Ich denke an ihre scharfen Zähne. Mir gegenüber das Gesicht von Alex, leichenblass. Den Stadtplan auf den Knien folgen wir wortkarg dem Kurs, den wir damals im *Stiegl-Bräu* fixiert hatten, schlüpfen unter niedrigen Brücken durch, meistern die Kielwasser der letzten Vaporetti.

Nahe der Accademia wäre der Höhepunkt geplant gewesen – die Querung des Canal Grande –, doch vorher verirren wir uns. Der Stadtplan ist nass geworden, er hilft uns sowieso nicht weiter. In einem Seitenarm stoßen wir auf noch mehr Ratten, schwarze, brotlaibgroße Ungetüme! Zehn, fünfzehn. Sie piepsen, wollen zum Boot. Wir schlagen mit den Rudern nach ihnen und flüchten.

Starker Wellengang im Kanal, wieso das? Ein Blick ums Eck, oje, die beleuchtete Rialtobrücke, davor eine großartig helle Wasserfläche, der Canal Grande.

»Versuchen wir's?«, fragt Alex, und ich nicke.

Wir tauchen kurz in einen Schatten, lassen ein Motorboot passieren – die Polizei? – und dann rudern wir los, mit zitternden Knien. Die Erregung verstärkt das Schaukeln … nur nicht kippen und kentern! Nach einem Drittel des großen Kanals klatschender Seegang, Rollen und Stampfen. Da gibt es kein Zurück, sondern nur noch die andere Seite. So quert die *Explorer* mit Alex und mir erstmals den Canal Grande.

Auf der anderen Seite wartet die Sicherheit, gemeinsam mit der Furcht, dass die Haut der grazilen *Explorer* an Planken zerfetzt oder von Häuserwänden aufgerissen wird. Endlich finden wir einen Anlegeplatz. »Bist du deppert«, seufzt Alex. Sein Gesicht wirkt eigenartig knochig im Licht des Mondes.

Später überqueren wir den Canal Grande ein zweites Mal, das ist fast schon Routine – und wir rudern, begleitet von schwarzen Ratten, bei San Marco tatsächlich an einem Carabiniere vorbei. Der schaut weg. Wir sind in Italien. Bist du deppert. Wir fahren bis ins Morgengrauen.

Rio S. Margherita, Canal Grande und diverse Kanäle, Venedig, Italien.

MAROKKO

AMANSHAUSER VERIRRT SICH

Weil ich denke, der berühmteste aller Plätze, hundert mal hundertfünfzig Meter groß, sei in den Morgenstunden bestimmt interessant, betrete ich den Djemaa el Fna um sieben Uhr morgens. Er ist noch außer Betrieb. Keine Affendresseure, Wasserverkäufer, Feuerschlucker, keine Spur vom Geschichtenerzähler, der zwei lebendige Igel über den Asphalt rollt. Der Zahnzieher mit seiner Gebisskollektion schläft ebenso tief wie die Hütchenspieler, die Schnurschlingenspieler und die Lustknaben.

Ein Kiosk mit Küchenwaren steht offen, Siebe, Karottenreiben, Abtropfplastik. Der Besitzer sagt ein paar Worte. Ich senke den Kopf. Auf der anderen Seite steigen zwei Männer aus einem Auto. Beide tragen Schlangen um den Hals und rauchen. Ich frage mich, ob Beschwörer ihre Schlangen immer um den Hals tragen und ob die Schlangen unter der Nikotinsucht ihrer Besitzer leiden. Ein Trommelwirbel! Am Nordrand des Platzes prügelt ein Bub wie verrückt auf einen umgedrehten Blecheimer. Der Souk hinter dem Blechtrommler ist noch leer. Zwei Männer liegen an der Mauer, wie Tote, mit einem Tuch über dem Kopf. Der Tag am Djemaa el Fna beginnt vielversprechend.

Ich nehme nicht den Weg in den Souk. Ich wähle die unauffälligste Gasse, um die erwachende Stadt zu erforschen. Die Straßen werden zuerst schmal, dann breiter, wird schlammig, dann wieder trocken. In einer Ecke hockt ein Mann mit wachen Augen und heruntergelassener Hose. Die Hausmauern, einst gelb, haben keine Farbe mehr, die wenigen Fenster sind vergittert. Straßenschilder gibt es keine. Auch keine Eingänge: Wohnt hier jemand? Ich gehe lange, so lange, bis ich mich verirre. Die Häuser lassen keine Rückschlüsse auf den Stadtteil zu. Mir scheint, seit Längerem bewege ich mich im Kreis. Ich biege möglichst in Hauptstraßen ein, um mich wieder zu entirren. Immer sieht es eine Weile so aus, als würde ich einem Zentrum näher kommen, das ist Täuschung. Ich klebe fest in einer gnadenlosen, endlosen Vorstadt.

An einer Ecke stehen zwei junge Frauen in westlicher Kleidung. Ich riskiere die dumme Frage: Wo denn der Djemaa el Fna sei? Sie lachen. Djemaa el Fna, der Ausländer, so süß – als würde ein Kind nach seinen Eltern fragen … Die ältere schlägt mit der Handfläche auf den Sattel ihres Mopeds. Wir steigen auf, sie braust mit Vollgas los. Zuerst wage ich nicht, mich an ihr festzuhalten, aber sie deutet, mach nur. Sie fährt zu schnell: Hindernisse wie in einem wilden Computerspiel, Schlaglöcher, Lieferwagen, Maultiere und schließlich, an einem Nadelöhr, steht uns ein Rollstuhl im Weg. Die junge Frau bremst den Behinderten aus, der kippt fast um. Doch er lacht.

Mich wundert, wie lang der Weg ins Zentrum ist. Gleichzeitig wünsche ich mir, dass die Fahrt länger dauert.

»Djemaa el Fna, *Café Toubkal*«, ruft die Frau fröhlich, lässt mich absteigen. Dann braust sie winkend davon, und ich stehe da, mit der Visitenkarte in der Hand, die ich ihr geben wollte.

Djemaa el Fna, Rue el Ksour, Marrakesch, Marokko.

ECUADOR

AMANSHAUSER SUCHT DIE ÄQUATORLINIE

Cintia war mir vom Fremdenverkehrsamt Quito beigestellt worden. Sie brachte mich zum Äquatordenkmal »Mitad del Mundo«, der Weltmitte, wo wir vor einem Schild 0°-0'-0" posierten. Das Problem: Moderne GPS-Messungen ergeben, dass diese Äquatorlinie, vom Franzosen La Condamine 1736 vermessen, gar nicht stimmt. Die echte Linie verläuft fast fünfhundert Meter südwestlich. Cintia runzelte die Stirn, als ich sie bat, mich zum echten Äquator zu bringen. Aber sie war ebenfalls neugierig.

Keiner im Dorf wollte die Äquatorlinie kennen, doch Cintia gab nicht auf. Sie fragte überall herum. Am Ende stoppte sie zwei Polizisten. Die würden in der Zentrale nachfragen. Dorthin fuhren sie, kehrten zurück und baten uns, ihnen zu folgen. So fuhren wir, zwanzig Kilometer nördlich von Quito, hinter einem Polizeiwagen her. Einsame Schotterwege, ein mäandernder Anstieg. Bis sie an einem Schranken im Nichts hielten. Ich fragte Cintia, ob das denn auch echte Polizisten seien. »Hoffentlich«, sagte sie und blickte mich mit großen Augen an, »hoffentlich sind es keine Ladrones.«

Pablo und César hießen sie, nette Kerle! Sie hatten von ihrem Chef freigekriegt, um den seltsamen Ausländer auf den Berg Cataquilla zu führen – dorthin, wo »eigentlich nie« jemand ging. »Dort oben ist nichts«, warnten sie. Wir spazierten zu viert unter der Sonne bergauf, für die mir nur noch das Wort »unbarmherzig« einfiel. Nach einer Stunde, als wir am Verdursten waren, stand rechts vom Weg ein bescheidenes Häuschen. Die Besitzerin hieß Rocío, nahm uns auf und gab uns Wasser. Sie war Hühner, Schweine und einen Hund gewohnt, aber keine Gäste. »Niemand kommt hier hoch, nur ich und mein Mann«, sagte sie, und »ja, dort oben verläuft der Äquator.«

Nach einer weiteren Viertelstunde Fußmarsch standen wir auf dem Gipfelplateau. Indios aus der Vor-Inkazeit, mehr als tausend Jahre her, hatten ohne moderne Messtechnik einen Kultstein errichtet, an der Stelle, wo kein Schatten fiel. Sie waren damit richtiggelegen. Erst vor wenigen Jahren war der Stein zufällig entdeckt worden. Wir blickten ins Tal und ließen die Kraft des Nullmeridians durch uns strömen. Cintia vom Fremdenverkehrsamt lächelte – wir hatten gewonnen. Pablo und César wollten unbedingt ein Foto mit dem ersten Menschen, den sie zum Äquator geführt hatten.

0°-0'-0", nicht an der »Mitad del Mundo«, sondern beim Lomo de Catequilla, Quito, Ecuador.

SPANIEN

DER KATALANISCHE FAHRRADTUNNEL

Man könnte meinen, ich würde mich allmählich zu einem Topprofi des Genres Reisereporter entwickeln, doch ich werde immer fehleranfälliger. Auf den Seychellen habe ich einen Anorak mit, friere in Stockholm im dünnen Pullover. Ich habe Kappe und Sonnencreme vergessen, besitze keinen Adapter, kein Aufladegerät, bin ohne Zahnbürste – trifft nicht alles davon zu, dann bestimmt eine Sache. Dazu kommt, dass ich bei Gruppenreisen das Programm niemals vorher durchlese, und wenn jemand etwas vorträgt, höre ich nicht zu, weil ich gerade »etwas Wichtigeres« denke oder (im Bus) im Einschlafen begriffen bin.

In einer respektablen Gruppe von zwölf E-Bikerinnen und E-Bikern verlasse ich Horta de San Juan, genannt Picassostadt, weil er sich dort einst unbeliebt machte. Nach einem Kilometer hat jemand einen Reifenschaden. Ein Lieferwagen bringt ein neues Bike. Wir kontrollieren unsere Vorderlichter, sie sind wichtig, auf der ehemaligen Bahntrasse werden wir Tunnel durchqueren. Meines scheint gut zu leuchten, aber wie will man das in der gleißenden Sonne feststellen.

Im ersten Tunnel merke ich, dass es keineswegs funktioniert. Er ist zum Glück nicht total dunkel. Die Kollegen erhöhen die Geschwindigkeit. Der zweite Tunnel ist härter und düsterer, im dritten sehe ich fast nichts. Ich rase hinter der Vorderfrau her, bergab, im Blindflug, das Einzige, was ich sehe, ist ihr Licht. Ich fühle mich wie auf einem Hochrad, ducke mich, um nicht ins Schlingern zu kommen.

Der vierte Tunnel ist der schlimmste. Ich verliere den Kontakt zur Vorderfrau, eiere weiter, allein, über dunkle Abhänge mit steinigem Boden, immer gewärtig, an der Mauer zu zerschellen. Nur nicht bremsen!, um nicht völlig im Schwarz zu stecken. Mein Hintermann schreit, ich soll beschleunigen – sein Licht, zu schwach, hilft mir nichts. Mir fällt ein, dass jemand gesagt hat, der längste Tunnel sei 739 Meter lang … ich rase, bremse behutsam, rase, fühle mich, als wäre mein Kopf drei Meter über dem Boden, wie auf Stelzen brettere ich durch das finstere Nichts. Es wird die Fahrt meines Lebens.

Via Verda, zwischen Horta de San Juan und Tortosa, Spanien.

HONGKONG

AMANSHAUSER DEMONSTRIERT

Eigentlich ist die Kraft der Bewegung der gelben Schirme schon seit Monaten erlahmt. Ich bin am Jahrestag der allerersten Kundgebung, dem 28. September 2015, in Hongkong. Heute sollen die gelben Schirme, mit denen die Studenten und Aktivisten sich gegen Regen und Tränengas schützen, wieder aufgespannt werden. Und so gespannt wie die Schirme sind viele Aktivisten. Wird die Polizei, die ein paar feste Reihen gebildet hat, um ein Übertreten der Menge auf eine der Durchzugsstraßen zu verhindern, diesmal eingreifen? Fest steht, die Behörde filmt mit.

Der Kampf ist inzwischen ein juristischer, es wird gegen Individuen ermittelt. Anführer wie der berühmte Schülervertreter Joshua Wong müssen sich längst vor Gericht verantworten, weitere »Unruhestifter« werden gesucht. Die Bewegung, die die Stadt neunundsiebzig Tage lang in Atem hielt und mit Ersatzuniversität, Blumenpflanzungen und Zeltlagern eine Zivilgesellschaft ausdrückte, die völlig unchinesisch war, hat sich in den Augen vieler totgelaufen. Zu nachdrücklich war die Geschäftsstörung, zu unklar ihre Wahlrecht-oder-Demokratie-Forderungen. Angetrieben von der Medienübermacht Chinas und vom Volksinstinkt hält die Mehrheit der Hongkonger Bürger inzwischen nichts mehr von den Aktivisten. »Evil people« wird sie ein Taxifahrer später nennen.

Als ich komme, haben sich bei Admiralty so an die fünftausend Unerschrockene (Nostalgiker?) eingefunden. Da sind sie ja, die aufgespannten gelben Schirme, die Verhöhnungen des

Bürgermeisters C.Y. Leung (meist in Form der Zahl 689, das ist die demütigend niedrige Anzahl an Stimmen, die er bei seiner Wahl 2012 durch zwölfhundert Abgeordnete erhalten hat), die T-Shirts mit *We are Hongkongers* oder *Occupy Central with love and peace*. Eine Gruppe junger Leute steht um die Mikrofone. Ich dränge mich in die erste Zuschauerreihe. Zu meiner Verblüffung sprechen sie ohne Spickzettel, alle total eloquent. Die Tonqualität ist zehnmal besser, als es die SPÖ am 1. Mai hinkriegt.

Danach fotografiere ich vom Hochsteg, der zur U-Bahn führt, die Schirme. Der Typ neben mir tut das auch – nur dass er mit starrem Gesicht jeden einzelnen Demobesucher heranzoomt und abdrückt. Ich sehe ihn böse an. Da sieht er mich auch böse an, knipst mir einmal ins Gesicht und geht entspannten Schrittes davon.

1. Jahrestag der Bewegung der Gelben Schirme, MTR-Station Admiralty, Hongkong.

CABO VERDE

ARMANDO SOUSA MACHT SICH AN VOR ANGST

Der Kauf einer Schiffskarte von Mindelo nach Santo Antão (geplante dreißig Minuten Überfahrt) ist eine bürokratische Hürde: Denn überall, wo einst das portugiesische Imperium regierte, hat es ein engmaschiges Netz aus Bestimmungen hinterlassen. Deshalb nervt mich, dass die Frau am Schalter im Befehlston meinen Namen anfordert. »Wieso den Namen?«, frage ich, »ich kauf nichts als ein Ticket.«

Sie sieht mich überrascht an: »Für die Sicherheitsliste. Also, Ihr Name?« Ich lege allen Ärger in meine Antwort, ein genuscheltes, kaum betontes »Amanshauser« – und die Frau am Schalter kritzelt ohne weitere Nachfrage recht zufrieden etwas auf ihre Liste. Das interessiert mich jetzt doch. Wie schreibt sie meinen Nachnamen? Ich stelle mich auf die Zehenspitzen. Auf dem Zettel steht seine korrekte phonetische Wiedergabe: ARMANDO SOUSA.

Mich erstaunt die Wucht der Wellen auf dem offenen Meer. Gegenüber zeichnet sich unser Ziel ab, die Insel Santo Antão. Heftiger Wind bläst. Ich suche die Toiletten auf. Im Rumpf zeigen alte Eisenplaketten, dieses Schiff ist in Hamburg gebaut und fuhr einst auf der Elbe. Als ich an Deck zurückkomme, verstärkt sich das Schlingern – wir sind noch keine hundertfünfzig Meter vom Hafen entfernt.

Der Bauch des Schiffes hebt sich bei jeder Welle, senkt sich wieder, platscht aufs Wasser. Ein Elbschiff ohne Tiefgang im Atlantischen Ozean … Ich bin mir sicher, dass wir umkehren werden, denn augenscheinlich sind die Wellen zu hoch. Ich halte mich mit beiden Händen an einer Stange fest.

Entgegen meiner Annahme kehren wir nicht um. Wir fahren Santo Antão entgegen, der Insel, die verzweifelt, einmal hier, einmal dort, aus der Gischt taucht. Bald kann man seinen Platz nicht mehr verlassen: ein mörderisches Schaukeln und Schwanken. Da begreife ich, wieso wir unsere Taschen auf dem oberen Deck – nun unerreichbar – hatten anbinden müssen. Das Schiff tanzt wie steuerlos hin und her.

Wellen brechen am Rumpf, fluten uns. Kaltes Wasser zischt durch meine Sandalen. Die Passagiere, in der Mehrzahl Kapverdianer, von denen ich weiß, sie lieben das Meer nicht, fügen sich in ihr Schicksal. Die meisten klammern sich irgendwo an, die Augen zusammengepresst, kotzen oder beten halblaut.

Ich spekuliere mit der Möglichkeit, das Ufer schwimmend zu erreichen – aber wie? Wer sich nicht festhält, wird ja ins Meer gespült. Das Elbschiff bahnt sich langsam, eigensinnig, in hüpfenden Bewegungen seinen Weg, und ich überlege, wer im Unglücksfall um diesen anonymen Armando Sousa – einziges schwaches Indiz für meinen Verbleib – trauern würde.

Ich weiß nicht mehr genau, wie wir Santo Antão erreichten, ich erinnere mich nur an Bruchstücke der vierstündigen Fahrt, an einen Verrückten, der auf seine eigene Kotze zeigte und »Schpargett, Schpargett!« schrie. Und ich weiß, dass ich in Santo Antão in ein Café ging und die Wäsche wechselte. Erstmals in meinem Erwachsenenleben hatte ich mir in die Unterhose geschissen.

Schifffahrt von Mindelo nach Santo Antão, Cabo Verde.

MAURITIUS

AMANSHAUSER IM TÜRLOSEN HELIKOPTER

Ich stand mitten im Paradies, frühmorgens, alleine. Hinter mir ein perfektes Hotel. Unter meinen Füßen heller Sand. Ich stieg kniehoch ins türkisblaue Meer. Ein kleiner, hübscher Fisch kam auf mich zu, ein paar Zentimeter lang. Gelbgrau schimmernd im endlosen Türkis, auch er alleine wie ich, ohne Schwarm. Hatte er sich verirrt? Sein winziger Kopf stupste gegen meinen Unterschenkel. Die Zutraulichkeit des Fisches rührte mich. Ich überlegte, um das Wievielfache ich größer war als er – zehntausendmal? Da spürte ich einen stechenden Schmerz: Mein Freund hatte ein kleines Stück Fleisch aus meinem Bein gerissen! Er flüchtete blitzartig (und möglicherweise höhnisch lachend) in tiefere Gewässer.

Im Zimmer klebte ich ein Pflaster über die Wunde und beschloss, niemandem von dem Vorfall zu erzählen. Es war erbärmlich, sich im Paradies von einem winzigen Fisch ein Fleischstück aus dem Unterschenkel reißen zu lassen. Ich wollte mir den Tag nicht verderben lassen, ein Helikopterflug stand bevor.

Wir starteten auf einer Wiese neben dem Hotel. Mit mir sollte ein Kamerateam eines deutschen TV-Senders fliegen. Als Letzter, der in den Helikopter einstieg, saß ich ganz rechts. Der Pilot, ein wettergegerbter, blonder, etwa sechzigjähriger Bure, zog meine Gurte fest, gab mir den Kopfhörer, setzte sich. Dann hoben wir ab. »Pleaseclosethedoor!«, rief ich, als wir bereits fünf oder sechs Meter in der Luft waren und neben mir noch immer eine Öffnung klaffte. Die deutschen TV-Leute blickten mich ironisch an. »There are no doors«, tönte die sonore Pilotenstimme durch den Kopfhörer, »this is helicopter fotoshooting!«

Um seinen Worten Nachdruck zu verleihen, legte er den Helikopter schief, sodass ich hoch über dem Abgrund in den Gurten hing. Nun sah ich auch die Türen – sie lagen unten in der Wiese. Sie hatten sie abmontiert. Ich schauderte. Erst als wir die Küste überflogen und im durchsichtigen Wasser einen meterlangen Rochen liegen sahen, vergaß ich die Angst.

Am Abend ging ich zum Meer. Ich riskierte keinen Schritt ins dunkle Wasser. Wo war mein Freund, der böse Fisch? Die Fischwunde juckte unter dem Pflaster. Leise Tanzmusik drang an mein Ohr. Etwa dreihundert Meter vor der Küste kreuzte ein voll beleuchtetes Schiff. Es erinnerte mich an die Geisterschiffe aus den Seefahrerbüchern meiner Kindheit. Livrierte Kellner glitten lautlos durch einen Speisesaal, in dem an den Tischen Knochenskelette oder noch schlimmere Wesen saßen. Sie lebten in einer Welt, die ewig war.

An der Reling stand ein dunkler Mann. Er winkte mir einladend zu. Ich hatte unendliche Lust, zu diesem Schiff zu schwimmen, wo die Partys wilder, schöner, befriedigender sein würden. Der Drang, mich loszureißen, ins Meer zu springen, meinetwegen in Untergang und Tod, war durchaus kontrollierbar. Wäre er allerdings – sagen wir – doppelt so stark gewesen, ich weiß nicht, ob ich widerstanden hätte. So zog ich die Schultern ein, drehte mich um und begab mich ins Business Center des Hotels. Da gab es Internet, da konnte nichts passieren.

Hotel in der Region Flacq an der Ostküste, Trou d'Eau Douce, Mauritius.

RUSSLAND

DIE ABSURDE TOUR

Irina, 55, russische Fremdenführerin, stellt sich vor bei uns, der englischsprachigen Gruppe: »Call me Ear-Rheena – or Ai-Reen!« Hinten im Bus sagt jemand »Come on Ai-Reen«. St. Petersburg, erzählt sie, ist eine freundliche Stadt, nur den Pass darf man nicht verlieren, einige Länder haben keine Konsulate, man fährt in diesem Fall nach Moskau, auch schöne Stadt. Das Kriegsschiff Aurora? Der Winterpalast? »I'll talk about it in a few minutes, when things get clearer«, aber »I have to make it clear, this tour does NOT include a visit in the Winter Palace.« Fotostopp Aurora, schnell weiter. Die Haseninsel, längst keine Hasen mehr. Dostojewski war dort im Gefängnis, da er französische Philosophen las, aber »we'll be seeing everything from a different point of view«, auch die Spilled-Blood-Kirche, »look, Spilled Blood is almost invisible.«

Irina hat keine unangenehme Stimme, nur markerschütternd, bei Fakten und Zaren erhöht sie die Geschwindigkeit, es wird unmitdenkbar. Da, ruft sie, »Кофе Хауз«, die populäre Kaffeehauskette, sie nimmt Kreditkarten! Denn Bankomaten sind riskant! Karte bleibt stecken, Vorsicht, »no passport loss please«! Petersburg, Wiege dreier Revolutionen, hieß einst Leningrad, hoffentlich nicht bald Putingrad, Lenin war nicht von hier, Putin schon, alles ist möglich in Russland.

Wir halten bei einem Geschäft mit Touri-Müll, vierzig Minuten Pause, alle Waren »good quality«, Verkauf von »Läwis-Läschulai«-Steinen, »washing facilities on upper level«. Weiterfahrt, Eremitage, aber »this tour does *not* include the

Hermitage!« Zweiter Weltkrieg, siebenundzwanzig Millionen Tote, Irina wird ernst, ausdrucksstark, vorwurfsvoll, siebenundzwanzig Millionen.

Die Stadtpläne! »Let me give you maps«, wir nähern uns der Spilled-Blood-Kirche, immer wenn Irina »Spilled Blood« sagt, kreischt sie, »I'm giving you maps«, gleichzeitig »approaching Spilled Blood«, hier wurde vielen Leuten der Pass gestohlen. Irina sagt, sie werde gleich über »Spilled Blood« sprechen, aber zuerst »the maps«, ein Blick auf das Castle rechts, aber endlich, Stimme überschlägt sich, »Look, Spilled Blood!«, aber zuerst noch das Castle! »Do I give too much information? Maybe, but my job is to speak, speak, speak … Now: Spilled Blood!« Aber noch nicht! Zuerst gibt Irina ihrer Befürchtung Ausdruck, dass wir »overcastled and overchurched« sind.

Aussteigen, gut aufpassen auf den Pass!

Спас на крови, Auferstehungskirche oder Church of the Savior on Spilled Blood, St. Petersburg, Russland.

MALAYSIA

OLD CRUTCH IM LUXUSZUG

Old Crutch, um die sechzig, heißt eigentlich Jack Crutchley und lebt seit zwanzig Jahren in Bangkok. Ich verbringe fast zwei Tage mit ihm auf dem Aussichtsdeck des einzigen Luxuszugs zwischen Bangkok und Singapur, des Eastern & Oriental Express.

»Weißt du, woran man erkennt, in Malaysia zu sein?«, fragt er mich mit dieser unschuldigen Miene, die Briten beim Scherzen aufsetzen.

Ich schüttle den Kopf.

»Schnurrbärte«, sagt er und deutet in die hellgrüne Landschaft, die ab und zu von Wohnblöcken und Blechhütten, versorgt von einem tollen Kabelsalat, durchbrochen wird.

Erst langsam merke ich, was er meint: Die malaysischen Männer tragen im Gegensatz zu jenen in Thailand einen Schnurrbart. Mit Verschwörerstimme fügt Old Crutch hinzu: »Sie haben einfach stärkeren Bartwuchs.«

Seine Freundin Aurelia, vierzig, aus London, feingliedrig und schlagfertig, zweimal im Jahr bei Old Crutch auf Besuch, schaltet sich ein: »Vergiss, was er sagt, Crutch ist ein alter Rassist.«

Er hebt eine Augenbraue: »Sie hält mich für einen Tory, aber ich bin definitiv keiner. Ich bin Darwinist. Alles ist Genetik.«

Ich starre auf die Malaysier, die dem Zug winken. Frauen, viele Kinder, viele Schnurrbartträger, statistisch wäre das schon signifikant.

»Es ist nur eine lokale Mode«, entscheidet Aurelia mit ihrer sanften, durchdringenden Stimme.

Der Eastern & Oriental Express beschäftigt zwei Pianisten; man kann zwischen Pullman-, State- und Presidential-Suite-Abteilen wählen; am Nachmittag wird Earl Grey mit Kuchen serviert.

»Eine Fahrt mit dem E&O kostet mehr, als eine malaysische Familie im Jahr verdienen kann«, meint Aurelia melancholisch.

»Nicht im Jahr, sondern im Leben«, sagt Old Crutch.

»Sie lieben uns daher nicht wirklich«, sagt Aurelia und hebt die Hand ohne Begeisterung.

»Nur mich hassen sie, denn ich bin längst zum Thai geworden«, sagt Old Crutch kokett, »du als Britin wirst überall geliebt.«

Die Schnurrbartträger mit ihren Familien winken ihm voller Freude. Niemand wirft mit Steinen auf Old Crutch, auch wenn er sich eine Zigarre anzündet.

»Die Armen lieben grundsätzlich den Reichtum«, sagt er. Ich nicke misstrauisch.

»Weißt du eigentlich, wieso sie beim Winken immer so verschmitzt lachen?«, fragt Old Crutch, während Aurelia die Augen verdreht, als würde sie einen Herrenwitz erwarten. »Sie lachen uns aus, weil sie eine billigere Methode kennen, von Bangkok nach Singapur zu kommen.«

Eastern & Oriental Express, zwischen Bangkok und Singapur, in Malaysia.

COSTA RICA

AMANSHAUSER VERPASST DIE TORE

Im Mercado Central von San José trinke ich Tee mit Schaummilch, esse Maiskuchen. Das TV-Gerät zeigt Fußball, Oman gegen Costa Rica, jede Menge Scheichs im Publikum. Die Prozedur mit den Hymnen zieht sich, ich stehe auf. Der Kellner möchte mich bremsen: »Könnte interessant werden heute!«

Ich antworte: »Ist doch nur ein Freundschaftsspiel.«

Der Kellner: »Wer Fußball liebt, liebt ihn immer. Besonders jetzt – wir stürmen zur Zeit total kopflos nach vorn und haben den falschen Tormann drin, den schlechten.«

Ich verlasse das Café trotzdem, Bildschirme sind an jeder Ecke. Nach ein paar Minuten registriere ich, dass Costa Rica 1:0 führt, die sind ja gut. Kurz darauf schnappe ich auf, dass es 1:1 steht, die sind ja wie Österreich!

Ich suche den anderen Markt, den Mercado Borbón, außer in der Catedral Metropolitana überall Fußball. Auf den Bildschirmen in einem Café, hoch wie ein Loft, lese ich 4:1für Costa Rica ab, die sind ja wie Deutschland! An der Ecke Calle 8 und Avenida 10 (so hab ich mir das notiert) bleibe ich in meiner Suche stecken: Hier befindet sich definitiv kein Mercado Borbón, was soll's, manchmal irrt man in Städten. Beim Friseur am Eck gibt es einen neuen Spielstand, es steht nur noch 4:2, die sind ja fahrlässig. Der Kellner hatte recht, interessante Partie. Ich gebe den Traum vom Mercado Borbón auf und beschließe, für die letzte Viertelstunde des Matchs zum Mercado Central zurückzukehren.

Vor dem Markt kommt mir der Kellner in Zivil entgegen.

»4:2 ist nicht schlecht«, sage ich.

»Steht schon nur mehr 4:3«, informiert er mich, worauf ich frage: »Sie schauen nicht bis zum Ende?«

Er lächelt: »Nein, sieben Tore sind genug, dabei wird es bleiben.«

Ich nicke ohne Überzeugung, wir verabschieden uns, ich bestelle in einem Marktlokal eine Portion Ceviche, Costa Rica führt tatsächlich 4:3, noch fünfzehn Minuten, der Oman drängt auf den Ausgleich, die Ceviche ist wahnsinnig gut. Ich werde gefragt, woher ich bin, das Ergebnis ist Australien.

Ist noch der Ausgleich gefallen? Ich verrate nichts. Ein 4:4 würde keine so gute Geschichte ergeben.

Mit dem Schlusspfiff erhebe ich mich, zahle und spaziere in Richtung Estación al Atlántico. Ich hab genug vom Fußball und will die Eisenbahn ausprobieren. Der Weg wird länger, verworrener, stimmt meine Richtung noch? Gehe ich im Kreis? Den Kopf hebend lese ich eine Aufschrift: »Mercado Borbón.«

Mercado Central, Avenida 1 und Calle 8; Mercado de Borbón, Avenida 3 und Calle 8; San José, Costa Rica.

OMAN

AMANSHAUSER MIT FRECHEN MÄDCHEN

Ich saß im Internet-Café, dem lebendigsten Ort des Städtchens Khasab, und starrte entgeistert auf den Bildschirm. Ein Freund hatte gemailt, er werde unseren Kontakt mit sofortiger Wirkung abbrechen, da er zu dem Schluss gekommen sei, ich litte unter einer schweren narzisstischen Störung. Ich überlegte, ob ich mich mit der Gegenbehauptung verteidigen sollte, ganz bestimmt an keiner derartigen Störung zu leiden. Unglaubwürdig. War mein Problem nicht viel eher totale psychische Gesundheit? Auch recht unwahrscheinlich. Immerhin plante ich ein Buch mit Geschichten, deren Überschriften ich alle mit »Amanshauser« beginnen lassen wollte.

Eine Gruppe Mädchen betrat den Raum, vielleicht vierzehn oder fünfzehn. Sie waren leger gekleidet und plauderten durcheinander, was mich störte, weil ich damit beschäftigt war, per Antwortmail meinen Gegenbeweis anzutreten. Andererseits: Wenn jemand beschlossen hatte, den Kontakt zu mir abzubrechen, sollte ich nicht feinfühligerweise auf eine Antwort ganz verzichten?

Ein Mädchen sagte »Hello« vom Nebentisch. Ich hob den Kopf und grüßte freundlich zurück. Ihre Freundin stieß einen Quietschton aus, so als hätte sie niemals mit einer Reaktion von mir gerechnet. Vielleicht hatten sie irgendwas gewettet. »You are good«, setzte die Erste das Gespräch fort. Ich blickte sie fragend an. »You are good«, wiederholte sie und lachte. Ich nickte hilflos und wandte mich wieder dem Bildschirm zu. »You mail to girlfriend?«, fragte sie. Ich schüttelte entschlossen den Kopf. Im Hintergrund beobachteten einige Stammgäste das Geplänkel. Ich fürchtete, durch ein allzu westliches Verhalten ihre Wut zu erregen, also duckte ich mich und tippte weiter.

»Can I have?«, fragte das Mädchen und streckte die Hand nach meiner Schirmkappe mit der Aufschrift *Cowboys* aus. Ich überließ sie ihr. Mittlerweile waren mir einige Formulierungen eingefallen, die meinem Freund, der mich für narzisstisch hielt, den Kontaktabbruch zumindest unbequem machen würden. Ich mochte den Freund ja gerne. Ich hob den Blick. Die Kappe stand dem Mädchen besser als mir. Sie bat mich, ein Foto von ihr zu machen. Danach nahm sie mir die Kamera aus der Hand, um es mit den Freundinnen zu analysieren. Trubel erhob sich. Ich setzte energisch mein Mail fort.

Das Mädchen gab mir die Kamera zurück und sagte hastig »I love you«, was ihre Freundinnen zu Beifallsstürmen animierte. Gleich darauf wurde sie ernst und sagte »I kiss you«. Da musste auch ich lachen. Ihre Komplimente waren nicht gerade geeignet, einen Narzissten zu ernüchtern. Sie sagte kichernd »Sorry for me«, und ich antwortete: »No problem«. Was einen neuen Lachsturm auslöste.

Wogegen schreibst du da eigentlich an?, fragte ich mich selbst. Ich löschte meine Mailskizze, loggte aus und setzte meine *Cowboys*-Kappe wieder auf. Fremde kamen und behaupteten, dass sie ihn liebten und küssten – ohne dass etwas davon realisiert werden musste –, die beste Medizin für einen Mann mit schwerer narzisstischer Störung. Ich ging zur Kasse, zahlte, winkte den Mädchen, fühlte mich ein paar Momente lang ganz leicht.

Internet-Café auf dem Hauptplatz von Khasab, Halbinsel Musandam, Oman.

SRI LANKA

MR. AMANSHAUSER UND SEIN FAHRER DARK

Ich bin kein Reisegruppenmensch. Mir fällt es schwer, Sehenswürdigkeiten zu besichtigen. Verstehen Sie mich nicht falsch, gruppentauglich bin ich. Kaum bin ich jedoch mit anderen unterwegs, überkommt mich die unstillbare Sehnsucht, allein zu sein.

Nun nahm ich das Angebot des Reiseveranstalters Marco Polo für einen Trip »im Privatwagen mit eigenem Driver-Guide« an. Die »Entdeckerreise« unter dem Motto »Tempel, Tee und Tropenstrände« sollte nach Sri Lanka führen. Driver-Guide klang gut. Keine Gruppe, sondern zu zweit. Würde der immer dabei sein?

Ein merkwürdiges Gefühl war das, um fünf Uhr morgens auf dem Flughafen von Colombo. Irgendwo wartete ein fremder Mann mit einem »Mr. Amanshauser«-Schild auf mich, mit dem ich die nächsten Tage verbringen würde. Was, wenn wir einander hassten? Wenn er dauernd quatschte oder Rassist war? Mundgeruch hatte?

Er hieß Tharaka, sprach sich wie »Dark« aus und wirkte ungefährlich. Während er den irren Linksverkehr meisterte, fragte ich Dark gleich einmal über die ethnischen Konflikte der Insel aus. Er war Singhalese, zum Glück nicht übermäßig antitamilisch. Zu mir hielt er gute Distanz. Roch nicht aus dem Mund.

In den Hotels bezog Dark ein Hinterzimmer für Driver-Guides, und wir verständigten uns per SMS. Täglich legte er den morgendlichen Abfahrtszeitpunkt fest: »Tomorrow we live at 8.00 a.m.« Er schrieb immer »we live«. Mich erleichterte, dass Dark nicht versuchte, Freundschaft zu schließen. Er beschäftigte sich lieber mit seinem Mobiltelefon. Er musste eine Freundin, eine sehr possessive Frau oder beides haben: Ununterbrochen nahm er stirnrunzelnd piepsende Botschaften in Empfang. So durchquerten wir gemeinsam das singhalesische Sri Lanka. (Das tamilische kannte er ebenso wenig wie ich.)

Wir besuchten Hindutempel, Teeplantagen und Strandresorts. Meine Fragen beantwortete er stets kompetent. Im Übrigen ließen wir einander in Ruhe. Ich arbeitete am Computer, Dark schrieb seine SMS. Durch meinen Kopf gingen wahnwitzige Eifersuchtsdramen, in die sich der Unglückliche verstrickt hatte.

Er schlug mir einen Elefantenritt vor (ich sagte Ja), einen Game-Ride (Nein), fuhr mich zur ayurvedischen Spice-Farm und zum Batikshop. Mir fielen seine traurigen Augen auf, wenn ich nichts kaufte. Dark, dessen Grundgehalt ich nicht kannte, war vermutlich mit einem kleinen Prozentsatz an solchen Umsätzen beteiligt. Einige seiner Angebote hatte ich ausgeschlagen, aber ich merkte, wie dringend er an der Westküste einen Trip durch die Backwaters mit mir unternehmen wollte (achtzig Dollar). Daher sagte ich zu. Wir bestiegen ein kleines Motorboot, sahen uns Krokodile an, besuchten ein Inselkloster und eine Fischzucht. Der Kapitän ließ mich sogar steuern. Dark saß vorne im Boot, trug einen Sonnenhut, hatte keinen SMS-Empfang und wirkte vergnügt.

Privatwagen und Driver-Guide, ab Colombo, Sri Lanka.

TSCHECHIEN

SEKUNDENSCHLAF IM FIAT PANDA

Einmal im Jahr muss der Fiat Panda, Baujahr 1988, den ich in Berlin-Mitte betreibe, für ein paar Tage ins Burgenland fahren, um sein »Pickerl« abzuholen. Meist nimmt er dafür den Autoreisezug über Hamburg. Diesmal wollte ich sehen, ob er die Distanz aus eigener Kraft schafft. Der alte Panda hat zum Glück kaum Elektronik, daher fallen weniger und simplere Defekte an als bei zeitgenössischen Autos. Sein Nachteil: Er stammt aus einer Zeit, in der man unter dem Begriff Airbag chinesische Übersiedlungstaschen verstand. Das Material seiner Verkleidung kommt Pappe sehr nahe – und ich denke bisweilen mit Schaudern an zwei Lkw, die ihn in die Zange nehmen. Daher fuhr ich allein und setzte die Reisedauer auf drei Tage an.

Von Berlin führte ich den Panda – oder er mich – über Frankfurt an der Oder auf die polnische Autobahn bis Legnica, wo wir nach Tschechien abbogen. Ich war bereits knapp sieben Stunden unterwegs. In einem bizarren Sekundenhalbschlaf hörte ich, wie eine Stimme zu mir sagte: »Das Glück ist bei demjenigen, der Glück haben will – vielleicht ein Glüh-Händler.«

Ich bin solche Stimmen beim Einschlafen gewohnt, sie sagen absurde Dinge. Aber diese spezifische Stimme empfand ich als Warnsignal. Ich stoppte, vertrat mir die Füße und notierte als braver Autor den außergewöhnlichen Satz, den ich gehört hatte. Nach zwei Minuten fuhr ich weiter, was ein Fehler war.

Knapp vor Königgrätz erwachte ich durch einen Riesenkrach und Holterdipolter. Als ich die Augen öffnete, trudelte der Panda mit gut sechzig Stundenkilometern über das rechte Bankett in die hohen Gräser. Zum Glück reagiert der Instinkt besser, als man es selbst täte. Ohne viel zu denken, lenkte ich gegen und gab stoßweise Gas. So schlingerte ich auf die Straße zurück, leider bis tief in die Gegenfahrbahn. Niemand kam entgegen. Und letztlich ließ sich der Panda beherrschen.

Mein Herz hämmerte. Ich fuhr hellwach weiter und betrachtete die Straßenränder. Harte Bäume, tiefe Gräben. Eigentlich kam jetzt keine einzige Stelle mehr, die sich so zum Ausritt eignete wie die, die mein Sekundenschlaf gewählt hatte. Ich lachte hysterisch auf. Überlebt! Endlich einmal positive Nachrichten aus Königgrätz! Siebenundzwanzig Kilometer später fuhr ich in das Städtchen ein, wo ich ein Hotel bezog und auf dem Hauptplatz Krautsuppe aß. Sie schmeckte unglaublich gut.

Landstraße, 27 Kilometer vor Hladec Králové (Königgrätz), Tschechien.

MAROKKO

AMANSHAUSER IM COCKPIT

In einer Maschine der Lauda-Air von Wien nach Agadir hatte ich die Gelegenheit, im Cockpit mitzufliegen. Ich weiß nicht, woher meine Fantasien kamen, aber aus irgendeinem Grund wunderte mich, dass da vorne nicht Champagner gesoffen und Samba getanzt wurde – keine Rede davon.

Während des Starts nahmen die Piloten keine Notiz von mir. Konzentriert bewältigten sie ihre Checklisten-Feinarbeit. Erst nach Erreichen der Flughöhe drehte sich der Pilot zu mir um: »Grüß Gott.« Ich hielt Gott – trotz der geografischen Nähe – für keine passende Assoziation, antwortete aber zur Sicherheit auch mit »Grüß Gott«, was den Copiloten zu einem »Guten Tag« verleitete.

Irritiert durch diesen philosophischen Schlagabtausch, verlieh ich meiner Bewunderung Ausdruck: »Harte Arbeit ist das, so ein Start.« Der Pilot schüttelte lächelnd den Kopf: »Nein, das ist eher Routine.« Ich fragte, ob Fliegen dann überhaupt je harte Arbeit sei. »Ungefähr zwei- oder dreimal im Jahr gibt es außergewöhnliche Situationen«, antwortete er, »bei denen man dann schon merkt, wofür man die Ausbildung gemacht hat.«

Ich ließ mir erklären, dass harte Landungen bisweilen sicherer seien als weiche, »weil beim Landen gibt's ein großes Ziel, nämlich mit keinem Flügel den Boden zu berühren«, und ich lernte, dass Turbulenzen nur ein Beweis dafür seien, dass »zum Glück Luft da« sei.

»Was ist eigentlich das?«, fragte ich und deutete blöd auf eine Radaranzeige. »Radar«, sagte der Pilot. »Und die kleinen

Punkte?«, fragte ich. »Andere Flugzeuge«, antwortete der Pilot. »Radar dient dazu, dass wir nicht mit anderen zusammenstoßen«, erläuterte der Copilot und lachte schallend.

Zur Mahlzeit schickten sie mich aus der Kabine. Ich fand es vornehm, dass sich Piloten nicht wie Tiergartenschimpansen beim Essen zusehen ließen. Eine halbe Stunde vor der Landung durfte ich ins Cockpit zurück. Unter uns lag eine Mondlandschaft in Orangetönen. Die Piloten notierten Zahlen, die ihnen eine Bodenstation in bestürzend französischem Englisch durchgab. »Verstehst du des?«, fragte der Pilot den Copiloten. »Ned im Geringsten«, antwortete der. »Wo ist eigentlich der verdammte Flughafen?«, fragte der Pilot und sah misstrauisch durch das Fenster. »Eh dort hinten«, meinte der Copilot. »Ah genau, Agadir«, sagte der Pilot. Sie wandten sich ihren Checklisten zu und schwiegen, während wir Marokko entgegensanken.

Zuerst war ich sicher, dass sie mir einen Sketch vorspielten. Als sich aber keiner der beiden Piloten davon überzeugte, ob ich lachte, spürte ich ein Frösteln. Auf den Armaturen blinkte ein Licht mit der Aufschrift »Alert«. Das schien die beiden wenig zu beeindrucken. Ob sie es denn bemerkt hatten? Ich überlegte, ob ich einen der Piloten anstupsen sollte (»Dieses blinkende Alert da, kriegen Sie das eh mit?«). Langsam kam die Mondlandschaft näher – wir landeten sicher und hart in Agadir.

Einflugschneise über Agadir, Marokko.

CHINA

VERFÜHRERISCHES XIÈXIE

Die beiden sind ein Pärchen. Er, höchstens neunzehn oder zwanzig, Strubbelhaare, ernster Blick, sitzt auf dem Schemel am Keyboard und spielt mit dem Verstärker in Maximallautstärke eine schwermütige, eindringliche Melodie in Endlosschleife. Sie, eine Schönheit, kaum älter als er, lange schwarze Haare, die ihr ins Gesicht fallen, hält ein Mikrofon in der Hand. Sie kauert auf dem Asphalt. Ihre Füße sind verkrümmt und kraftlos umeinander geschlungen. Unter ihrem rechten Ellbogen dient eine Lederjacke als Stütze. Hinter ihr steht ein schwarzer Rollstuhl. Wenn jemand einen Yuan-Schein in den Beutel wirft, haucht sie »XIÈXIE« ins Mikrofon, mit einer rauchigen und doch glasklaren, mit einer fragilen und doch selbstbewussten Stimme: DANKE. Das ist ihr Text.

Dutzende Leute haben einen Kreis gebildet. Manche beklemmt, manche schüchtern, andere mit aufgerissenen Augen. Sie warten auf das nächste XIÈXIE. Auf diese Art, verführerisch-provokant und schamvoll-distanziert, hat sich noch kein Mensch bei ihnen bedankt. Immer wieder löst sich jemand aus der Menge, steckt den Yuan in den Beutel, darauf folgt das XIÈXIE, das die Umstehenden zum Lächeln bringt. Sie wollen es wieder hören, sie sind süchtig nach ihrer Stimme.

Der Dank kommt immer im richtigen Moment, passt zur Musik, ein sanftes XIÈXIE zwischen Auspuffgasen und dem Geruch von Tintenfisch-Spießen … der monotone Text zur endlosen Melodie, die Tausende Menschen anzutreiben scheint, in diesem monumentalen Gewirr im Herzen der alten

Hauptstadt Xi'an. XIÈXIE, eine Stimme voll von grenzenloser Sehnsucht. Sie schiebt ihre Haare aus der Stirn. Wischt sie eine Träne weg? Im Publikum stehen den Leuten Tränen in den Augen.

Dieselbe junge Frau, derselbe Ort, nur sitzt sie diesmal nicht auf dem Boden, sondern in ihrem Rollstuhl. Nicht ihr Geliebter, sondern ein buckliger Zwerg, dessen Scheitel nur knapp über die Handgriffe reicht, schiebt sie ruckelnd über den Gehsteig. Sie hält Mikrofon und Geldbeutel, XIÈXIE – XIÈXIE. Ohne Musik ist die Resonanz gering. Aber dann deutet sie dem Zwerg, er solle sich niederlassen. Er zieht einen Polster hervor, lässt sich zu Boden sinken.

Sie stellt am iPod eine Karaokenummer ein, verbindet Kabel mit Verstärker, eine chinesische Populärmelodie erklingt. Und jetzt beginnt sie zu singen, singt mit trauriger und frischer Stimme einen Text, den alle kennen. Sobald ein Yuan-Schein im Beutel landet, fügt sie, schüchtern oder laut, hastig oder souverän, ein gehauchtes XIÈXIE in den Originaltext ein. Die Umstehenden lachen. Sie werfen ihr in komplizierteren Passagen Geld zu – um zu hören, ob sie die trotz des XIÈXIE meistert. Manche singen leise mit.

Zwischen den Stücken räuspert sie sich, spuckt auf den Boden, presst etwas verzagt zwei Finger an den Kehlkopf. Der Zwerg sieht sie sorgenvoll an. Ich hoffe, dass sie weitersingen kann. Ihre Coverversionen gibt es auf keiner CD. Man muss persönlich kommen.

Vor der Xi'an Kaiyuan Shopping Mall, in der Bei Dajie, Xi'an, China.

PORTUGAL

DER GROSSE BRAND

Im Juni 1988 bezog ich in der Rua Garrett, im alten Geschäftsviertel Chiado, eine winzige, nur über eine Leiter erreichbare Dachkammer mit Bett, Minifenster und Tejo-Blick. Meine Vermieterin, Francelina Bandeira, bewohnte die zweihundert Quadratmeter unter mir. Dona Francelina war über achtzig und äußerst kontaktfreudig. Sie brachte jeden Morgen, als hätten wir eine Abmachung, eine Tasse heißen Kakao zur Leiter und rief mit greller Stimme meinen Namen. »Senhor Martiiiim!« Manchmal überhörte ich sie und starrte auf den Tejo. Eines Tages krakeelte sie »Pruuuuh?« zu mir nach oben, immer wieder »Pruuuuh?«. Ich, der noch kein Portugiesisch beherrschte, stieg konsterniert zu ihr hinab. Dona Francelina servierte mir ein großartiges Schnitzel, das »pruuuuh« hieß.

Am 25. August 1988 erwachte ich in der Wohnung eines Freundes am anderen Ufer des Tejo, wo ich vor einer meiner zwischenzeitlichen Rückreisen eingeladen war. Als ich ins Wohnzimmer tappte, saßen dort fünf Leute mit offenen Mündern um das TV-Gerät – ein Großbrand drüben in Lissabon! Da blieb auch mir der Mund offen: Seit fünf Uhr morgens Feuer in der Rua Garrett! Ich hatte geplant, an diesem Tag einiges Zeug aus Francelina Bandeiras Wohnung zu holen, denn ich verließ die Stadt für drei Wochen. Mit dem Schiff überquerte ich den Tejo. Über dem Chiado lag eine bedrohliche graue Rauchwolke. Es gelang mir nicht, mich der Rua Garrett und Francelina Bandeira auch nur anzunähern. Die Feuerwehr hatte großflächig abgesperrt. Mengen von Schaulustigen drängten zum Ort des Geschehens. Zeitungsverkäufer priesen um zwölf Uhr die aktuelle Ausgabe mit Großbrandfotos an, während hundert Meter weiter noch die Brandherde glosten. Ich hoffte nur, dass Dona Francelina lebte.

Ich nahm ohne Gepäck den Zug nach Paris. *Le Monde* titelte am nächsten Morgen mit »Lissaboner Altstadt abgebrannt«. Es war nur von einem einzigen Toten die Rede, zum Glück einem Mann, Francelina (und mein Zeug) waren gerettet.

Die portugiesische Übertreibungskunst verstärkte die weltweiten Schlagzeilen: Überall sprach man von der Megakatastrophe. Es handle sich um einen Riesenbrand, achtzehn Gebäude seien zerstört worden, dreihundert Menschen hätten ihre Wohnung verloren. Portugal tat so, als hätte sich zumindest das Erdbeben von 1755 wiederholt – und die Welt beklagte das Ende der Innenstadt Lissabons.

Es dauerte mehr als zehn Jahre und etliche Bauskandale, bis sich das Chiado in sogenanntem »neuen Glanz« präsentierte, als ein Paradies für Investoren, denen der Brand der alten Häuser ganz recht gekommen war. Dona Francelinas Haus steht selbstverständlich dort, unbeschädigt wie eh und je, denn es hatte sich knapp außerhalb der Zerstörungszone befunden. Sie selbst müsste schon über hundert sein. Wenn man nach ihr fragt, sagen die Nachbarn, klar, die Alte wohnt noch immer da oben – garantiert!

Hunde, die es früher nie gegeben hat, bellen böse durch das Stiegenhaus. Ich red mich auf diese Hunde aus und geh nicht mehr hinauf. Ich ess in einem Lokal in der Nähe »pruuuh«, den *peru*, den Truthahn.

Rua Garrett 48, Dachgeschoß, Lissabon, Portugal.

BRASILIEN

AMANSHAUSER PISST IN YOKOS KLOMUSCHEL

Ich erinnere mich an das Frühstück am 9.12.1980. Während ich Kakao trank, kam im »Morgenjournal« als Spitzenmeldung, John Lennon sei in New York erschossen worden. Für mich als Beatles-Fan in einer sehr sanften Frühphase wäre eine Welt zusammengebrochen, wäre Paul McCartney erschossen worden. Der Erschuss John Lennons war hingegen eine traurige, aber doch eine Sensation. Der Geschmack dieses Lennon-Morgens … später schmeckte kein Kakao je wieder so.

Auch während der achtziger Jahre erreichte der Kakao nie wieder den bittersüßen Geschmack dieses Lennon-Dezembertages; seit den Neunzigern verzichtete ich fast vollständig auf das Getränk. Trotzdem mochte ich es prinzipiell. Deshalb war es zwar keine bewusste Entscheidung, aber ebenso wenig Zufall, als ich im Winter 2007 in São Paulo angesichts des Besuchs der Yoko-Ono-Retrospektive im Museumscafé zwei Tassen »chocolate quente« trank.

Anschließend betrachtete ich Onos Lebenswerk. Eigentlich war mir diese Künstlerin suspekt, unter anderem weil sie auf Lennons Seite war und ich auf McCartneys, doch ein paar ihrer Kunstwerke gefielen mir. Zu meiner Meinung trug ein bösartiger Ono-kritischer Artikel in einem brasilianischen Magazin bei, der mich in die Position zwang, auf Distanz zu frustrierten, japanfeindlichen Beatles-Fans zu gehen. Mit Kakaogeschmack im Mund schloss ich Frieden mit Lennon, Ono und meiner Vergangenheit.

Eine der Ono-Installationen war eine Klomuschel aus Porzellan in einem Labyrinth – von außen schwer einsehbar. Außer mir gab es keinen einzigen Besucher in der Ausstellung. Ich drang zur Muschel vor.

Ich spreche ungern davon, was geschah, als ich sie erreichte. Zu meiner Entschuldigung kann ich nur anführen, dass das künstlerische Umfeld mit meiner Person interagierte. Auf einmal fühlte ich mich wie einer, der Ono verstand und ihrer Kunst extrem nahe war. Ich stand vor dem offenen Herzen der Moderne – symbolisiert durch die fast rührend simple, wohl Duchamp zitierende Toilettenanlage.

Ich warf einen Blick durch die Spiegelwände, wähnte mich unbeobachtet, öffnete den Hosenstall und zog meinen Penis hervor. Ich schwöre, ich wollte kein Aufsehen erregen! Ich wollte lediglich meine zwei heißen Schokoladen auf symbolische Art loswerden und dadurch mit einem Kunstwerk (und wohl auch mit den Beatles) in Einklang kommen.

Wie elektrisiert sprang der Aufpasser auf und eilte durch das Labyrinth, um meiner Aktion Einhalt zu gebieten. Auch ich sprang in die Luft, tief erschüttert, wie unerbittlich sein Sichtkanal durch die vermeintlich spiegelnden Glaswände reichte. Der dicke Urinstrahl erstarrte vor Entsetzen in der Luft (denn in solchen Gebäuden wird alles zu Kunst).

Ich packte meinen Penis ein und wandte mich um. Aus den Augenwinkeln nahm ich noch wahr, dass dieses Klo inmitten der Museumshalle aller Wahrscheinlichkeit nach gar nicht an die Kanalisation angeschlossen war. Ich ließ das Kunstwerk Kunstwerk sein und eilte dem Aufpasser mit gesenktem Kopf entgegen. Bis wir uns trafen, hatte ich mich so weit gefangen, meine Verteidigung provisorisch zu formulieren »Você não entende nada de arte moderna!« – Sie verstehen nichts von moderner Kunst!

Der Aufpasser schüttelte konsterniert den Kopf, denn der kunstgeschichtliche Diskurs war nicht sein Gebiet. Er stellte keine einzige Frage, sondern packte mich am Arm. Pro forma weiterhin leisen Protest murrend, gleichzeitig auch tief beschämt über mich selbst, ließ ich mich widerstandslos zum Ausgang begleiten.

Centro Cultural do Banco do Brasil, Rua Álvares Penteado 112, São Paulo, Brasilien.

SÜDKOREA

DAS BRÜLLENDE KIND

Der Mann saß im Airport Express vom Flughafen Seoul ins Zentrum. Er war ein unauffälliger, seriöser Herr Mitte fünfzig, der Kragen seines Hemdes abgenutzt, die Schuhe poliert. Sein Haar war tiefschwarz, mit Rostspuren, so als hätte er sich an etwas Frischgestrichenes gelehnt. Er konzentrierte sich auf das auffällige Buch zwischen seinen Schenkeln, recht großformatig für den Airport Express. Zu meinem Staunen handelte es sich um einen aufwendig bebilderten Geschichtsabriss über Schiele, Klimt und Kunstströmungen zur Jahrhundertwende in Wien. »I am from Austria, too«, sagte ich geschmeichelt – nein, das dachte ich nur.

Leider war das Kind, das wir mitführten, unruhig geworden, hatte zu jammern, anschließend zu schreien begonnen, eine Situation, der wir in der Öffentlichkeit meist Herr wurden, ohne allzu viel Lärmschaden anzurichten. Im gespenstisch stillen südkoreanischen Hochgeschwindigkeitszug schrie das Kind aber minutenlang und hemmungslos wie am Spieß. Kaum ebbte das Heulen ab, raffte sich das Kind zu einem epochalen Brüllen auf. Wir waren hilflos. Der unvermutete Exzess blamierte uns, schien auf radikale Weise das Versagen eines völlig verfehlten antiautoritären westlichen Weltkonzepts bloßzulegen.

Die Südkoreaner ignorierten uns nach Möglichkeit, ich wäre trotzdem am liebsten mit der Familie im Boden des rollenden Zuges versunken. Schiele las tapfer, ohne mit der Wimper zu zucken, wie der Allergeduldigste, aber irgendwann klappte er das Buch zu und wandte sich an unseren Quälgeist. Er blickte den Kleinen trübsinnig an, hielt dem infernalischen Gebrüll stand, das durch die Zuwendung noch verstärkt wurde. Dann suchte er meinen Blick.

»Ich bin Arzt«, sagte er in klarem Englisch. »Es liegt an seinen Ohren. Sie schmerzen noch vom Flug.« Ich war überzeugt davon, dass er unrecht hatte, aber ich respektierte ernst nickend seine Expertise, da auch er ja offensichtlich meine Kultur nicht nur respektierte, sondern gar verehrte. »Stecken Sie ihm einmal kurz den Finger ins Ohr«, sagte Schiele, »ruhig ein bisschen tiefer.« Ich tat dem Südkoreaner den Gefallen, es war schon alles egal. Das Kind verstummte sofort. Ende. Aus. Stille. Ich dankte ihm. Schiele nickte trübsinnig und wandte sich wieder Klimt zu.

Airport Railroad Express (AREX) von Incheon International Airport nach Seoul Station, Seoul, Südkorea.

SAN MARINO

AMANSHAUSER IN ZWEI MUSEEN

Forscht man nach, welche Art von Gebilde der Staat San Marino eigentlich ist, erfährt man rasch das interessante Unabhängigkeitsdatum der ältesten Republik der Welt: der 3. September des Jahres 301. Auch schaffte San Marino als erster europäischer Staat die Todesstrafe ab (1865), die fast vierhundert Jahre lang nicht vollstreckt worden war. San Marino hat die Größe von einem Drittel Liechtensteins – es gibt eine Fußballnationalmannschaft, die in siebenundachtzig Spielen einmal als Sieger vom Platz ging (gegen Liechtenstein). Regiert wird die hartnäckige Republik der Selbstverteidigungsspezialisten von zwei »Capitani Reggenti«, die jedes halbe Jahr wechseln.

Ich war vor Jahrzehnten in San Marino, habe alles vergessen, erinnere mich nur vage an eine grundsätzliche Enttäuschung, an eine steil aufwärts verlaufende mittelalterliche Fußgängerzone mit Schrottgeschäften. Oder war das in St. Wolfgang am Wolfgangsee? Ich musste einfach wieder hin.

Dort ist alles seltsam. San Marino mit seinen drei Burganlagen auf dem Monte Titano tut sich durch einen ebenso öden ritualisierten Wachewechsel hervor wie Monaco – als wollten sie mit den Mitteln des Theaters militärische Sinnlosigkeit nachspielen – und durch eine endlose Reihe von Merchandising-Läden. Für Waffenfanatiker ist es jedoch eine der tollsten Anlaufstellen Europas, alles tax free. Auch an Halbwüchsige werden Softair-Produkte verkauft, die anderswo erst ab achtzehn Jahren zugelassen sind, Waffenschein sowieso unnötig.

Die Preise sind einmalig, nirgendwo kann man eine Familienausrottung günstiger vorbereiten.

Während Waffenfreunde im *Museo Sammarinese delle Armi Antiche* oben auf der Burg landen, finden Pazifisten rasch das *Museo delle Curiosità*. Es stellt Figuren des größten Mannes und der kleinsten Frau der Welt zur Schau. Das Tollste sind die deutschsprachigen Texte zu den Exponaten. Eine schaukelnde Münchner Badewanne aus dem 17. Jahrhundert wird beschrieben als »diese neugierige Wanne Triumph von samenzylindrischer Form«, und ein Schutzhelm für Dauerwellen (1920) wartet mit folgender poetischen Beschreibung auf: »Das war eine sehr aggressive Methode, die schadete, beträchtlich und oft unrettbar die Struktur des Haares, also spät wurde das System geändert, und sie erfanden die Dauerwelle zu kaltem.«

Museo delle Curiosità, Salita alla Rocca, 26, San Marino.

ÄTHIOPIEN

AMANSHAUSER UNTER LÄUFERN

Addis Abeba, die Stadt ohne Zentrum, ist ein seltsames Gebilde auf im Durchschnitt zweitausendfünfhundert Höhenmetern einer schiefen Ebene. Durchzugsstraßen verbinden Ober- und Unterstadt, es herrscht der Charme eines Realsozialismus vor, ohne jeglichen Sozialismus. Dabei wirkt Addis vollgestopft, vital, lebendig.

Es ist sechs Uhr. Äthiopien besitzt nicht nur einen anderen Kalender, sondern auch eine andere Zeitrechnung. Sonnenaufgang bedeutet hier null Uhr. Das Mittagessen findet demzufolge um sechs Uhr statt. Das führt zu Missverständnissen. Äthiopier erscheinen bei Treffen mit Europäern gelegentlich um sechs Stunden zu früh.

In Äthiopien laufen die Uhren anders. Auch die Menschen: schneller. Viele laufen mitten auf den Straßen von Addis. Schüchtern bahnen sich die wenigen Autos ihren Weg durch die erwachende Stadt – ein Großteil des Morgenverkehrs besteht aus Läufern.

»Wir können der Armut davonlaufen«, sagt Jody auf dem Meskel Square, »seit Haile Gebrselassie, dem Olympiasieger, sind wir ein Volk von Läufern. Als Leichtathlet kannst du in Äthiopien Karriere machen – Geld.« Jody gehört zu den paar Hundert Leuten, die Runden am Meskel Square drehen, im Amphitheater, das an den Platz anschließt. »Ich spüre gerne die Erde unter meinen Füßen. Das hast du nur auf den Theaterstufen«, sagt Jody, »außerdem haben sie eine gute Mischung aus flach und steil.«

Äthiopien sei ein ganz normales afrikanisches Land, bekräftigt Jody. »Tourismus geht bei uns wunderbar. Denken Sie an die unterirdischen Kirchen von Lalibela. Leider kriegen wir den üblen Ruf nicht weg. Dieses schreckliche Wort: Hunger.« Laut Jody kam irgendwann in den achtziger Jahren die Hungerkatastrophe, danach kam Bob Geldof, und beides blieb. Das Wort »Hunger« blieb an Äthiopien kleben, als es bergauf ging, so Jody. Und die Hungerhilfe sei ein großes, schmutziges Geschäft.

»Kaum hat irgendein abgelegenes Dorf eine schlechte Ernte«, meint Jody, »rufen die lokalen Politiker internationale Kamerateams, die filmen ein paar Hungerbäuche, machen eine Hungerstory, und die Hilfszahlungen fließen wieder. Die armen Leute sehen nichts davon.« Zusätzlich ruiniere die Lebensmittelhilfe (Reis, Weizen) die Preise der einheimischen Bauern. Ich sage etwas Skeptisches, und Jody lenkt ein.

»Meinetwegen gibt es den Hunger sogar. Auf dem Land. Aber glauben Sie, die Leute hier würden laufen, wenn sie hungrig wären?«, fragt Jody. Dann wird sie unruhig. »Mein Rücken ist zu fett, ich muss weiter, solange es kühl ist.« Hinter ihr steigt unaufhaltsam die Sonne auf. Bald wird es heiß sein. Ich starre Jody an: Entspricht das, was sie sagt, den Tatsachen oder ist es der bequeme Standpunkt der burgeoisen Joggerin? Jody ist schon beim nächsten Thema, sie lacht: »Haben Sie die seltsame Armhaltung von Haile Gebrselassie einmal im Fernsehen angeschaut? Er hält bei seinen Rekordläufen den linken Arm so komisch. Weil er als Kind immer mit der Tasche unter dem Arm in die Schule gelaufen ist.«

Natur-Amphitheater am Meskel Square, Addis Abeba, Äthiopien.

KIRGISTAN

DER BETRUG AN DEN KASACHEN

Zu Sowjetzeiten war Cholpon-Ata ein mondäner Kur- und Badeort. Mir bleiben aufgrund ungünstiger Planung nur zwei Stunden Zeit für das Tourismusstädtchen am Issyk-Kul. In diesen Stunden möchte ich im zweitgrößten Gebirgssee der Erde baden. Eine Kirgisin hat mich vorgewarnt: Ich solle mich vor »den Kirgisen« in Acht nehmen, denn die würden die Touristen übers Ohr hauen. Sie redet so, weil sie zwar Kirgisin ist, dennoch in erster Linie Russin. Am Issyk-Kul – erklärte mir die russische Kirgisin – verhöhnen »die Kirgisen« die ahnungslosen, urban geprägten kasachischen Sommerfrischler. Die angebotenen Forellen sind gar keine Forellen, sondern Gorbuscha, also Buckellachse. Auch ein guter Fisch, aber viel billiger. Früher habe es außerdem viele Tschebatschoks gegeben, momentan seien diese wertvollen Fische fast vollständig ausgefischt.

Es sieht aus, als würde es ein schlechter Tag. Dunkle Wolken über dem Tian-Shan-Gebirge. Nieselregen. Den ganzen Sommer kein Regen – und gerade auf den Gewitternachmittag fällt der einzige Besuch meines Lebens am Issyk-Kul, mein einziger Besuch am romantischen See, über den in Tschingis Aitmatows Roman »Der weiße Dampfer« fährt.

Vom Strand ergießen sich Menschen auf die Hauptstraße Cholpon-Atas. Die meisten Sommerfrischler sind Kasachen. »Sommerfrische« ist wegen der sowjetischen Sanatoriumsarchitektur das treffende Wort. Und wegen der depressiven Gesamtstimmung. Ich durchquere einen heruntergekommenen Park. Hier steht sogar noch ein silbernes Lenin-Denkmal. Eine freundliche junge Frau verkauft Himbeertörtchen und Kartoffeltaschen. Ich wirke nicht wie ein Kirgise, nicht einmal wie ein Kasache – die Törtchen und Taschen sind für mich besonders teuer.

Am Strand versperrt mir ein kleiner fetter Mann den Weg, der sich wie ein Baby den Finger in den Mund steckt, um zu illustrieren, wie sehr sein Baby – oder er selbst – Hunger hat. Grauenhafter Anblick … Ich reiße mich von ihm los, er heult enttäuscht auf. Kurze Zeit später springe ich in den Issyk-Kul. Ein wunderbarer See. Entgegen meinen ursprünglichen Vermutungen heißt er nicht so, weil er *eisig kalt* ist, im Gegenteil, der Name bedeutet »warmer See«. Der Issyk-Kul friert aus Gründen, die auch Wissenschaftler nur mit Mühe erklären können, nicht einmal in den kältesten Wintern zu.

Mittlerweile schüttet es. Die Gäste rennen. Ich bin der Letzte am Strand. Ich trockne mich ab, flüchte zu den Fischständen. An einem von ihnen sitzt eine ältere neben einer jungen Frau: Mutter und Tochter. Die Mutter deutet eifrig auf die Tochter und dann wieder auf mich. »You wanna marry my girl?« Der Tochter ist dieser Vorschlag sichtlich unangenehm. Vermutlich will sie jemand anderen heiraten als mich.

Ich bestelle eine Forelle. Eine Gorbuscha, korrigiert die Tochter. Nein, das ist Forelle, meint die Mutter. Dann sagen sie beide gleichzeitig den Preis: die Tochter den für die Gorbuscha, die Mutter den für die Forelle. Ich antworte mit Nachdruck: »Ich bin kein Kasache.«

Strand am Issyk-Kul in Cholpon-Ata, Kirgistan.

MONACO

BEITRITT ZUM PRÄSIDENTENCLUB

Das *Hotel Fairmont Monte Carlo* steht, was den Automobilsport betrifft, am unübertrefflichsten Ort – direkt gegenüber der Mutter aller Haarnadelkurven. Hier bremsen die Formel-1-Autos so stark herunter wie sonst nirgendwo. Wie alle öffentlichen Orte entlang des Circuits verwandelt sich das *Fairmont* am Rennwochenende in einen einzigen Balkon. An vier Tagen des Jahres sind jene Zimmer die beliebtesten, die nicht zum Meer, sondern auf die Haarnadel zeigen. Jedes von ihnen kann im Package für fünf Tage um zwanzigtausend Euro gemietet werden.

Ich war kurz vor dem Grand Prix im *Fairmont*. Die Rezeptionistin teilte mir mit, dass fünfzehn Minuten Internet acht Euro kosteten. Eine Art inoffizieller Weltrekordversuch? Ich vermute, mehr als Abscheu spiegelte sich Verblüffung in meinem Gesicht. Die Rezeptionistin delektierte sich kurz an meiner Miene, ließ mich spüren, dass ich einer der wenigen Gäste sei, den dieser völlig normale Preis entsetzte, sozusagen kein Premium Guest, sondern ein Ultimum Guest – oder Journalist – und verwies mich an den Duty Manager.

Diesen plante ich locker zu fragen, wie viel die Internetbenützung im *Fairmont* denn am Rennwochenende kosten würde – als Verhandlungsbasis schwebten mir achthundert Euro für fünfzehn Minuten vor, im Fünf-Tage-Package. Als ich sein freundliches und kompetentes Gesicht sah, erkundigte ich mich lieber nach einem Cyber Café in der Nähe. Der

Duty Manager entgegnete, dass er vor der Beantwortung gerne erfahren würde, warum ich diese Frage stellte. Ich antwortete, dass mir acht Euro für fünfzehn Minuten Internet kostspielig erschienen. Er fragte mit mitfühlendem Interesse, wieso ich das so empfände. Ich antwortete, dass ich kein Millionär sei, sondern einer, der zwar durchaus acht Euro besitze (sogar zweiunddreißig Euro, da ich ja plante, das Internet eine volle Stunde zu nutzen), den eine solche unverhältnismäßige Ausgabe aber irritieren würde.

Der Duty Manager meinte, er bedauere es sehr, die große Zeit der Cyber Cafés sei in Monaco seines Wissens vor ein paar Jahren zu Ende gegangen. Es habe drei oder vier von ihnen gegeben, eines nach dem anderen sei bankrott gegangen. Ich fragte, ob Monaco eventuell ab einem gewissen Punkt keinen Bedarf für Cyber Cafés mehr hatte, da die Besucher zu reich geworden seien? Er lächelte freundlich und meinte, das könne er nicht beurteilen. Er begreife jedoch durchaus mein Problem, nämlich die acht Euro, und er könne es lösen, falls ich bereit sei, ein Formular auszufüllen. Dadurch würde ich Mitglied im Präsidentenclub.

»Präsidentenclub?«, fragte ich. »Ja, im Präsidentenclub«, bestätigte er. Die vorübergehende Mitgliedschaft gehe mit kostenfreiem Internetzugang einher. »Ohne acht Euro?«, fragte ich. »Selbstverständlich ohne irgendeine Zahlung«, sagte der Duty Manager und blickte mich vornehm an, quasi von Präsident zu Präsident. »So werden bei Ihnen also Präsidenten behandelt«, sagte ich. »Nicht nur Präsidenten«, sagte er, »es genügt, wenn Sie so tun, als würden Sie mehr Geld haben, als Sie haben.« Ich sah vorsichtig zur Rezeptionistin hinüber. Sie schmunzelte.

Fairmont Hotel, 12 Avenue des Spélugues, Monaco.

VIETNAM

AMANSHAUSER UND DER TRIANGELJUNGE

Da war er wieder, der junge, dünne Mann. Er marschierte mit einem klobigen Triangeleisen durch die Straßen. Alle fünf bis zehn Meter hielt er inne und drosch auf sein Eisen. Es gab ein unangenehm lautes Geräusch von sich. Wieso tut er das?, grübelte ich. Was für einen Job übt er aus?

Es war Ende der neunziger Jahre. Ich saß auf einem vietnamesischen Hocker, knapp über dem Boden, gebaut für Winzlinge, wie mir schien, doch alle Vietnamesen rundherum hatten ungefähr meine Größe. Das war der Gastgarten eines Straßenlokals im Pham-Ngu-Lao-Bezirk, wo sich der Backpacker-Lebensstil mit dem Kleinhandel mischte. Vor mir stand ein Korb mit getrocknetem Fisch. Alle Sitzhocker waren zur Straßenmitte hin ausgerichtet, ein ideales Wohnzimmer für habituelle Voyeure.

Der dünne Triangeljunge, wem gab er Zeichen? Er war offensichtlich kein Musiker – deprimierend, wenn das der Ausdruck einer vietnamesischen Volksmusik wäre –, aber er war auch sicher kein Bettler. Mich, auf meinem winzigen Hocker weithin als Nichtvietnamese identifizierbar, würdigte er keines Blickes. Ich saß und trank zum Trockenfisch eiskalten Schwarzkaffee aus einem hohen, dickwandigen Glas.

Zwei Stunden später saß ich noch immer da, trank *Bia Hoi*, Zapfbier, das aus einem Schlauch eingeschenkt wurde. Ungefähr jede Viertelstunde kam der dünne Triangeljunge vorbei und schlug – ja, was nur? Die Uhrzeit?

Ein Heer von Bettlern bevölkerte damals noch die Straßen von

Ho Chi Minh City. Wenn man auch nur im Entferntesten so aussah wie jemand, der Amerikaner sein könnte, kamen oder rollten sie einem damals mit ausgestreckter Hand entgegen, hinkend, verzerrt, verzogen, halb kaputt, oder Rumpfmenschen auf Skateboards. Ich hatte einen Stapel mit dem niedrigsten Geldschein dabei, von dem ich pro Bettler einen ausgab. Nie war jemand unwirsch wegen des geringen Betrags.

Diese Agent-Orange-Behinderten sind mittlerweile alle von der Straße weg. Angeblich beschwerte sich Bill Clinton bei seinem Vietnambesuch im Jahr 2000 über die tourismusfeindlichen Zustände – und die Bettler verschwanden daraufhin. Heutzutage gibt es Führungen in Behindertenwerkstätten, wo Kriegsopfer Eierschalenmosaikvasen und sogenannte traditionelle Gegenstände herstellen und bemalen – eine Seite der Wahrheit.

Ich ging vom Trockenfisch auf Baguette mit dieser Paste über, die wie Hundefutter (oder Inzersdorfer) aussieht, aber hervorragend schmeckt. Die Kellnerin stellte mir, dem treuen Gast und Straßenvoyeur, ein Glas mit in Öl eingelegtem Knoblauch hin, was meine Laune hob. Auch meine Aufmerksamkeit stieg. Ich sah, wie der Triangeljunge vom Schuster zu sich gewinkt wurde. Der Schuster gab ihm ein paar Geldscheine. Der Junge verschwand und kam kurz darauf mit einer vollen Reisschale zurück.

Nun, nach vier Stunden, begriff ich den Job des Triangeljungen. Ein freier Dienstmann, ein Bote ohne Fahrrad, den man für Erledigungen herumschickte – und der seine Arbeitswilligkeit durch das Dreschen auf ein Eisenstück kundtat.

De Tham Street, Pham-Ngu-Lao-Viertel, Ho Chi Minh City, Vietnam.

BAHAMAS

AMANSHAUSER SPRICHT MIT SEINEM BUTLER

»Hallo … Hallo! Sind Sie Mister Martin? Willkommen an unserem kleinen Strand. Ich werde Ihnen eines dieser Liegebetten aufstellen! Hierher? Dort vorne?«

Gerne, danke.

»Hier oder weiter vorne?«

Hier, bitte.

»Solange Sie Ihr Handtuch auf dem Bett liegen lassen, gilt es als reserviert!«

Danke.

»Mister Martin, eine Sache. Ich habe Sie heute Früh im Meer beobachtet, weit draußen. Es gibt gefährliche Strömungen. Und die Felsen, bleiben Sie weg! Wir haben schon einige Männer verloren. Gehen Sie bitte nur bis zur Hüfte ins Wasser.«

Aber zum Beispiel der Mann dort, der schwimmt auch ein Stück weiter draußen …

»Sehr richtig, ein Verrückter, ich kenne ihn nicht. Bis zur Hüfte, Mister Martin, nur bis zur Hüfte!«

»Mister Martin, bitte bleiben Sie in diesem Bereich der Bucht, links vorne.«

Wieso?

»Das ist ein öffentlicher Strand, da kann jeder herkommen, sehen Sie, dort, die Burschen, die Fußball spielen …«

Was ist mit denen?

»Keine guten Leute. Arbeiten nicht. Und sie rauchen Weed.«

Und?

»Marihuana. Gefährliche Droge. Also bitte auf dieser Seite bleiben!«

»Haben Sie mich nicht pfeifen gehört, Mister Martin?«

Nein, wieso?

»Ich wollte Ihnen das Liegebett bringen. Weil Sie das Handtuch in den Sand gelegt haben. Bequemer wäre ein Liegebett, oder?«

Nein, ich mag den Sand. Ich bleibe nur kurz. Ich –

»Geben Sie gut acht, es gibt Skorpione. Passen Sie auf, dass Sie nicht von einem Skorpion gebissen werden!«

Ich bin selbst einer ... im Sternzeichen.

»Sie sind großartig, Mister Martin! Sie sprechen nur das Nötigste, aber wenn Sie es tun, ist es großartig. Hahahaha!«

»Wissen Sie, was das ist?«

Eine Kokosnuss.

»Ich könnte sie Ihnen öffnen, Mister Martin!«

Vielen Dank, ich habe schon gefrühstückt.

»Kokoswasser gehört zu den gesündesten Getränken der Welt. Sie brauchen keine Angst zu haben, nur einen Schluck probieren, und sollte es Ihnen nicht schmecken ...«

Danke, ich kaufe mir jeden Tag welche in der Stadt.

»Ah, ein Tropenspezialist. Aber wissen Sie, was ich in der Hand habe?«

Nein.

»Aloe Vera. Ideales Naturmittel für den Sonnenschutz. Man trägt die Pflanze auf die Haut auf, soll ich es Ihnen zeigen?«

Danke, nein, danke. Ich bin schon wieder auf dem Weg ins Zimmer.

Luxushotel, Bucht bei Nassau, New Providence, Bahamas.

OMAN

VERDURSTET ODER ERFRIERT AMANSHAUSER?

Stell dir vor, du bist auf der Halbinsel Musandam, einer bergigen, kargen Region. Sommerhitze. Du beteiligst dich an einem Forschungsprojekt von *Biosphere Expeditions*. Ihr erkundet, ob auf Musandam noch der eine oder andere Arabische Leopard existiert. Du durchstreifst mit Kollegen Hochebenen. Euer Blick ist ständig auf den Boden gerichtet – da Leoparden sich kaum jemals zeigen, sucht ihr nach ihren Ausscheidungen. Ihr habt Plastikbeutel dabei, um diverse Losungen, also Kot, einzupacken, der gesichert und im Labor untersucht wird.

An diesem Tag kletterst du von Meeresniveau auf vierhundert Meter. Der Aufstieg vom Städtchen Kumzar über Klippen und Schotterhalden wird durch eine großartige Hochebene belohnt. Menschenleer, auch tierleer. Ohne Leopard. Ohne Losungen. Die Plastikbeutel bleiben im Rucksack.

Irgendwann verlässt du die Gruppe. Du willst auf eigene Faust gehen. Du vereinbarst mit den anderen als Treffpunkt Kumzar. Du verabschiedest dich und wanderst alleine, unter einer brennenden Sonne, durch die riesige, lautlose Landschaft.

Nach drei Stunden spürst du: Du bist tatsächlich völlig allein. Bist du denn überhaupt in der richtigen Klamm? Du drehst um. Gehst den Weg zurück. Berggipfel links und rechts: alle ähneln einander. Die Richtung müsste stimmen. Befindest du dich im Paralleltal? Diese Erkenntnis erschüttert dich wie ein Blitzschlag. Noch ist es klebrig heiß. In der Nacht wird es eisig. Du hast nur einen halben Liter Wasser dabei. Du trägst ein

T-Shirt und hast nicht einmal einen Pullover dabei. Nur eine Mini-Taschenlampe und zehn Plastikbeutel für Kot.

Du beschleunigst. Rufst die Kollegen. Kein Mensch, kein Tier. Es ist bestimmt das falsche Tal ... Du bläst wie ein Wahnsinniger in deine Trillerpfeife. Du rast den eben entlanggehasteten Weg kopflos zurück. Verdammt, wo sind die anderen? Wenigstens einer ... Du säufst gierig vom Wasser, hast bald die Hälfte der Ration verbraucht. Und wenn du den Weg nicht findest? Dich zwischen den Felsen endgültig verirrst? Wirst du verdursten oder erfrieren? Über dunkle Klippen rutschen? Dein Puls rast bei zweihundert dahin. Du stürzt verzweifelt den letzten Wasserschluck runter. Allein. Verloren?

Die dich dann finden (du warst in der richtigen Klamm), berichten, du bist ihnen mit hochrotem Kopf im Schweinsgalopp entgegengesprengt, wie ein Irrer die Trillerpfeife blasend. Du hast sie kaum erkannt, hast vor Glück eine Minute lang kein Wort hervorgebracht.

Du gehst mit deinen Rettern den Weg zurück, den du eben in Todesangst andersrum gerannt bist. Ihr macht euch an den Abstieg. Du bist voll Adrenalin. Deine Knie zittern. Du läufst voraus. Vierhundert Meter tiefer, unten in Kumzar, bist du der Erste. Das Meer! Du fragst einen Einheimischen, ob man in diesem kleinen Hafen, ganz am Rande, baden darf. Er nickt. Er lacht. Er setzt sich an den Strand, ruft seine Freunde. Immer mehr Bewohner kommen. Du weißt, du sollst das nicht tun, islamisches Land. Du kannst nicht anders, du hast gerade etwas Dramatisches überlebt. Reißt dir das T-Shirt vom Leib. Lässt dich in Unterhose ins Wasser plumpsen. Die Leute laufen zusammen.

Kumzar, Halbinsel Musandam, Oman.

PANAMA

STADTHÜGEL MIT BÖSEN MENSCHEN

Eine schmale Straße mäandert auf den Gipfel des Cerro Ancón, den Stadthügel von Panama City. Ich habe für drei Dollar ein Taxi zum Aussichtspunkt gemietet, und angesichts dieser Straße war das keine schlechte Idee. »Viel los heute«, sagt der Taxifahrer, obwohl fast gar nichts los ist. Es ist Sonntag. Er bremst und wartet, bis sich ein Gallinazo an den Straßenrand verzieht. Dieser triste Stadtvogel, ein Rabengeier, wirkt wie ein Pfau, der gerade ein Sechzig-Grad-Waschmaschinenprogramm durchgemacht hat. »Die ernähren sich von Müll«, sagt der Taxifahrer, als würde das die Behäbigkeit des Vogels begründen. Schrecklich, sage ich. »Sie sind sehr nützlich«, sagt er.

Ich möchte längst fragen, wie ich später wieder vom Cerro Ancón runterkomme, aber im Taxi läuft ein Radioprogramm am Rand des Sendebereichs, das dauernd droht, in pures Rauschen überzugehen. Das hindert den Taxifahrer nicht daran, die Lautstärke noch höher zu schalten. Irgendwann frage ich. Ich brülle ihm meine Frage ins Ohr. »Es gibt zwei Stiegen nach unten«, erklärt er, »beide führen in schlechte Gegenden.« Besser als dein Radioempfang werden sie allemal sein, denke ich. »Böse Menschen«, fügt der Taxifahrer hinzu, »böse Menschen, die Ihr Geld gut brauchen können.« Ich frage, welche Art von Stiegen das denn sind – eh keine sehr elaborierte Frage. »Stiegen eben«, sagt der Taxifahrer, »flache Stiegen.«

Die Bergstraße wird eng. Jetzt müssen wir hinter einem anderen Wagen halten. »Den Gegenverkehr abwarten«, sagt der Taxifahrer und schaltet das Rauschen lauter. Ein Mann in einem Häuschen bespricht die Verkehrssituation via Funkgerät mit einem anderen, der wohl oben auf der Aussichtsplattform sitzt.

Der Hügel, der während des 20. Jahrhunderts lange in Besitz der USA war und auf dem heute die Fahne Panamas weht, liegt hundertneunzig Meter über dem umstrittenen Panamakanal, dem Meer, über den Hochhäusern und dem Kolonialviertel Casco Viejo. Nicht direkt darüber – all das ist recht weit entfernt.

Mein Taxifahrer ist abgefahren, und so erkundige ich mich beim Funkgerätmann, dessen Gerät laut rauscht, über den Abstieg. »Die Stiegen führen in schlechte Gegenden«, sagt er, »ich würde das Taxi nehmen.« Ich wende ein, mein Taxi sei schon weg. »Das ist schlecht«, sagt er, »Taxis kommen selten. Auch hier oben gibt es Überfälle.«

Mir ist zu heiß, um in Gegenden mit bösen Menschen durch die pralle Sonne zu spazieren. Ich lungere auf dem Aussichtspunkt herum. Nach einer Stunde kommt ein Taxi. Zwar ist es besetzt – doch der neue Taxifahrer sagt, er nehme mich gerne mit nach unten. Und die Passagiere, die er dabeihat? »Ach, das sind nur meine Mutter und meine Schwester«, sagt der neue Taxifahrer ins laute Rauschen seines Radios hinein, »wir sind auf Sonntagsausflug. Die kommen mit, das stört Sie hoffentlich nicht? Aber sagen Sie – was hätten Sie ohne uns getan?« Ich deute auf die Stiegen. Der neue Taxifahrer runzelt die Stirn: »Würde ich nicht tun. Unten leben böse Menschen.«

Cerro Ancón, Stadthügel von Panama City, Panama.

SCHWEIZ

AMANSHAUSER BEIM KUH-CONTEST

Zwei schwarze Kühe, denen auf beiden Seiten weiße Startnummern auf den Leib gesprayt sind, stoßen mit der Stirn gegeneinander, verhaken sich mit den Hörnern, schieben, bremsen, schieben – bis eine aufgibt, sich wegdreht, den Kampf verlässt. Die Siegerin reckt den Kopf und hält Ausschau nach der nächsten Kampfpartnerin. Es ist nicht die nette Milchkuh von nebenan, sondern die Eringer Kuh. Eine altertümliche Rasse, kleinwüchsig, gedrungen und nicht gerade großartig in der Milchleistung.

Aus letzterem Grund war sie lange den Anfeindungen der Agrarbehörden ausgesetzt. Nur ihr Kampfgeist rettete die Eringer Kuh vor dem Aussterben. Im Wallis gehören die natürlichen Hierarchiekämpfe inzwischen zum Kulturgut, geht es doch bei jeder Herde darum, eine »Königin« zu ernennen, die über den Sommer Leitkuh bleibt. Blut fließt bei den Duellen kaum, abgesehen von oberflächlichen Hautverletzungen.

Auf der Moosalp, auf knapp zweitausend Metern, treffen sich zum Alpaufzug im Juni jene hundertfünfunddreißig Kühe von einunddreißig Bauern, die miteinander übersommern, zum »Stächfest«. Das Spektakel wird vom Pfarrer gesegnet, Besucher und Einheimische führen Klappsessel mit. Auf einem hügligen Gelände von der Größe eines halben Fußballfelds werden die Eringer Kühe der einzelnen Ställe gemischt. Aus eigenem Antrieb ermitteln sie nun ihre neue Rangordnung. Ein Schauspiel von großer Würde und verhaltener Gewalt:

Das Hornvieh mit den Startnummern wirkt auf den ersten Blick friedlich. Die Ruhe trügt, irgendwo »stächen« sie immer! Mathematisch gesehen wären für die Erstellung einer totalen Rangordnung 17.955 Einzelduelle nötig, doch so viele finden nicht statt. Wer kleiner ist und sich schwächer fühlt, dreht sicherheitshalber ab.

Kurt Summermatter ist der große Hero der Moosalp. In den letzten dreizehn Jahren haben immer Kühe aus seinem Stall das Alpstächen gewonnen, aber diesmal hat er keine Favoritin dabei. »Ich hatte Pech diesen Winter, macht nichts«, kommentiert er ohne sichtliche Gefühlsregung eine Duellniederlage seiner Kuh mit der Nummer 89, die immerhin zu den Starken gehört. Nummer 121 und 122 von Michaela und Heinz Abgottspon sind dieses Jahr, wie sich herauskristallisiert, Anwärterinnen auf die Königin. Als die Dunkelheit einfällt, ist das Klassement noch nicht endgültig, morgen wird weitergekämpft.

Wem die Königin gehört, der ist selbst König. Bis zu fünftausend Schweizer Franken ist eine Eringer Kuh wert, sie erhält Namen wie Coquette, Micabol, Dior, und später tritt sie überregional gegen andere Königinnen an, man will »La Reine des Reines« ermitteln. Doch bringt es Unruhe in die Herde, wenn man die Leitkuh zwischendurch zu anderen Kämpfen abtransportiert. In Abwesenheit der Chefin wird der vakante Posten von anderen beansprucht. Kehrt die Königin abends zurück, müde und sozusagen streichfähig, kann es durchaus sein, dass sie von einer Usurpatorin vom Thron gestoßen wird.

Jeden Juni, unterhalb der Moosalp, Wallis, Schweiz.

SÜDAFRIKA

DEMOLIERUNG EINES STADTTEILS

District Six ist nicht mehr da. Am 11. Februar 1966 war das quirlige Kapstadter Innenstadtviertel mit den vielen unterschiedlichen Kulturen, einer Bevölkerung, die von Schwarzen über muslimische Kapmalaien bis zu weißen Afrikaans und Indern reichte, offiziell zum *Gebiet für Weiße* erklärt worden. Die Baulöwen warteten schon sehnsüchtig auf das hafennahe und zentrumsnahe Viertel. Der Totalabriss von District Six begann zu spät und dauerte unerwartet lange. Letztlich mussten die Bulldozer gegen den Widerstand der Bewohner Haus um Haus zerstören.

Doch schon die Demolierung (1968–1982) verlief für die Demolierer recht ungünstig. Am Ende des Säuberungsprozesses war diese Toplage von Kapstadt zwar frei, mehr als sechzigtausend Menschen hatten ihre Heimat verloren, waren zwangsumgesiedelt worden. Doch große Teile der weißen Oberschicht zogen nicht mit. Die Wunde der Stadt lag offen im Bewusstsein der Menschen, niemand wollte dort wohnen. Angst vor der Rache der Bewohner spielte ebenso mit wie das grundlegend mulmige Gefühl, Teil eines Unrechts zu werden. Die Investoren verliefen sich allmählich. Heute zeugen offene Felder und dreckige Wiesen mitten in der Stadt von einer der unsinnigsten und aggressivsten »stadtplanerischen« Maßnahmen der Geschichte.

Viele meinen, der Niederriss des Viertels hätte den Anfang vom Ende des Apartheid-Regimes markiert. Zeitzeuge Noor Ebrahim arbeitet heute in der Buchhandlung des District-Six-Museums, in dem Straßenschilder und vielfältiges Originalmaterial das verschwundene Viertel wiederaufleben lassen: »Dieses Buch habe ich selbst geschrieben«, erklärt der Mann, dessen Vorfahren aus Bombay und Schottland kommen, eifrig. Der Titel: *Noor's Story. My Life in District Six.*

Noor erzählt gerne über jene Jahre, in denen die Bewohner bezweifelten, dass die Regierung tatsächlich alles abreißen würde. Ganz so, wie vor einem großen Verbrechen ja oft bezweifelt wird, dass es tatsächlich stattfindet. »Es war für uns unvorstellbar«, sagt Noor. »Aber es geschah tatsächlich.«

Gegenwärtig wird versucht, einigen ehemaligen Bewohnern ihr Land wieder zurückzugeben. Nelson Mandela hat damit vor über zehn Jahren begonnen. »Natürlich möchte ich eines Tages auch in den District zurückziehen«, sagt Noor, »doch das dauert. Die Regierung arbeitet maßlos langsam.«

District Six Museum, 25A Buitenkant Street, Kapstadt, Südafrika.

ALBANIEN

AMANSHAUSER ALS MILLIONENSHOW-FORSCHER

Die albanische Sprache beeindruckte mich. Kaum lag ich am ersten Abend in meinem Hotelbett in Tirana und begann einzuschlafen, träumte ich, dass mir jemand zurief: »Dieses Staat! Dieses Starks! Dieses Storkarks!« Ich schreckte auf, notierte die Wörter, fürchtete irgendwie, sie mir später selbst als Rassismus auszulegen. Ich versuchte, wieder einzuschlafen, aber es ging nicht mehr.

Ich hatte eine Menge von Tirana gesehen, so viel, wie man nur an einem Tag sehen konnte. Die Eindrücke kamen offenbar in Form von Staat, Starks, Storkarks zurück. Am einprägsamsten war der Klon eines McDonald's-Restaurants gewesen. Die lokale Fast-Food-Kette hieß *Kolonat.* Schon das Logo mit seinen drei gelben, elegant chinoisierend ein »K« formenden Pommes Frites auf rotem Hintergrund böte Material für langwierige Copyright-Prozesse. Der Klon verkauft recht üble Burger, gute Panini und großartige Pommes Frites.

Abgesehen davon hatten mich neben dem allgegenwärtigen Graffito *Radio New Planet 89 FM* – einer dünnen roten Schrift, die sich durch die Stadt fortpflanzte – die albanisierten Westbegriffe wie der Boulevard »Zhan d'Ark« stark beeindruckt. Nebenbei war mir aufgefallen, dass »Portokall« Orange hieß und »vogël« klein. Die Basis dieser wunderbaren Sprache, weder slawisch noch romanisch, lässt sich auf das Illyrische zurückführen, das romanisiert wurde – im 5. Jahrhundert brach das Römische Reich zusammen und ließ die Albaner mit ihrem außergewöhnlichen, quasi unkompletten Idiom zurück.

Erst Anfang des 20. Jahrhunderts einigte man sich auf eine phonetisch geprägte lateinische Schreibart, als einzige Sonderzeichen wurden das »ç« und das »ë« zugelassen, die heute das Schriftbild prägen – nicht zufällig jene Buchstaben, die damals auf der französischen Schreibmaschinentastatur existierten.

Ich drehte das TV auf und landete bei »According to Jim«. Der Name wurde auf Albanisch mit »Xhim« wiedergegeben. Jedes Mal, wenn die Gattin des Hauptdarstellers »oh God, oh God« rief, stand in den Untertiteln »o Zot, o Zot!« Ich zappte weiter und landete bei der albanischen Millionenshow. Der lokale Assinger befragte eine Kandidatin, wer denn in der beliebten Vorabendserie »Shokët«, also Freunde, also »Friends«, die Rolle der Monika Gellerit (Deklination von Geller) spiele.

Zur Auswahl standen Xhenifer Aniston, Kortni Koks, Lisa Kudrou und noch jemand. Die Kandidatin zögerte keinen Augenblick: »Kortni Koks!« Und sie behielt recht – fünfhundert Euro! Die nächste Frage war komplexer, »Ç'është musofobia?«, also wohl die Frage, was *Musophobie* bedeutete. Zur Auswahl standen: Angst vor »mustardat« (könnte Senf heißen), vor »muzete«, vor »mustaquet« oder gar Angst vor »minjtë«. Die Kandidatin zögerte, grübelte verzweifelt, verschleuderte zwei Joker, zauderte und nahm die fünfhundert Euro. Feig! Dünner Beifall von der Zuschauergalerie.

Kolonat, u. a. Rruga Deshmoret e 4 Shkurtit, Stadtteil Blloku, Tirana, Albanien.

SIMBABWE

AMANSHAUSER UND DIE GEHEIMDIENSTGAUNER

In Harare, der Hauptstadt Simbabwes, genügt es, auf der Straße zu gehen und ein bisschen anders zu wirken als die Leute ringsum – sagen wir: weiße Hautfarbe reicht –, um angehalten zu werden. Man weiß nicht, wer einen da anhalten möchte.

Zuerst hält man den Typen, der einem nachgepfiffen und nachgezischt hat, für einen Straßenverkäufer. Man sagt ihm, er soll abhauen. Da versperrt einem der Typ zwischen Hunderten Menschen den Weg. Zum Glück steht ein Uniformierter in der Nähe, bei dem man Schutz sucht. Da zieht der Nachzischtyp einen Ausweis hervor, den er dem Uniformierten unter die Nase hält, und dieser, ein junges Bürschchen, lächelt hilflos, dreht sich um, verlässt den Schauplatz.

Der Geheimpolizist, so es einer ist, beginnt mit einer Art »Verhör«. Ein zweiter Typ taucht auf, hilft ihm. Sie fragen nach dem Beruf, und was man in Harare tut, was man plant zu tun. Den Passport wollen sie sehen. Hat man nicht dabei. Der ist im Hotel. Da man ein Business-Visum besitzt, das einem für eine Tourismusmesse in Harare ausgestellt wurde, muss man leider das ungünstige Wort »Journalist« aussprechen. Dadurch wird die Situation komplizierter. Die Typen verlangen eine »Akkreditierung«, die man nicht besitzt. Man hat keine Telefonnummer, unter der man jemanden erreichen könnte, der die Situation aufklären kann. Man hat einfach nur Angst vor diesen Typen. Man will nicht irgendwo in Mugabe City verschwinden.

Mit einigem Geschick kann es einem gelingen, die beiden

Typen zum Hotel, dem *Meikles*, zu leiten – im Vergleich zur wilden Straße ein sicherer Hafen – und ihnen aus dem Zimmer den Passport zu bringen. Man tut das lächelnd. Als der Typ das Dokument durchblättert, zweifelt man erstmals an ihm.

Er blättert ein bisschen wie ein Analphabet – liest an den falschen Stellen. Weiterhin will er die Akkreditierung sehen, sein Tonfall ist drohend. Aber wer immer er sein mag, man hat keine größere Angst mehr. Man nennt ihn jetzt distanziert »Sir«, und man erwähnt die Embassy of Austria, die kontaktiert wird, wenn sich die Sache nicht sofort klären lässt. Nach einigem Gerede lassen sich die beiden Ganoven, Agenten, oder was immer sie sind, mit Visitenkarten abspeisen und ziehen weiter.

Simbabwe ist ein Unrechtsstaat, logisch. Aber wer dazu sagt: Dritte Welt, na und?, der übersieht, dass in unserem Rechtsstaat – in den Straßen Wiens – Tag für Tag Menschen nur aufgrund ihrer Hautfarbe kontrolliert werden. Unter dem Vorwand des Prinzips »Sicherheit« werden sie angehalten und müssen sich rechtfertigen. Sie sind keine Journalisten, haben keine Kontakte, vielen von ihnen fehlt neben der Beredsamkeit, im übertragenen Sinn, jegliche Akkreditierung. Dazu stellt sich eine viel prinzipiellere Frage: Wer maßt sich an, auf gut Glück und rassistischerweise Andersfarbige anzuhalten?

Hotel Meikles, Ecke 3rd Street und Jason Moyo Avenue, Harare, Simbabwe.

ITALIEN

AMANSHAUSER SCHLECHT AUSGERÜSTET

Der Mann mit dem dunklen Händedruck um fünf Uhr morgens beim Grödner Joch hieß Isidoro Pezzedi, hochgewachsen, unerschütterlich. Das Taxi, das mich gebracht hatte, verschwand. Ich stand mit Isidoro allein im Dunkeln. Aus einem parkenden Wagen schälten sich zwei Frauen. Buon giorno. Andiamo? Die beiden Italienerinnen, Mutter und Tochter, trugen Jack-Wolfskin-Jacken. Ich hingegen war absonderlich urban gekleidet, von meinen Schuhen gar nicht zu sprechen. In meinem City-Rucksack, wie zum Hohn ohne Bauchgurt, führte ich einzig einen Apfel mit mir.

Isidoro Pezzedi startete. Wir stapften durch die Dunkelheit. Sechshundert Meter über uns stand der Gipfel des Cir, ein bedrohlich steiler Dolomit. So hoch hinauf, echt? Die netten Leute vom Tourismusverband hatten eine »einstündige mittelschwere Wanderung auf den Gipfel des Cir« angekündigt, um »bei Sonnenaufgang spektakuläre Ausblicke und Stimmungen« zu erleben. Vom Tourismusverband war keiner da, typisch, die schliefen noch tief, würden erst in ein paar Stunden in ihren überheizten Büros sitzen und sich von Praktikantinnen den Kaffee rühren lassen.

Der Mond brach durch die Wolken, als wir dreißig Minuten später auf die Geröllhalde des Großen Cir einbogen. Isidoro beschleunigte, ich keuchte hinter ihm her, die Italienerinnen schlichen wie Katzen auf Position drei und vier. Es war nicht mehr vollständig dunkel, was dazu führte, dass die Gefahren sichtbarer wurden. Wir erreichten eine glatte Steilfläche, die am Stahlseil überwunden wurde.

Die Italienerinnen wirkten wie Kampfmaschinen, die jeden meiner Fehltritte anglotzten. Fehltritt? Ab jetzt keinen mehr. Ab hier hätte ein Ausrutscher bedeutet, mehrere Hundert Meter in den Abgrund zu schlittern. Haben die netten Leute vom Tourismusverband eine solche Tour je mitgemacht?

An einer sicheren Stelle bat ich – nach langem inneren Kampf – um eine Pause. Mein Puls lag bei zweihundert. Mein Kopf rauschte. Im Tal kreischten Murmeltiere. Isidoro meinte, wir sollten einen Schluck Wasser nehmen – nun kam auf, dass ich keines dabeihatte. »Ich rechnete mit einer Wanderung über Wiesen«, erklärte ich. Isidoro lächelte weise und gab mir von seinem Wasser ab.

Er seilte mich schweigend an sich, damit ich seinen Schritt hielt. So gesichert rasten wir nach oben, er zog, ich versuchte nachzugehen, und die Italienerinnen begannen skyzurunnen, denn sie fürchteten, wegen meiner Schwäche den Sonnenaufgang um sechs Uhr fünfzehn zu verpassen. Das Tempo war mörderisch, aber ich fürchtete mich nicht mehr. Als mein Puls 2.592 Schläge und ebenso viele Höhenmeter erreicht hatte, stand da endlich ein Gipfelkreuz.

Nebelschwaden zogen über das Panorama, bedeckten alles. Der Mond brach kurz durch. Nur hier und da blitzte ein beleuchteter Dolomit aus dem Nichts. Isidoro und die Italienerinnen waren etwas enttäuscht. Mir als Nichtprofi gefiel der Ort. Ich wäre gerne länger geblieben. Doch die Italienerinnen drängten bereits wieder so stark nach unten, wie sie eben noch nach oben gedrängt hatten.

»Das Schwierigste ist immer der Abstieg«, sagte Isidoro. Wir seilten uns zu viert aneinander und tasteten uns an den heiklen Stellen mit Karabinern an den Stahlseilen nach unten. »Schwierigkeitsstufe eins«, sagte Isidoro. In diesem Moment begriff ich, dass er solche Wanderungen als Spaziergang betrachtete. »Für mich ist das hochalpin«, entgegnete ich, und mit dieser Wahrheit brachte ich ihn erstmals zum Lachen.

Grödner Joch bis Großer Cir, Alta Badia, Italien.

SRI LANKA

DIE ELEFANTIN KUMARI

Von einem Holzgerüst aus bestieg ich Kumari, 31, weiblich. Ich trat mit dem Schuh auf ihren borstigen Rücken und setzte mich breitbeinig auf sie. Der Mahout und der sogenannte Dolmetscher assistierten von unten: »Only relax! Only relax!« Die Elefantin roch gut, der Mahout stank bis hier oben nach Alkohol, seine Befehle hießen »daha, alia«, »geh, Elefant«, um Kumari vom Wegrand abzulenken. Ihr Rüssel schweifte ins Gebüsch ab.

Mit meinen Fragen über das tägliche Arbeitsleben von Mahouts und Elefanten konnte der Dolmetscher nichts anfangen, sein Englisch endete planvoll dort, wo es interessant geworden wäre. Umgekehrt war auch er mit mir unzufrieden. Er testete fortwährend meine Laune, »Are you happy? Is it good?«, und ob mir Sri Lanka, der Elefant, das Reiten gefielen. Unter Umständen wirkte ich besonders mürrisch auf ihn, waren seine Gäste doch meist Amerikaner.

Wir (also alle außer mir, der saß) trotteten zu einer morastigen Flusslandschaft. Ich rutschte auf dem Elefantenrücken einen Platz zurück, der Mahout stieg vorne auf. Mich irritierte sein Stock mit krummem Eisenhaken. Ich: »Do you use it?« Er: »Yes!« Er hatte mich aber gar nicht verstanden. Der Dolmetscher gab keinen Kommentar ab, forderte jetzt meine Kamera und bestätigte mir, dass »Austria a very good country« sei. Ich reichte ihm die Kamera und er fotografierte den Ritt mit beträchtlichem Ungeschick.

Er sprintete los, »Goodbye, thank you for the camera, very

nice piece!«, ein Witz, den der Dolmetscher schon hundertmal gemacht zu haben schien. Ich wollte mich nicht zu einem Lachen zwingen, woraus er schloss, dass er mich reingelegt hatte und grinsend zurückkam: »No, only a joke!« Meine Kamera war ja gar nichts wert, und das musste er auch sehen. Ich lachte weiter nicht.

»Daha, alia! Daha, alia!« Im Fluss wollte Kumari dauernd zu essen beginnen (Ich: »They really eat twenty hours a day?« Dolmetscher: »You like very much?«), durfte aber nicht. Es wurde weiter so mit meiner Kamera fotografiert, dass die Sinnlosigkeit der Bilder auf der Hand lag.

Als wir wieder am Ufer waren und der Mahout abstieg, reichte mir der Dolmetscher eine Lilienkette und eine Kappe aus Blättern, dazu den Stock mit dem Haken, den ich in Siegerpose halten sollte. Ich sagte zum Dolmetscher, ich wolle den Stock weglassen. »No, no!«, flehte er mich an, »you have to! Looks great!« Es ging hin und her, bis ich gehorchte. Er machte zwei oder drei seiner verwackelten Fotos, die ich später hastig löschte, wobei mir bewusst wurde, dass ich als Tourist, der das Endprodukt Elefant letztlich benutzte, noch verlogener agierte als er – ob ich nun den Haken in Pose über meinem Kopf schwang oder nicht.

Wir hatten noch einen Rückweg, auf den ich mich freute, weil ich die Elefantenhaut gerne berührte. Recht früh lenkte der Dolmetscher mit penetrantem Nachfragen, ob es mir gefalle beziehungsweise gefallen habe, das Gespräch auf das Trinkgeld für ihn und den Mahout.

Am Ende fragte er mich, ob ich lieber über das Gerüst oder über den Fuß von Kumari absteigen wolle. Ich entschied mich für den Fuß, wobei ihm ein lustiges Foto gelang, denn eine Elefantin ist hoch. Auf dem Bild erkannte ich später zu meinem tierschützerischen Entsetzen, dass Kumari den Fuß nicht galant-freiwillig hob, sondern dass der besoffene Mahout mit seinem bösen Haken von unten nachhalf. Zwölf Dollar Trinkgeld, dann war unsere Geschäftsbeziehung beendet.

Chaaya Village, Habarana, Sri Lanka.

IRAN

DIE MORAL BEI TOM & JERRY

Der Iran beginnt bei der Passabholung im iranischen Konsulat in Wien. Vor mir in der Schlange stehen drei Leute. Es dauert trotzdem eine halbe Stunde.

Der Konsulatsbeamte mustert mich. Ich sage mehrere Male »Amanshauser«. Er versteht das so halb. Oder gar nicht? Zur Untermauerung schiebe ich ihm meine Visitenkarte hin. Mit feierlicher Miene nimmt er sie entgegen und steckt sie, ohne einen Blick darauf zu werfen, in seine Brusttasche. Nach drei Telefonaten, die nichts mit mir zu tun haben, findet er in einem Stapel nach langer Beamtensuche meinen Pass. Er blättert auf die Seite, in der das iranische Visum klebt. »Das war die letzte freie Seite im Pass«, sagt er vorwurfsvoll, »wo sollen die Einreisestempel hin?« Kurz schweigen wir beide. »Ist aber überhaupt kein Problem«, präzisiert er.

Zwei Tage später stehe ich in einer Bank in der Vali-ye Asr in Teheran. Zwei schwarz gekleidete Beamtinnen mit perfektem Englisch prüfen meinen Fünfzig-Dollar-Schein. Ob ich keinen anderen hätte? Ich frage, was an meinem falsch sei. »Er ist alt und schmutzig. Wir können ihn nicht weiterwechseln.« Beide Frauen machen ein bekümmertes Gesicht. Ich erkläre, dass ich nur diesen besitze. Sie besprechen sich. »Ist kein Problem«, sagt die ältere von ihnen – und unser Tauschgeschäft funktioniert.

Der gebildete Iran spricht gern Englisch, sogar die Riesenplakate auf Hausfassaden sind untertitelt. Eines bildet eine Mutter plus Kind mit Maschinenpistole ab: »My children I do love;

but martyrdom I love more.« Die Kennmelodie des Lifts im *Tehran Kowsar Hotel* ist ein gnadenloser, endloser Instrumentalloop von »Woman in Love« mit Unterbrechungen durch eine weibliche Tonbandstimme: »Lobby – have a nice day!«, oder »Welcome! Second floor!«

Die englischsprachige Zeitung mit den antisemitischen Ausfällen des Tages ist Sondermüll. Der Fernsehsender, den ich einschalte, zeigt »Tom & Jerry«. Tom blättert entsetzt in einem Buch, in dem Jerry die Abenteuer mit Tom in allen Details beschreibt. Überall um ihn lesen die Tiere das lustige Buch und sterben fast vor Lachen über Toms Tollpatschigkeit. Tom steht mit hochrotem Kopf da. Er ist als völlig unfähige Katze gebrandmarkt und gedemütigt.

Tom sucht nach Jerry und findet ihn schließlich in seinem Loch. Diesmal will er ihn nicht jagen, sondern ihm seine Trauer und Frustration zeigen. Doch Jerry hat etwas für ihn: den Lizenzvertrag für den mega-erfolgreichen Bestseller von »Tom & Jerry«, aus dem hervorgeht, dass Tom 50 Prozent aller Tantiemen, auch der Filmrechte, erhält.

Die US-Moral geht weit über den »Konflikt« des Westens (und eines Großteils des eigenen Volkes) mit der iranischen Führung hinaus: nicht der Inhalt zählt. Es geht um die Kohle. Sobald diese passt, ist alles okay. Schlusseinstellung: Tom streicht Jerry über den Kopf: Gut gemacht, Junge! Er nimmt das Bestseller-Buch zur Hand, liest drin und kann jetzt ebenfalls – so wie alle – lachen.

Tehran Kowsar Hotel No 8, Shahid Malaee Ave., Vali-ye Asr St., Teheran, Iran.

USA

AMANSHAUSER UND CHEETA

Interview mit einem Affen? Wieso nicht … schließlich handelt es sich um den berühmtesten Primaten der Welt, Cheeta, Star von zwölf Tarzan-Filmen mit Johnny Weismuller, mittlerweile mit achtundsiebzig Jahren ältester Vertreter seiner Spezies. Längst pensioniert, lebt er mit seinem Besitzer und Gefährten Dan Westfall in einem Vorstadthaus in Palm Springs, CA, wo sich schon viele Hollywoodstars zur Ruhe gesetzt haben. (So wurde mir das gesagt.)

Ich parke den Chrysler-Leihwagen um Punkt halb zwölf vor dem Haus am Francis Drive, setze einen Fuß nach draußen. Im Haus erhebt sich Geschrei und Getöse. Wumm-wumm, ein enormer Aufruhr. Affen, die wie wild von innen an die Fenster trommeln? Bald öffnet sich das Tor. Dan Westfall streckt mir die Hand entgegen, ein freundlicher Herr in seinen mittleren Sechzigern. »Kommen Sie bitte rein, Martin, stellen Sie Ihre Fragen!«

Ich bin etwas schüchtern – Dan ebenfalls – und die vermeintliche Affenbande erweist sich als Kleinsthundeclique. Cheeta ist keiner zu sehen, Dan Westfall serviert schweigend Eistee. Er setzt sich auf seinen Liegefauteuil und erzählt, ohne auf Fragen zu warten, wie er seinen Onkel überredete, nach dessen Tod Cheeta pflegen zu dürfen. Das Testament hätte zunächst die Einschläferung vorgesehen. Dan erklärt auch sofort, dass Cheeta kein Affe, sondern ein Schimpanse sei, und er schärft mir seinen Lehrsatz ein: Heute sei es unnötig, junge Schimpansen zu Unterhaltungstieren heranzuzüchten. »Wenn sie so was brauchen beim Film, das geht jetzt alles digital!« Cheeta sei Botschafter dafür, dass junge Schimpansen nie wieder ins Showbiz gehen müssen.

Auch wenn neue Forschungsergebnisse Ungereimtheiten in seiner Vergangenheit aufwarfen, wie das nun einmal bei Hollywoodstars üblich ist (»Is Cheeta a cheater?«), eines steht fest: Dieser Cheeta hatte wie alle Unterhaltungsaffen eine tragische, mutterlose Kindheit. »Wie alt er ist und ob er einer der originalen Tarzan-Affen war«, meint Dan, »kann keiner mehr sagen.« Fest steht nur, dass Cheeta eben Dan Westfalls guter alter Cheeta ist, ein ehemaliger Hollywoodschimpanse.

The Show must go on, zumindest ein bisschen: Dan führt Cheeta ins Wohnzimmer, bewirtet ihn mit Cornflakes und Saft. Der alte Schimpanse trinkt mit abgespreiztem Finger, und er spielt ein paar Takte auf dem Klavier. »Kommen Sie nicht zu nahe, Martin«, warnt Dan, »Cheeta wirkt menschlich, aber im Prinzip ist er unberechenbar. Da nützen auch die 99,4 Prozent DNA nichts, die wir mit Schimpansen teilen.«

Cheeta und Dan kraulen einander, hinter den Ohren, auf der Nase, an den Beinen. Dann hat Cheeta genug und zieht sich in seinen Käfigbereich zurück. Dort wird er, gut versorgt, seinen Lebensabend verbringen – und mit dem Verkauf seiner selbstgemalten Gemälde der Stiftung für ausrangierte, unerwünschte »Showbiz-Primaten« helfen, die Dan Westfall auf Ratschlag der Schimpansenforscherin Jane Goodall gründete: C.H.E.E.T.A., *Creative Habitats and Enrichment for Endangered and Threatened Apes.*

C.H.E.E.T.A., Francis Drive, Palms Springs, USA.

ENGLAND

BRITISCHER SPUK IM HOTEL

Im *Grand Hotel* von Brighton, der gelben Bonbonniere, einem repräsentativen Ort viktorianischer Hochnäsigkeit, führte mich der tschechische Page zum Zimmer 718. Über dem Bett hing das Bild eines eleganten Schwans, die Fenster ließen sich kippen. Nicht so weit, dass man notfalls hinausspringen konnte, nur ein bisschen. Keine Air Condition.

Im 19. Jahrhundert war das Hotel stolz auf den »vertical omnibus«, betrieben mit Wasserkraft, den einzigen Lift auf der Insel außerhalb von London. In den fünfziger Jahren musste es fast einem Shoppingcenter weichen. Die größte Erschütterung erlebte das Hotel am 12. Oktober 1984, in einer Epoche, als man noch Politiker oder Päpste aus ihren Ämtern bomben wollte. Am nächsten Morgen sollte an diesem Ort der Parteikongress der Konservativen beginnen. Die IRA-Bombe detonierte per Zeitzünder um zwei Uhr siebenundfünfzig Früh, im Zimmer 629. Ein Mann namens Patrick Magee (später achtmal lebenslänglich, aber nach vierzehn Jahren freigegangen) hatte sie einen Monat vorher versteckt.

Fünf Personen starben. Margaret Thatcher, die vier Stockwerke unterhalb schlief, erwies sich als unverwundbar, obwohl ihr Badezimmer kollabierte. Sie ließ es sich nicht nehmen, den Parteikongress am vorgesehenen Ort und zur vorgesehenen Zeit zu eröffnen, zwischen rauchenden Trümmern, was zum Ruf ihrer Eisenhaftigkeit beitrug.

In einem etwas abseitigen Trakt im Erdgeschoß hängen alte

Zeitungsausschnitte über das Ereignis. Die Fotos zeigen, wie die Bombe nicht ein Loch riss, sondern geradezu einen Tunnel in die Front hineinfräste, der sich über mehrere Stockwerke und weit nach hinten zog. Es dauerte zwei Jahre, bis das *Grand* wieder eröffnete. Thatcher hielt auch da eine kleine, symbolträchtige Rede.

Als ich das Zimmer verließ, stand der Page regungslos im Gang. Er deutete einen Stock tiefer.

»Zimmer 621, damals 629 … dort unten hat es gekracht«, sagte er, »haben Sie davon gehört?«

Ich nickte. Immer, wenn ich den Gang betrat, sah ich den tschechischen Pagen irgendwo meditieren. Er stand mit einer derartigen Selbstverständlichkeit herum, als gehörte das zu seinen Kernkompetenzen. Die Bombe? Ich fragte ihn nie wieso.

Grand Hotel, 97 King's Road, Brighton and Hove, England.

SENEGAL

AMANSHAUSER UND DIE MASKEN

Mohamed, neunundzwanzig, schlank, fesch, mit wachen Augen und einem netten Lächeln, ist ein vielgereister Mann. Er kennt Mali, Mauretanien, Guinea und einige andere Länder Westafrikas. »Das sind so meine Urlaubsdestinationen«, erzählt er, »für weiter reicht es vom Finanziellen her noch nicht.« Mohamed besitzt einen kleinen Shop für Kunsthandwerk im ersten Stock der *Fabrique artisanale de Sandaga* im Zentrum von Dakar. Holzgiraffen und Afrikamasken sind die gängigsten Verkaufsartikel, obwohl Senegal gar keine Maskenkultur hat. Da geht es, argumentiert er, um Angebot und Nachfrage.

Man könnte es auch anders sehen – das Angebot von Leuten wie Mohamed kommt jeglicher Art von Nachfrage zuvor. »Eine solche Giraffe verkaufe ich dem Durchschnittsbesucher für fünfundzwanzigtausend CFA – dir würde ich sie deutlich billiger geben«, lächelt er, obwohl unsere Freundschaft ja noch jung ist, »mein Credo ist dabei, ich zwinge niemanden zum Kauf.« Business und Freundschaft sind zwischen Mohamed und mir leider schon sehr verschmolzen, trotzdem gelingt es mir, ihn vom Giraffenprojekt abzubringen. Prinzipiell hätte ich nichts gegen eine schöne, große Holzgiraffe, aber unter anderem scheue ich die Schmach, auf dem heimischen Flughafen einer von denen zu sein, die ein Paket vom Kofferband nehmen, das eindeutig Giraffenformen verrät.

»Wir haben es nicht leicht«, erklärt Mohamed seine Verkaufssituation, »besonders nicht, wenn ausländische Gruppen kommen. Sagen wir, die Leute interessieren sich für ein Produkt. Der senegalesische Guide redet dann so lange auf sie ein, bis sie letztlich gar nichts kaufen. Das sind echte Verräter, diese Kerle.« Was sagen die Guides denn zu den Leuten?, frage ich. »Was weiß ich! Vermutlich sagen sie, dass die Qualität zu niedrig oder der Preis zu hoch ist und dass sie anderswo einen Markt kennen, wo alles originaler und besser ist. Das ist ein großer Schwindel. Auf dem anderen Markt verkauft dann der persönliche Freund dieses Guides seine Giraffen, die er aus China bezieht und die teuer sind – und der Guide kriegt seinen Prozentanteil. Das sind die größten Schurken.«

Ich frage Mohamed, ob seine Masken denn echt sind. Es soll so etwas wie eine Fangfrage sein. Mohamed blickt mich geradeaus an: »Was heißt schon echt! Das wollen die Weißen immer wissen, ob eine Maske *echt* sei. Aber das ist keine klare Frage. Alle Masken sind nun einmal von Menschen produziert. Und es kommt nicht auf die Produktion an, sondern auf die Verwendung.« Was heißt das? »Eine afrikanische Maske ist dann echt, wenn sie in einer kultischen Handlung *verwendet* wurde. Nicht wenn sie an einem spezifischen Ort gebaut wird. Echte Masken kosten unglaubliche Summen. Wenn du so direkt fragst, ich hab so was natürlich nicht hier herumstehen.«

Fabrique artisanale de Sandaga, 7 Avenue Jean Jaures, Dakar, Senegal.

BRASILIEN

DAS KAPPERL UND DAS TRAUMA

Zuerst stahl mir dieser Typ oder »Kapitän« mein Kapperl. Wir stiegen, zwei Erwachsene, zwei Kinder (drei Jahre, zehn Monate), auf sein Boot, das uns vom Festland zur Ilha Grande bringen sollte, ein motorisiertes Frachtenboot aus Holz von zehn Metern Länge.

Zum Einsteigen nahm ich den Dreijährigen von meinen Schultern. Dabei löste sich mir das Kapperl vom Kopf und stürzte in den Spalt zwischen Anlegesteg und Boot. Der Typ oder »Kapitän« wies mich barsch an, die Kapperlsuche zu lassen, wir sollten uns setzen und Ruhe geben, das Boot werde beladen.

Dieses Kapperl aus Jeansstoff war das beste seiner Art, es war bequem, dezent, makellos, der Glücksfall eines Kapperls, vorn die Aufschrift *Palm Springs*, dazu ein eingesticktes rotes Auto. Der Dreijährige, dessen Positionsveränderung den Kapperlsturz ausgelöst hatte, was er ja genau wusste, schrie inzwischen wie am Spieß – mir aus der Seele: »Wille Kapperl wieder! Wille Kapperl wieder! Wo ist das Kapperl! Wille Kapperl!«

Ich Idiot aber half dem Typen oder »Kapitän« und seinen Gefährten letztlich sogar beim Beladen mit den minderwertigen Bohnen- und Maisdosenpaletten, um mich anzubiedern, damit er bei der Kapperlsuche half. Als das Boot sich endlich vom Steg löste, machte ich den Typen oder »Kapitän« noch einmal auf meinen Kapperlverlust aufmerksam. Gleichgültig deutete er ins trübe Wasser: »Solche Kapperl saugen sich voll und gehen unter.«

Danach brachte uns dieser Typ oder »Kapitän« auch noch in Gefahr. Auf dem offenen Meer war der Wellengang hoch, größere Brecher trafen das Boot von der Seite, Wasserschwalle zischten über seinen Holzboden, rissen die Bohnen- und Maisdosen und all das unbefestigte Gepäck (ich krallte unseres zusammen) mit sich. Der Zehnmonatige wurde von meiner Freundin durchgehend gestillt. Der Dreijährige klammerte sich starr an mich und verbarg sein Gesicht in meinem T-Shirt. Er sagte nicht mehr »Wille Kapperl«. Er sagte gar nichts mehr.

Zwei Erwachsene hätten ein solches Abenteuer eventuell aufregend finden können. Als Vater beobachtete ich mit Unbehagen, wie dieser Typ oder »Kapitän« darum kämpfte, dass wir nicht kenterten. Der Hocker, auf dem er gesessen war, war von einer Wasserflut weggerissen worden. Ich registrierte, dass Schwimmwesten zwar vorhanden, doch bei diesem Wellengang kaum erreichbar und niemals verteilbar waren. Den Rest der Fahrt verbrachte ich mit Überlegungen, wie ich bei einem Kentern agieren würde, woran ich mich klammern würde, wie ich mir eine Schwimmweste verschaffen konnte, und gab es denn Kinder-Schwimmwesten?

Nach unserer Ankunft überlegte ich, wie man das frische Trauma des Dreijährigen, der erstmals in seinem Leben – noch dazu von uns – in eine gänzlich unkontrollierbar »gefährliche« Situation gebracht worden war, auswirken würde. Würde er niemals gerne schwimmen?

Schifffahrt vom Festland bis Ilha Grande, Rio de Janeiro, Brasilien.

JAPAN

AMANSHAUSER GEHT MIT SEINEM VERLAG SPAZIEREN

Ein Buch, das ich geschrieben habe, wurde ins Japanische übersetzt. Als ich nach Tokio fahre, bittet der japanische Verlag um ein Treffen. Die Verlagsleute bestehen allerdings darauf, mir nicht ihre Büros, sondern Kamakura zu zeigen: Vor fünfhundert Jahren eine der größten Städte der Welt, liegt sie heute mit hundertachtzigtausend Einwohnern an Tokios Rand. Ich nehme die Schnellbahn nach Kita-Kamakura, wo mich »mein« Verlag treffen soll.

Der Verlag erwartet mich in Form von vier Personen auf einem Bahnsteig: die Lektorin, ihr junger Assistent, der Übersetzer meines Buches und der Schwager des Übersetzers. Zunächst gratuliert die Lektorin mir (und, wie mir scheint, dem Verlag, also sich selbst) auf Englisch zu »unserem« Werk. Der Überschwänglichkeit der Begrüßung vermeine ich zu entnehmen, dass der Verlag entweder sehr entsetzt über mich ist oder sehr zufrieden mit mir.

Der Übersetzer, der das Buch offenbar anstandslos ins Japanische transferiert hat, wirkt schüchtern. Er spricht kaum Deutsch. Diese Tatsache stimmt mich nachdenklich. Sein Schwager macht das wett. Der Schwager hat einige Zeit in Klagenfurt gelebt. Um seine Kompetenz unter Beweis zu stellen, lächelt der Schwager mich an und sagt feierlich: »Ortstafelstreit.« Er erkundigt sich nach den Entwicklungen. Ich bringe ihn auf den neuesten Stand. Es besteht inzwischen kein Zweifel daran, dass dieser Verlag mich mag.

Wir spazieren zum Strand von Kamakura und besichtigen den Tempel Kōtoku-in mit seinem dreiundneunzig Tonnen schweren Sitzbuddha, der hinten in seinem Rücken zwei Ausblicksfenster hat. Danach besuchen wir ein Soba-Restaurant, das von einer alten Dame geführt wird. Nach einer komplizierten Begrüßung meinte die Lektorin, ich solle mich nicht sorgen wegen der grauen Farbe der Soba-Nudeln. Ich frage, ob sie schlechte Erfahrungen mit ausländischen Autoren gemacht hat, worauf sie den Kopf wiegt.

Zu den Nudeln gibt es das Nudelwasser in Teetassen. Sein Geschmack ist lehrreich und fahl. Ich erkläre, ich würde ab sofort auch daheim mein Spaghettiwasser aus einer Teetasse trinken, doch dieser Witz kommt überhaupt nicht an. Soba-Nudelwasser sei das einzig gesundheitsfördernde Nudelwasser, entgegnet der Verlag fast entrüstet.

Während des Essens fällt mir auf, wie die Lokalchefin stirnrunzelnd auf mich zeigt. Die Verlagsleute besänftigen sie. Mir wird übersetzt, dass die alte Dame sich Sorgen macht, ob mir das Essen denn schmecke, weil ich überhaupt nicht schmatze. Ich hebe den Blick. Alle ringsum schmatzen zufrieden, ein Zeichen guter Erziehung.

Der Schwager kommt zurück auf die Klagenfurter Politik. Die neuesten Entwicklungen überraschen ihn keineswegs. Er fragt, ob ich Reiswein mag. Was danach geschieht, lesen Sie in der nächsten Geschichte.

Amida Buddha, Kōtoku-in, Kamakura, Japan.

JAPAN

AMANSHAUSER GEHT MIT SEINEM VERLAG TRINKEN

Was bisher geschah: Der japanische Verlag, in dem ein Buch von mir erschien, zeigt mir einen Riesenbuddha in der Tokioter Vorstadt Kamakura. Der Verlag, das bedeutet die Lektorin, ihr junger Assistent, der Übersetzer meines Buches, der kaum Deutsch kann, der Schwager des Übersetzers, der Deutsch kann. Der Verlag fühlt sehr deutlich die Pflicht, den ausländischen Autor zu bewirten. Nach dem Soba-Nudel-Abendessen fragt mich der Verlag, ob ich Reiswein trinken möchte. Ich bejahe. Er bestellt eine Menge warmen und kalten Reiswein – für mich, aber auch für sie selbst.

Mein schweigsamer Übersetzer wird bald müde, sein Schwager wird lustig, und die Lektorin starrt mich nach wenigen Reisweinen bestürzt an, weil ich für ihre Begriffe unglaublich viel trinke. Ich frage zurück: Ob es denn stimme, dass Japaner aufgrund einer fehlenden Aminosäure weniger Alkohol vertragen als wir? Sie kennt weder die Theorie noch die Aminosäure. Alkohol sei in Japan anerkannter als im Westen, der Exzess am Samstagabend erlaubt, aus Teambuilding-Gründen sogar erwünscht. Montags in der Firma werde niemand auf die samstäglichen Ausrutscher zurückkommen.

Die Stimmung lockert sich, der Verlag und ich sprechen immer lauter. Der junge Assistent, der bisher wenig sagte, spricht auf einmal fließend Englisch. Er erzählt, dass seine Freundin gerade ein Auslandssemester in China macht. Er fürchtet, dass sie sich mit Chinesen einlässt. Er hat nichts gegen Chinesen, aber dort gebe es so viele Neureiche, und überhaupt, warum gerade China? Meine Lektorin weist den jungen Assistenten darauf hin, dass der ausländische Gast sicher andere Themen vorzieht. »But why China?«, sagt er leise, zu sich selbst.

Drei Stunden später stehen wir an der Metrostation. Die Bahnsteige quellen über vor fröhlich Feiernden. Viele Umstehende sind betrunkener als wir. Wenn jemand umstürzt, was dauernd passiert, helfen ihm die anderen – so ist das üblich. Ein paar Passagiere spielen, wie mir der Verlag erklärt, ein Trinkspiel, bei dem sie die fünfunddreißig Stationen der Yamanote-Linie aufzählen. Wer stockt oder zögert, muss Reiswein trinken. Der junge Assistent kann – schon einige Zeit lang – kaum mehr sprechen. Auch geht er nur sehr kurze Strecken, dann setzt er sich immer wieder auf den Boden.

Zum Abschied trennen sich die Wege. Der Übersetzer und sein Schwager fahren heim, und die Lektorin überreicht mir den jungen Assistenten, oder was von ihm übrig ist. Er hat offenbar einen ähnlichen Weg wie ich. Ob ich nicht so nett sein könne, ihn bis zur Station Otemachi mitzunehmen und ihn dort in die Chiyoda-Linie nach Yoyogi zu setzen? Ich solle am Bahnsteig einfach jemandem sagen, wo er hinmüsse, da die Gefahr bestehe, dass der junge Assistent sein Ziel in diesem Zustand womöglich schlecht artikuliere.

So ist es dann: Ich übergebe ihn auf dem Bahnsteig einem hilfsbereiten Passanten und teile ihm die Destination mit. Bevor auch wir uns verabschieden, umarmt mich der junge Assistent, und er wiederholt verzweifelt die eine, die einzige Frage, die er mir in den letzten zwanzig Minuten immer wieder gestellt hat: »But why China?«

Metrosystem, Tokio, Japan.

SCHWEIZ

EIN KOLLEGE KNALLT DURCH

Bei diesem Schweizer war ich in Zürich untergebracht. Ein guter Gastgeber, nicht nachlässig, nicht aufdringlich. Wir bewohnten nebeneinander liegende Räume. Er würde am folgenden Tag abfliegen, ich auch, zwei Stunden vor ihm. Ich hörte ihn den ganzen Nachmittag rumoren – packen? –, bevor ein Entsetzensschrei aus seinem Zimmer drang.

»Das gibt's doch nicht, nein! Uuuuuuh! Uuuuuuh! Das darf nicht wahr sein!« (Stellen Sie sich das sehr laut vor, Hochdeutsch mit Schweizer Färbung.) »Neiiiiin! Das kann nicht sein, du! Das gibt es nicht, du! Was soll ich machen, du?« Das nachgestellte *du* schien direkt mir zu gelten. Zaghaft öffnete ich die Tür. Er, um die fünfzig, saß mit hochrotem Kopf auf dem Boden. »Neiiiin! Die totale Katastrophe, du!«

Durch Nachfragen eruierte ich, dass sein Web-Check-in danebengegangen war.

»Das ist der Wahnsinn, du!« Tränen liefen über sein Gesicht. Er rollte die Augen und krümmte sich. So ungefähr stellte ich mir einen epileptischen Anfall vor, nur würde der Kranke bei einem solchen nicht andauernd quatschen. »Das ist so ein Scheiß, ich könnte mich …« Er kniete vornüber und schlug mit der Stirn mehrmals auf den Parkettboden. Seine Brille splitterte.

Irritiert verließ ich den Raum. Nebenan hörte ich gedämpft, wie es weiterging. Er donnerte weiter gegen Holz und schrie: »Ich bin am Ende! Duuu, das ist das Ende!« Ich nahm sein Gebrüll mit meinem Mobiltelefon auf, um dieses Unglaubliche später belegen zu können. Er rief: »Duuuu! Duuuuuuuu!« Ich ging zurück. »Kann ich dir helfen, bei der Airline anrufen oder so?«, fragte ich. »Da kann keiner helfen oder anrufen!«, schrie er, »ich – bin – geliefert!«

Trotzdem ergriff ich die Initiative und wählte eine Nummer auf einem zerknüllten Zettel, den er mir heulend hinstreckte. Während ich mit der Frau vom Callcenter sprach – es dauerte ein bisschen, aber das Problem war lösbar –, schlug er wieder die Stirn gegen das Parkett. »Scheiße, du, ich kann nicht mehr!«

Das Callcenter benötigte einige Angaben zu seiner Person, die ich ihm entlockte, während er keuchte und gurgelte: »Das wird nichts! Ich bin am Ende!« Ich schrieb den Code für das Web-Check-in auf ein frisches Blatt Papier, bevor ich Zimmer und Wohnung verließ.

»Danke«, sagte er am Abend. Seine Brille war notdürftig geklebt. »Ist das oft so bei dir?«, fragte ich. »Ja, manchmal«, antwortete er, »meine Freundin leidet sehr darunter.«

Web-Check-in bei der Swiss, Privatwohnung in Zürich, Schweiz.

ARGENTINIEN

DER SCHNACKERL DES LEBENS

Der Schnackerl meines Lebens erwischte mich in Buenos Aires, als ich den Mercado San Telmo verließ. Zuerst war es ein normaler Schnackerl. Ich ging heim in mein Pensionszimmer, trank drei Schluck Wasser, stellte mich auf den Kopf, hielt siebenmal die Luft an, machte zwölf Liegestütze und drei Spagate – er blieb. Irgendwann bekam ich Hunger, holte mir chinesisches Junkfood. Der Chinese meinte, ich solle die Ellbogen gegen den Bauch pressen und Hu-hu-hu machen. Ich machte Hu-hu-hu. Der Schnackerl hielt an.

Am nächsten Morgen war er noch da. »Der längste bekannte Schluckauf dauerte fast siebzig Jahre«, recherchierte ich. Das betreffende Opfer schluckte vierhundertdreißig Millionen Mal auf. Und ich? Erreichte bald den ersten Zehntausender.

Ich rülpste, fauchte wie ein Tiger, sprang über parkende Taxis, rauchte Cannabis. Manchmal schien der Schnackerl zu verebben, wurde gleichsam leise, schwieg auffällig lange – und kehrte zurück. Dieser Schnackerl war, was mich betraf, seriell monogam. Ich überlegte, ob meine Kreditkartenversicherung einen Rücktransport nach Wien zahlte. Wenn ich schon einging, dann daheim.

Ich ging vorerst nur ins *Café Tortoni*. Ein Bärtiger in Künstlersakko, offensichtlich verrückt oder betrunken, setzte sich zu mir. Normalerweise hätte ich ihn oder mich entfernt, jetzt war ich zu schwach. Ich schnackerlte ihm ins Gesicht. Er meinte, alle Politiker seien Gauner. Ich machte Hu-hu-hu. Unverdrossen erzählte er von einem argentinischen Präsidenten, der

1991 auf Staatsbesuch in Italien einen Ferrari als Geschenk erhalten hatte. Seine Kritiker meinten jedoch, der Ferrari gehöre dem Amtsträger, nicht ihm als Privatperson. Der Präsident erklärte im TV: »La Ferrari es mía, mía, mía!«, er gehöre ihm, ihm, ihm … *Er* habe ihn bekommen, wieso sollte *er* ihn jetzt hergeben?

Ich musste lachen. Als ich zu Ende gelacht hatte, war der Schnackerl weg. Er war weg, weg, weg!

»Gracias señor!«, rief ich und umarmte den Bärtigen, »gracias, gracias, gracias, señor, señor, señor! Hu-hu-hu!« Ich küsste ihn auf beide Wangen und rannte jubelnd aus dem *Tortoni*. Er muss mich für einen Verrückten gehalten haben.

Mercado San Telmo, Bolívar und Carlos Calvo; Café Tortoni, Avenida de Mayo 825, Buenos Aires, Argentinien.

GIBRALTAR

AMANSHAUSER ZWISCHEN AFFEN UND MENSCHEN

Eine Seilbahn fährt von Gibraltar City auf den Felsen der Berberaffen, zu den einzigen wild lebenden Affen Europas. In der Bergstation hängen Tafeln, die uns Menschen auf die Begegnung vorbereiten sollen. Kaum jemand liest sie. Es ist »das Kleingedruckte«. Zuckerzeug und Salziges sind schlecht für Tiere, lernen wir. Aber sie »betteln« so lieb. Und wir teilen so gerne.

Darauf wartet die *Cable Car Gang*. Die sieht die Sache ganz anders. Wer Affen freiwillig Futter abgibt, steht in der Hierarchie unter ihnen, wird daher ausgeplündert – zeigen wir Menschen uns derart »unterwürfig«, fühlt die *Cable Car Gang* sich dominant. Sie springen uns an, nehmen uns Handys, Taschen, Rucksäcke ab, zerfetzen sie, werfen sie über die Felsen. Die Äffin Dana ist die gefährlichste. Sie ist erkennbar übergewichtig. Ihr Hunger grenzt an Gier.

Nun treten Søren und Inge auf, ein etwa dreiundzwanzigjähriges Menschenpärchen, dünn wie Models, coole Kleidung. Sie ignorieren das Kleingedruckte. Lesen tun sie nur für ihre Kurse in *Information Systems Management*, sonst grundsätzlich nie. Wäre Zeitverschwendung. Sie nähern sich Dana an.

Dana sitzt am Steingeländer und tut so, als würde sie ihre Gefährtin Goldie lausen. Søren und Inge sind nicht dumm, sie schieben sich unauffällig knipsend näher. Lassen sich Zeit. Sie wollen geile Bilder für Facebook und Instagram – und kriegen sie. Auf dem besten steht Søren (der die Sonnenbrille nie abnimmt) mit Victory-Zeichen direkt neben Dana. Danach modelt Inge, Søren fotografiert. Zum Abschied zeigt Inge Herz. Sie öffnet ihr Handtäschchen, holt Trockenkeks heraus.

Mit einem Sprung schnappt sich die dicke Dana das Täschchen. Inge kreischt, heult: »Nej, nej, nej!« (Nein, Dänisch.) Dana reißt das Täschchen auf, kramt, Tampons stürzen raus. »Nej, nej, nej«, jammert Inge, alle Ungerechtigkeit der Welt! »Nej! Nej!«

Da schreitet der wütende Søren ein. Schleudert seinen Rucksack wie einen Morgenstern gegen die Fresse der Äffin. Dana gibt sich nicht so leicht geschlagen, da weitere Köstlichkeiten aus dem Täschchen fallen. (Man wusste gar nicht, dass die magere Inge so verfressen ist.) Mit immer wilderen Schlägen trennt Søren schließlich Dana von ihrer Beute. Die Umstehenden schütteln den Kopf. Darf man den Berberaffen so brutal kommen?

Falls Sie eines Tages nach oben fahren: Dana, Goldie oder jemand anderer aus der Gang wird beim Steingeländer auf Sie warten. Die sind nicht zum Spaß da.

Upper Rock Nature Reserve, Signal Station Road, Gibraltar.

CURAÇAO

EIN EXKLUSIVER STRAND

Der Ostteil von Curaçao ist immer noch Kolonie – Geldkolonie. Hier wohnen coole Niederländer, jeder einen Kopf größer als der nächste, braun gebrannt. Zum Spanischen Wasser, einer Lagune, in der Jachten und Segelboote schwanken (»Spaanse Water«), gibt es keinen öffentlichen Zugang. Einfahrt erlaubt für Leute mit Grundbesitz. Ignoriert man sie, spürt man die Blicke des liberalen Volkes hinter den Gardinen. Menschen mit dunkler Hautfarbe sind gern gesehen – Dienstleute, Reinigungskräfte, Gärtner. Sie sprechen Papiamentu, die lokale Sprache, die auf Portugiesisch beruht und von Villenbesitzern gern als »Afrikanisch« bezeichnet wird.

Familienausflug durch die Ränder des zerfransten Willemstad, wo die Straßenhunde groß und wild aussehen. Auf dem »Weeg naar Fuik«, dem Weg ins Viertel Fuik, biegt eine Straße ins Urlaubsparadies ab. Die Zufahrt wird von einem Schranken verschlossen, an dem eine nette Portierin Auskunft gibt. Selbstverständlich dürfe man die Straße befahren. Wenn man jedoch kein Zimmer im Resort gebucht habe und den Strand benützen wolle, müsse man Eintritt zahlen. Ich nicke und zeige mit dem Finger auf der Karte auf das Örtchen Nieuwpoort – da will ich hin. »Nieuwpoort ist nicht öffentlich zugänglich«, sagt die Portierin, »es ist in Privatbesitz.« Also kann niemand hin? »Doch, wenn Sie eine Villa besitzen.« Na gut, wir fahren die paar Kilometer zum Resort.

An der Rezeption des *Santa Barbara Beach & Golf Resort*

Curaçao bemühen wir uns um Einlass in den Poolbereich und zum Strand, den das Hotel in Beschlag nimmt. »Fünfzig Dollar Eintritt, in Ihrem Fall also hundert Dollar für zwei Personen«, legt die Rezeptionsfrau fest, »Handtücher kriegen Sie unten.« Ich bemühe mich um ein Gesicht, aus dem sie abliest, dass hundert Dollar Schwimmbad-Eintritt eine völlig alltägliche Summe in meinem Leben sind.

»Wie alt sind die Kinder?«, fragt die Rezeptionsfrau. »Vier und fast zwei«, antworte ich. »Zweimal Vollpreis«, sagt sie, »der Vierjährige zahlt fünfundzwanzig Dollar. Macht hundertfünfundzwanzig Dollar. »Ich kann mir nicht vorstellen«, antworte ich mit fester Stimme, »dass ein Vierjähriger Eintritt zahlt.« Die Rezeptionsfrau blickt zu der zweiten Rezeptionsfrau, deren Kopf eine Bewegung der Großzügigkeit andeutet. »Okay«, sagt sie, »hundert Dollar.«

Santa Barbara Beach & Golf Resort Curaçao, Willemstad, Curaçao.

BURMA/MYANMAR

AMANSHAUSER IN DER SHWEDAGON

Paris hat den Eiffelturm, New York das Empire State Building, Rangun (oder Rangoon oder Yangon) hat die Shwedagon-Pagode. Manche behaupten, dieser Stupa stehe auf ein paar Haaren von Buddha, andere meinen, er sei mehrere Tausend Jahre alt.

Recht alt ist auch der Mann, der mich beobachtet, während ich die Besucher beobachte. Und vielleicht steht er auch auf dem einen oder anderen Haar. Mag vom Geheimdienst sein. (In einem Land wie Burma neigt man dazu, jeden, den man nicht einordnen kann, zum Geheimdienst zu zählen, besonders wenn man sich so ernst nimmt wie der Autor dieser Zeilen.)

Ich lasse mich nicht irritieren und fotografiere eine Familie, die einander fotografiert. Die Familie lacht. Die Familie bittet, mich fotografieren zu dürfen, also posiere ich vor der Shwedagon. Die Familie geht weiter. Der Alte, der mich beobachtet, steht noch immer da. Jetzt kommt er auf mich zu und lächelt. »My name is Jones«, sagt er, und mir scheint sehr unwahrscheinlich, dass dieser Einheimische Jones heißt. Möglicherweise kriegen sie beim Geheimdienst US-Namen zugeteilt, damit sie sich nicht so kompliziert als Aung San Irgendwas oder General Than Ne Win Thaw Soundso vorstellen müssen.

Ich winke ab. Ich brauche keinen Führer. Er sei kein Führer, sagt Jones. Er sei Lehrer, privat unterwegs, ganz zufällig auf der Shwedagon. Ich frage ihn, ob er wirklich Jones heiße. »No, but call me Jones«, erwidert er. Erst auf mein Drängen hin verrät er mir seinen Namen, erläutert, dass man einem burmesischen

Namen nicht ansehe, ob er männlich oder weiblich sei. Man müsse »U« oder »Daw« dazusagen, Herr oder Frau. Ob ich wisse, wohin die Burmesen in der Shwedagon als Erstes gingen? Und wieso jeder woanders hingehe? Nein, sage ich.

Jones fragt mich, an welchem Wochentag ich geboren sei. Freitag. Er zeigt mir den Schrein für Freitag. Es gibt einen für jeden der acht Wochentage. Acht?, frage ich. »Ja«, sagt er tiefernst, »Mittwoch ist ein doppelter.« Aha. »Man schlägt die Glocke«, erklärt er, »und schüttet Wasser über einen Buddhakopf, so viele Becher, so alt man an Jahren ist.« Ich tue Jones seufzend den Gefallen (ich bezweifle, dass ein solcher Zauber bei mir wirkt). »Kennst du meinen burmesischen Namen noch?«, fragt er. Meinetwegen, lenke ich ein, er hat gewonnen, alles in Ordnung, gutes Theater, ich will aber wieder allein gehen. »All right, my friend«, sagt Jones. Aber, typisch Welt, mit dem nächsten Satz bringt er mich zum Seufzen. Denn jetzt will Jones doch noch Geld, für seine studierende Tochter.

Shwedagon-Pagode, Shwedagon Pagoda Road, Rangun, Myanmar.

POLEN

AMANSHAUSER KONSULTIERT DR. ŁAPKA

Einige von Ihnen, der lesenden Masse unbekannter Größe da draußen, hatten oder haben Kinder. Daher wissen Sie folgendes: Ein Kind entwickelt plötzlich seltsame, grässliche Flecken oder Beulen, vor allem am Samstag. Im ersten Spital weiß keiner etwas, man erhält ein Bett im zweiten Spital. Die Bettnachbarin ist eine Zehnjährige mit zugeschwollenem Auge. Die Mutter, eine Polin, sagt: »Wenn dich in Polen ein Insekt sticht, hast du eine kleine Beule. In Österreich schwillt dir gleich das Auge zu! Wenn dich in Polen eine Zecke beißt, drehst du sie raus. In Österreich kannst du dein ganzes Leben lang behindert sein!«

Ein paar Wochen später schwoll an der polnischen Ostseeküste das Auge des anderen Kindes, 2, nach einem Stich von irgendwas, vollständig zu. Es sah aus wie ein Kind, das sich mit Klitschko angelegt hatte. Klar war wieder Samstag. Wir wurden an Dr. Łapka verwiesen. Er ordinierte im Gesundheitszentrum Relaks. Wir warteten am Gang mit dreißig samstagskranken Polen. Zwei Männer, die Peter Rapp ähnelten, trugen ein leeres Holzbett durch den Gang. Ich hatte Gänsehaut. Der Doktor war verspätet, wie eine kleine Ganguhr mit der Aufschrift *Grand Central Terminal NY* anzeigte.

Unsere Kinder schlugen einen Höllenkrach – gespenstisch, die Energie eines Zweijährigen mit zugeschwollenem Auge –, den die kranken Polen und ihre Angehörigen mit gleichmütiger Zuneigung hinnahmen. Diese freundlichen Leute deuteten uns Ausländern, dass wir selbstverständlich als Erste bei Łapka vorsprechen durften.

Irgendwann kam er. Dr. Łapka sah aus wie Lech Wałęsa und stellte mit donnernder Stimme eine Frage an alle – nein, dieser war nicht der Arzt, sondern ein weiterer Patient, der den letzten Wartenden erfragte.

Endlich kam der echte Łapka, ein wohlgelaunter Lebemann mit Arzttasche. Auch er ähnelte Wałęsa. Er sprach ein bisschen Deutsch und Englisch, holte sich aber eine Übersetzerin zu Hilfe, die ebenfalls ein bisschen Deutsch sprach. Er blickte auf das Auge des Zweijährigen, diagnostizierte, ohne den Patienten zu berühren oder ihm auch nur näher als einen Meter zu kommen, die Schwellung sei vermutlich auf mehrere Mücken (»various mosquitos«) zurückzuführen. Er verschrieb ein Medikament namens *Zyrtec*, das klang wie ein polnisches Bier (Żywiec?) und das in den folgenden Tagen gegen die mutmaßlichen polnischen Allergene quälend langsam, aber doch wirkte – oder die Hautreaktion zumindest medikamental gut begleitete.

Spółdzielnia Osób Prawnych Ośrodek Rehabilitacyjny Relaks, ul. Prazowa 1, Międzywodzie, Ostseeküste, Hinterpommern, Polen.

TRINIDAD UND TOBAGO

STICK TO IT!

Mit Katharina geht man gerne durch den uralten Regenwald von Tobago. Aufpassen, wo man hintritt! Da unten arbeiten Blattschneiderameisen, denen will man ja nicht ihr Tagwerk zerstören. Katharina selbst stammt aus dem Schwarzwald. Seit 1992 lebt sie auf der Schwesterinsel von Trinidad, die ein bisschen hinter dem Mond liegt. Katharina lernte hier zufällig ihren Mann kennen, aber sie legt Wert darauf, dass sie nicht zu diesen Frauen gehört, die sich aus Egogründen einen feschen Schwarzen angeln: »Der Altersunterschied solcher Paare wirkt schon kurios. Und diese Geschichten enden oft schlecht. Bei mir war das völlig anders, du musst bedenken, ich war sechsundzwanzig.«

Katharina, die so viel zu erzählen hat, dass sie übersprudelt, zeigt auf eine Pflanze namens *Wilde Tanja*. Man kann ihre Wurzeln essen, Vorsicht beim Abbrechen der Stängel, die scharfe Milch der *Wilden Tanja* kann die Haut verätzen. »Der Regenwald ist nicht ganz ohne – deshalb sollten die Leute nicht auf eigene Faust durchgehen.«

Die sechsundzwanzigjährige Katharina kam mit Leuten aus ihrem lokalen deutschen Volleyballverein nach Tobago. »Bei solchen Reisen sind immer welche da, für die ist so ein Urlaub nur Essen, Saufen, Schlafen. Aber ich hab mich gleich für die Menschen interessiert.« Die Gruppe wohnte damals in Plymouth – wo sie später ein Häuschen bauen sollte – und Katharina war von Beginn an voll im Stadt- beziehungsweise

Dorfleben drin. Sie sprach mit allen, sie interessierte sich für Tobago, und ihren Mann lernte sie kennen, »leider erst am drittletzten Tag.« Die drei Tage reichten.

»Ich war realistisch genug, der Geschichte zu misstrauen. Ich kenne den Typen nicht wirklich, und was soll ich mit so einem? Als er mir dann eine Musikkassette nach Deutschland schickte, die er selbst bequatscht hatte, fand ich das sehr, sehr süß von ihm.« Sie beschloss, der Sache auf den Grund zu gehen, und fuhr noch im gleichen Jahr ein zweites Mal nach Tobago.

Da ist sie seit über fünfzehn Jahren: eine robuste, quirlige Frau, die ihre eigene kleine Reiseagentur auf die Beine gestellt hat. »Ich sag immer, ich kenne die Hälfte der Einwohner von Tobago, und die andere Hälfte kennt mich.« Sie deutet ins Flussbett, aus dem ein Gesang ertönt. Es ist der *Spinetail*, ein Vogel, den die Einheimischen »Stick to it« nennen. Vor vielen Jahren sei ein einheimischer Händler auf diesem Pfad durch den Regenwald gegangen, von der einen zur anderen Küste, wo er mit seinen Waren ein Schiff erreichen musste. Er war zu spät dran. Er wollte schon aufgeben und umkehren, aber da sei immer dieser Vogel gewesen, unten im Bachbett, der ihn antrieb. »Wenn du seinen Gesang genau anhörst, wirst du erkennen, was er sagt«, erklärt Katharina, und man merkt, das ist ihr wichtig. »Hörst du es? Stick to it, stick to it!«

Regenwald im Osten Tobagos, nahe Parlatuvier, Trinidad und Tobago.

SRI LANKA

AMANSHAUSER WIRD ANGEQUATSCHT

Ich verlasse das Hotel. Schon nach einigen Metern spaziert ein junger Mann in weißem Hemd neben mir. Er hält meine Schrittgeschwindigkeit, wartet, bis ich ihn ansehe. »Ich arbeite in Ihrem Hotel, erkennen Sie mich nicht?« Zwar ist mir der Ich-arbeite-in-Ihrem-Hotel-Schmäh geläufig, doch dieser Typ trägt echte Hotelkleidung. Ich verspüre eine gewisse Pflicht, ihm zu antworten.

»Nein, ich erkenne Sie nicht«, sage ich wahrheitsgemäß.

Er hingegen kennt, nachdem ich die obligate Country-Frage mit Austria beantworte, Niki Lauda. Und ob ich das erste Mal in Colombo sei? Ich lüge ihm gelangweilt ins Gesicht: »Many times.«

Er, frech: »How many times?«

»Four«, antworte ich, und das klingt ganz undenkbar.

Er lächelt. Weißhemd, du beherrschst deinen Job.

Er fragt, ob meine Muttersprache zur »Dutch language family« gehört, er will was für seine Bildung tun. Ich bin genervt. Wieso bleibe ich nicht einfach daheim, wieso begebe ich mich in irgendein Ausland, wo Fremde mich anquatschen dürfen, nur weil ich ihrer Ansicht nach Geld besitze? Nur weil ich gerade erschöpft, schwach und ein Freund Sri Lankas bin, kann sich doch nicht jedes Weißhemd die Freiheit herausnehmen, mich in mühselige linguistische Debatten zu verwickeln!

Mein Begleiter wundert sich übrigens, dass mir niemand vom hohen Feiertag erzählt hat, der heute in Colombo mit einem Elefantenfestival gefeiert wird. Tolle Sache! Er selbst sei nämlich auf dem Weg dorthin. Ein Tempel öffnet, der an dreihundertvierundsechzig Tagen im Jahr geschlossen ist. Ob ich es mit ihm ansehen möchte? (Nein.) Mir könnte dieses Angebot nicht gleichgültiger sein, ich will den Mann loshaben, deshalb überquere ich schweigend die Straße.

»This way!«, ordnet Weißhemd an, irritiert um mich herumhüpfend, Arme wie ein Verkehrspolizist, nicht einmal freundlich ist er.

Ich blicke ihm in die Augen und sage, dass ich meinen eigenen Weg gehe. Er verweist verzweifelt auf das seltene Elefantenfestival und den Tempel. Endlich bemerkt er meine Entschlossenheit, er lässt ab. Fragt noch so nebenbei, ob ich an einer Massage interessiert bin. Zum Teufel, nein! Er macht kehrt. Geht zum Hotel zurück, nicht zum tollen Festival.

Kein anderer Mensch in der Stadt wird diesen hohen Feiertag kennen. Ich bin psychisch völlig ausgelaugt.

Hotel Ramada Colombo, 30 Sir Mohamed Macan Markar Mawatha, Colombo, Sri Lanka.

BULGARIEN

AMANSHAUSER BEI DER SCHACHWELTMEISTERSCHAFT

Als ich in Sofia ankam, hörte ich, dass gerade die Schach-WM stattfand, bei der der indische Weltmeister Viswanathan Anand auf den Lokalmatador Wesselin Topalow traf. Das Match stand 4:4. Ich begab mich zum Zentralen Militärklub, wo es noch jede Menge Eintrittskarten gab. In einer rosa lackierten Halle mit Goldverzierungen begannen Anand und Topalow die zehnte und vorletzte Partie. Ich stand vier Meter entfernt von den beiden weltbesten Schachspielern, als Topalow (weiß) sie mitten im Blitzlichtgewitter eröffnete. Die ersten fünf Minuten waren zum Fotografieren freigegeben, dann wurde ein einseitig durchsichtiger Vorhang zwischen Bühne und Zuschauerraum geschoben. Die Stille war perfekt. Es kam mir vor, als säße eine wohlerzogene riesengroße Familie mit mir im Theater – allerdings ohne Theater. Nur der Tisch mit Topalow und Anand und die Videoprojektion von Brett, Zugfolge und Bedenkzeit.

Nach zwei Stunden hatte ich das Gefühl, Topalow sei im Vorteil. Nicht von den Figuren her, die waren total ausgeglichen, sondern was die Körpersprache betraf. Anand schien irgendwie verzweifelt zu sein. Ich beschloss, eine Pause zu machen. Nach einem Mittagessen im Lokal gegenüber besuchte ich den Park hinter dem Zentralen Militärklub. Mehrere Ständchen boten kommunistische Devotionalien und Matrjoschkas an. Ich setzte mich auf eine Bank. Ein Typ kam zu mir, fragte mich, woher ich käme. »Austria!« Ob ich Spanisch spräche?

»Zufällig ja, wieso?« Er sei Spanischstudent und wolle meine Euro zu einem Spitzenkurs in Leva tauschen, denn er brauche meine Euro, um in Madrid zu studieren.

Ich lehnte ab. Er sah mich aus schmalen Augen an und fragte, ob ich ihm stattdessen den Gefallen tun könne, einen großen bulgarischen Schein in kleinere zu wechseln. Auch diese Transaktion verweigerte ich. Da sagte er: »Du bist nicht aus Austria, du bist Bulgare!« »Wieso?«, fragte ich verblüfft. »Du sprichst Spanisch wie ein Bulgare!«, meinte er. Im gleichen Moment kam ein zweiter Typ, einer in Trainingshose, von hinten heran: »Bist du Bulgare? Hast du meinen Freund belogen?«

Das klang überhaupt nicht mehr nett. Ich machte mich fluchend, ohne Abschiedsgruß und ohne mich umzudrehen auf die Socken, zurück zur Schachhalle. Inzwischen hatten Anand und Topalow fünf Stunden gespielt. Die Stellung schien mir ausgeglichen, auch hatte sich die Körpersprache von Anand stabilisiert. Nun saß er kerzengerade im Sessel – Topalow, dem seine Zeit davonlief, war zusammengesunken.

Ich ahnte einen Bauerngewinn Anands. Für einen Laien ging alles gleichzeitig zu langsam und zu schnell, aber ich fand Gefallen am Match. Als ich nach einer raschen Zugfolge begriff, dass Anand die Partie gewonnen hatte, weil sein Randbauer durchbrach – Topalow schüttelte ärgerlich den Kopf –, standen die beiden auf, reichten sich die Hand, und auf der Anzeigetafel erschien zu meiner Überraschung die Punkteteilung ½ : ½, Remis.

Zentraler Militärklub, Bul. Car Osvoboditel und Rakovski, Sofia, Bulgarien.

GAMBIA

DIE TODTRAURIGEN KINDER

Janjanbureh, ehemals Georgetown, dreihundert Kilometer von der Küste entfernt: ein heruntergekommener Hafen ohne Asphaltstraße, der vom Sklavengedenken lebt. Diverse Donation Books und Donation Boxes werden den fünf täglichen Touristen unter die Nase gehalten. Wer auch nur einen Tupfer weißer Hautfarbe oder kaukasische Schädelform aufblitzen lässt, soll schlechtes Gewissen fühlen. Nur dass ich eigentlich gar keine Lust verspüre, als Strohmann für Verbrechen und Unterdrückung anderer Epochen herzuhalten. Schaut euch doch euren Präsidenten an!, möchte ich den Geldsammlern zurufen. Der Diktator »Präsident« Jammeh behauptet unter anderem, Aids heilen zu können. Ein Plakat aus einem früheren Wahlkampf hängt an der Hauptstraße: »You cannot afford to continue hating yourself by not voting for him in 2011.« Kein schlechter Slogan.

Hinter der Markthalle sitzen ein paar Kinder auf dem Sandboden. Sie sind eingewickelt in Decken und stieren mit todtraurigen Augen ganz unkindhaft vor sich hin. Jede Fröhlichkeit geht denen ab. Eines sieht mich an. Wir betrachten einander, dann senkt es den Blick. Nach meiner Schätzung sind es Jungen zwischen sechs und acht, der Eindruck kann (Unterernährung) täuschen.

Vor ihnen liegen vier helle Mandarinen und einige Geldscheine. Ich kaufe ihnen eine Mandarine für fünfundzwanzig Dalasi ab. Da erklärt mir ein Einheimischer, ich könne gerne eine Donation machen. Die Mädchen seien zwischen neun und elf und kürzlich beschnitten worden. Sie litten Schmerzen, und man sei im Dorf unglaublich stolz auf sie. Mir bleibt die Luft weg. Die gehören in ein sauberes Krankenhaus, nicht auf den Markt. Meine fünfundzwanzig Dalasi landen sicher auch noch, bestenfalls, bei den Teufelinnen, die sie beschneiden.

Ich besuche die Wassu Stone Circles, antike Begräbnismale, auf die Einheimische Steinchen legen, jedes Steinchen ein Wunsch. Keine Ahnung, ob ich beteiligungsberechtigt bin. Ich lege einen Stein hin und wünsche mir, dass ich vor meinen Kindern sterbe, wie mir nachher auffällt, ein recht egoistischer Wunsch. Daher füge ich noch einen zweiten Stein hinzu. Mag unrealistisch sein, hilflos, anmaßend, aber ich wünsche mir, dass keine Mädchen mehr beschnitten werden.

Markthalle Janjanbureh, Central River Region, Gambia.

MALTA

AMANSHAUSER IN DER PLAYMOBILFABRIK

Hinter der Runway, hinter den Zeltstädten afrikanischer Boatpeople, irgendwo im Nichts eines Industriegebiets, steht die Playmobil-Produktionsstätte. Kleine Kinder werden im *Fun-Park* beschäftigt. Wer älter als fünf ist, darf die Fabrikhalle besichtigen. Seit den siebziger Jahren lässt die größte Spielzeugmarke Deutschlands sämtliche Playmobil-Männchen und -Frauchen und die meisten Kleinteile ausnahmslos auf Malta das Licht der Welt erblicken. Sie entstehen aus einer Sauce von dreihundert Grad heißem Plastik, werden in Form gedrückt, bedruckt, verpackt. Insgesamt haben die maltesischen Spritzgussmaschinen per Injektionstechnik über zweieinhalb Milliarden Figuren hergestellt. Sollte einem der knapp acht Zentimeter großen Typen ein Kopf oder ein Arm fehlen, zeigt die Waage die Abweichung an – er wird zur Ausschussware und eingeschmolzen. Jährlich hundert Millionen Figuren verlassen die Fabrik. Sie werden nach Sizilien verschifft, von wo sie per Lastwagen zur Zentrale bei Nürnberg fahren.

In der Halle duftet es dumpf nach Schmelzplastik. Dutzende Spritzgussmaschinen spucken im Sekundentakt Arme, Beine und Köpfe aus. Greifarme schrauben den Schädel eines braven Familienvaters in den Rumpf, zwei Stempel printen ihm ein gestreiftes Krawattenmuster unter den Hals. Die Maschinen ruhen nicht, bis jedes einzelne Männchen, mit Halstuch, Hut oder Waffe versehen, in luftdichte Folie verschweißt, in Kartonage geschlichtet ist. Komplexere Arbeitsabläufe sind weiterhin Menschenwerk. Eine junge Arbeiterin setzt einen blauen Kleinwagen zusammen, in einer Choreografie von sieben sich wiederholenden Bewegungen. Vor den Fließbändern sitzen ihre Kolleginnen und Kollegen. Sie »bedienen« die Erzeugnisse, stecken sie zusammen, ordnen, kontrollieren. Sie machen das, was die Maschinen nicht ganz so gut können. Über der Szenerie liegt ein dumpfes Surren – das Atmen des Plastiks?

Playmobil Malta steht niemals still. Drei Schichten, 6–14 Uhr, 14–22 Uhr, 22–6 Uhr, schuften hier, fünf bis sechs Euro pro Stunde verdienen elfhundert Angestellte und zweihundertfünfzig Heimarbeiterinnen. Horst Brandstätter, der deutsche Chef, ist auch manchmal anwesend. Er setzte in einer Epoche auf den Standort Malta, als Asien noch nicht der bestimmende Spielzeugmulti war. Dafür kann Playmobil heute schneller reagieren als die Mitbewerber. Fehlt ein Männchen, steht es in wenigen Tagen in Bayern.

Playmobil-FunPark, HF 80, Industrial Estate, Hal-Far, Malta.

ARGENTINIEN

AMANSHAUSER WIRD BEGEHRT

In Buenos Aires suchte ich eine billige Unterkunft, um einen Roman fertigzuschreiben, in dem ich die neunziger Jahre, wie ich sie empfand, abbilden wollte. Die Pension *San Telmo* war mir sympathisch, ein heruntergekommenes Haus, an dessen Tor ein überdimensionaler Goldklopfer prangte, den ich mehrmals betätigte. Lange öffnete niemand. Ich wollte schon weiterziehen, da ging das Tor auf und ein unerhört dünner, zwei Meter hoher Mann in einem dunkelbraunen Schlafanzug stand vor mir. Sein Bart sah aus wie ein Teller Spaghetti in grauer Sauce. Eine Wolke von Alkoholausdünstungen umhüllte ihn. Ich trug ihm mein Anliegen vor – ein Zimmer für einen Monat. Der Hagere nickte und deutete mir einzutreten. Ich folgte ihm in den zweiten Stock.

Er öffnete die Tür zu einem Raum mit dicht verschlossenen Vorhängen. Die Luft dampfte. Ich nahm Essensreste, Dreck, Wäsche, Fusel wahr. Als meine Augen sich an die Dunkelheit gewöhnten, sah ich Dutzende leere Bierflaschen auf dem Boden stehen. Zwei Betten zeichneten sich in den einander gegenüberliegenden Ecken ab. Eines war mit einem dreckigen Leintuch bezogen. »Mi cama«, sagte der Hagere. Das andere war nackt und kahl. Er streckte einen langen, schiefen Finger aus: »Tu cama.« Ich gab ihm zu verstehen, dass ich ja keine Unterkunft in seinem Schlafzimmer suchte, sondern ein Zimmer mit Schreibtisch und Aussicht. Zu meiner Überraschung nickte er.

Aus dem Fenster des kleinen Zimmers im vierten Stock sah man fast bis La Boca. Ein winziger Schreibtisch stand davor. Der Hagere nannte den Preis, streckte mir die Hand hin, ich schlug ein. Bad und WC, Gemeinschaftseinrichtungen, gab es im Flur. Die Duschvorrichtung hing in einem gekachelten, etwa dreißig Quadratmeter großen Raum mit Abfluss. Von innen konnte man nicht absperren.

Immer wenn ich sie betrat, hörte ich schon die Schritte des Hageren im Stiegenhaus. Er machte es sich zur Gewohnheit, die Tür zu öffnen und einen kurzen Blick auf mich beim Duschen zu werfen. Er starrte irritiert zu mir hin, ich rief »ocupado!«, er entschuldigte sich höflich und zog sich zurück. Der eine Blick reichte ihm. Seine Belästigungen gingen nie darüber hinaus. Auf dieser Basis kamen der Hagere und ich glänzend miteinander aus, und als ich *San Telmo* verließ, umarmten wir uns wie Brüder. Ich solle wiederkommen, bat der Hagere. Ich versprach es ihm.

Pension San Telmo, Calle Independencia, Buenos Aires, Argentinien.

CABO VERDE

AMANSHAUSERS BRILLE WIRD GEFRESSEN

Hotel auf der Insel Sal, abendliches Festbankett. (Leider ohne Nationalgericht Cachupa; italienisches Management.) Großartig, nur Roast Beef schmeckt komisch. Fünf Stunden später flüssiger Durchfall. Hab um sechs Uhr Früh Flugzeug nach Boavista. Oje, das wird nichts. Toilette, Bett, Toilette, abwechselnd. Schleppe mich im Morgengrauen zur Rezeption. Storniere Flug. Hotelmitarbeiter fragt, ob ich »irgendwo außerhalb des Hotels« etwas gegessen habe – dummer Hund. Antworte ihm milde: »Genau das muss es gewesen sein.« Mann zufrieden. Ich deprimiert. Kein Flug. Vorletzter Tag. Wollte doch noch Cachupa essen. Geht nicht mit Durchfall. Cachupa zu fettig. Viel zu fettig.

Vormittags passabler Zustand. Mittagshitze am Pool, Übelkeit plötzlich enorm. Schaffe es gerade noch zum Bungalow. Durchfall maximal. Fieber hoch. Toilette und Bett. Zehn Stunden Fieber. Schreibe auf Facebook: »Durchfall kriegt man nie von den Garküchen am Straßenrand, immer von den guten Hotels mit internationaler Küche.« Ziemlich viele Likes. Friends lieben, wenn man leidet.

Letzter Tag. Esse nichts. Schade, hätte gerne Cachupa. Vorsichtiger Ausflug in die Stadt. Überall Speisekarten mit Cachupa. Graffito an einer Wand: *Cachupa!* Okay, egal. Esse Cachupa. Ist recht fettig. Behalte sie bei mir. Zurück zum Hotel. Noch eine Stunde bis Abfahrt.

Letzter Besuch beim Meer. Steige glücklich verträumt in die

hohen Wellen. Bemerke jäh: Verdammt, trage Brille! Zu spät. Riesenwelle wirft mich zu Boden. Klammere mich mit Händen an Brille. Depperte Welle stärker. Brille entgleitet mir. Meer frisst Brille. Brille tummelt sich in der Klospülung des Meeres, unten im Sand. Irgendwo. Verlasse Meer frustriert. Kann Brille ja nicht suchen, sehe ohne sie zu wenig.

Mache fünfzig Fotos vom Meer. Lösche alle bis auf eines (fürchte, den ertrinkenden Brillenbügel zu entdecken). Poste Bild auf Facebook. Schreibe: »Das Meer tat (drei Minuten, nachdem es meine Brille gefressen hatte) wieder ganz unschuldig.« Massenhaft Likes. Friends lieben solche Missgeschicke. Einer wünscht sich neues Reisebuch von mir. So Geschichten, bei denen mir übel mitgespielt wird.

Vila do Farol, Praia Santa Maria, Ilha do Sal, Sal, Cabo Verde.

SCHWEDEN/ÖSTERREICH

AMANSHAUSER WILL ABBA KLAGEN

Da mein Leben ein bisschen übergeschnappt ist und ich deshalb an drei Computern gleichzeitig schreibe, betreibe ich ein ausgeklügeltes System mit Kopien und Gegenkopien. Es hat nur eine Schwäche: mich selbst. Zum Beispiel hatte ich 2013 nach dem Besuch des Abba-Museums in Stockholm eine Schwedenkolumne geschrieben, eine furiose Vernichtung, funkelnd vor Abscheu. Ich war immer schon Abba-Feind, wegen dieser aufdringlichen, zischenden Melodien, die so viele Partys in den Morgenstunden zerstört haben. Ich hasse die Musik der zwei Klassenbesten, die sich »alles nehmen«, ich finde die Stimmen ihrer Tussi-Ehefrauen scheußlich penetrant. In Stockholm kostete es drei Liter Schweiß und einen Zentner Ironie, mich vor dem Abba-Museum ablichten zu lassen.

Jene in meiner Erinnerung unerhört humorvolle und tiefgründige Schwedenkolumne trug ich ein Jahr mit mir herum, kopierte sie hin und her. Dann kopierte ich sie irgendwann auf Nimmerwiedersehen ins Jenseits. Neu schreiben? Unmöglich. Mein Abba-Erlebnis war inzwischen vollständig beiseitegedrängt. So fand ich mich damit ab, Abba zukünftig totzuschweigen – bis mir wegen der schwedischen Multimillionärsband der Wagen abgeschleppt wurde. Ich suche jetzt nach einem Rechtsanwalt, um die Gruppe zu klagen.

In meiner Wiener Nachbarschaft läuft das Abba-Musical. Der Umkreis des Raimundtheaters wird abends von Abba-Freunden vollgeparkt, während ich, im Besitz einer Parkberechtigung, wie ein Idiot um meinen Block kreise, in der Hoffnung, dass Musicalgäste vor Rührung ohnmächtig werden und frühzeitig abgehen, wie es beim Udo-Jürgens-Musical regelmäßig der Fall war. Die Abba-Besucher haben aber eine stabile Konstitution. Gelegentlich stelle ich den Wagen in die Ladezone eines Supermarkts. Ich muss halt um sechs Uhr wach werden und ihn umparken.

Jüngst überhörte ich in dieser Lage den Wecker. Wachte um sieben auf, rannte nach unten – zu spät, das Auto war schon über alle Berge. Es folgte der steinige Weg mit dem Taxi zur *Kfz-Verwahrstelle* in Simmering. Und die Zahlung: zweihunderteinundfünfzig Euro.

Ich nahm den Wagen, dieses ausgerissene Pferd, und fuhr ihn oder es dorthin zurück, wo er stehen sollte. Daheim waren natürlich alle Parkplätze frei. Punkt acht Uhr parkte ich auf dem Platz direkt hinter der Ladezone. Ein tiefer Einblick in die totale Sinnlosigkeit jeglichen Tuns. Wünsche ich keinem von Ihnen.

Raimundtheater, Wallgasse 18–20, Wien, Österreich; ABBA The Museum, Djurgårdsvägen 68, Stockholm, Schweden.

USBEKISTAN

AMANSHAUSER VERPASST EINEN ANSCHLAG

Während des Fluges nach Usbekistan las ich über den turkmenischen Diktator Turkmenbaschi, jenem Herrscher, der die Monate neu benannt hatte – Jänner nach ihm selbst, April nach seiner Mutter, September nach seinem ersten Buch – und in seiner Hauptstadt eine goldene Statue seiner eigenen Person hatte aufstellen lassen, die sich mit der Sonne drehte. Gute Idee, ich hätte auch gerne den November nach meinem ersten Buch benannt, dann wäre ich im Jahr 1968 am 15. Magen-Einer-Kranken-Hyäne geboren. Im Gegensatz zu Turkmenistan war Usbekistan aber eine Art Rechtsstaat – mit dem Halbdiktator Islom Karimov (hatte sich einen religiösen Vornamen dazuerfunden) schien alles glänzend zu laufen.

An einem sonnigen Märztag schlenderte ich zu Taschkents großem Basar. Die Zentralhalle wirkte wie eine Medrese. Marktleute schoben Kinderwagen mit Brotfladen an mir vorbei. Ich kaufte den Karottensalat, der wunderbar nach Knoblauch schmeckt, und überlegte, nach welchem meiner Freunde oder Bücher ich als Machthaber den März benennen würde. Vielleicht gleich Typisch-Welt-Monat? Die Freunde könnten ja Berggipfel, Schnellzüge und Einkaufsboulevards kriegen.

Ich ging noch zum Tamerlan-Denkmal. Usbekistan feierte Tamerlan als Nationalhelden, einen Feldherrn aus dem 14. Jahrhundert, der eine Pyramide von neunzigtausend Totenköpfen errichtet hatte. Später, im Hotel, las jemand im Internet, dass im Zentrum Taschkents eine Bombe hochgegangen war, wir erfuhren nichts Näheres und reisten am nächsten Morgen nach Samarkand weiter.

Es hatte auf dem Taschkenter Basar einen Selbstmordanschlag mit mehreren Toten gegeben. Im Samarkander Hotel hieß es, schuld seien Russen oder Islamisten. Ein Russe präzisierte, schuld seien Islamisten. Das usbekische TV berichtete kaum. Sie brachten nur eine Kurzmeldung über einen niedergeschlagenen Aufstand der *Staatsfeinde*.

Drei Tage später kehrte ich zurück zum Ort des Ereignisses: Der Typisch-Welt-Monat zeigte sich an diesem Tag mild und sonnig, die Markthalle unverändert, nur bewachte heute Militär die Eingänge. Ich kaufte Karottensalat und ging zum Tamerlan-Denkmal. Taschkent hatte einen doppelten Boden.

Tamerlan-Denkmal, Saiyelgoh ko'chasi, Taschkent, Usbekistan.

KUBA

AUTOSTOPPER IN AMANSHAUSERS LEIHWAGEN

Kuba ist das Autostoppland Nummer eins der Welt. Fahrer mit blauen Nummerntafeln (Beamte, Staatsdiener) sind sogar gesetzlich verpflichtet, Autostopper mitzunehmen. Aber auch Mietwagentouristen (braune Nummerntafel) stehen, obwohl jeder Autoverleih davon abrät, irgendwie unter der moralischen Verpflichtung, das wartende Volk einsteigen zu lassen.

Die Erste ist *Dona Haydee*, und sie spricht sofort von Politik. Fidel sei der Größte. Ihr Beweis: Im Vergleich zu den USA hat Kuba eine tolle Gesundheitsversorgung. Diese Terrorattacke auf das World Trade Center sei im Übrigen von den Amerikanern selbst inszeniert worden. Man habe vom Flugzeug, das bei Philadelphia abgestürzt war, keine Wrackteile gefunden. All die brisanten Ergebnisse seien von FBI oder CIA beschlagnahmt worden. »Ich glaube nicht an diese Theorie«, wende ich leise ein. »Dann erklären Sie mir bitte, junger Mann«, ruft Dona Haydee aufgebracht, »wo denn die Wrackteile geblieben sind … Eines Tages werden Sie an meine Worte denken.« Ich räuspere mich und sage, ich würde lieber über Kuba sprechen. »Die verdammten Exilkubaner!«, ruft Dona Haydee, »stellen Sie sich vor, junger Mann, da kommen superreiche Magnaten aus dem Ausland, und die wollen Austria kaufen, was würden Sie dazu sagen?« Ich murmle, dass es solche in Austria bereits gibt. Dona Haydee blickt mich entrüstet an.

Raúl, Zeitsoldat, 19, kann nicht fassen, das erste Mal in einem schnellen Auto zu sitzen. »Es muss wunderbar sein, ein solches Auto zu lenken.« Wir sind auf der Autopista zwischen Havanna und Santa Clara, vier oder fünf Spuren in beide Richtungen ohne Fahrstreifenmarkierung – und völlig leer, also können wir ausprobieren: hundertsiebzig, fast hundertachtzig, Raúls Augen glänzen. »Mein Vater ist bei einem Autounfall gestorben«, sagt Raúl, »letztes Jahr. Er war achtundvierzig. Ein Besoffener ist ihm von der Seite reingefahren. Er war sehr wichtig für mich. Ich vergesse ihn nicht, ich trage ihn hier.« Raúl deutet auf eine Stelle unter seinem Schlüsselbein. Er hat Tränen in den Augen. Ich erzähle ihm, dass auch mein Vater letztes Jahr gestorben ist. Er fragt nicht nach den Umständen. Längere Zeit schweigen wir. Ich drücke aufs Gas und er wiederholt: »Es muss wunderbar sein, ein solches Auto zu lenken.«

Hugo kann ein paar Sätze Deutsch: »Wie geht es Ihnen?«, und »Womit kann ich Ihnen dienen?« Ein Arbeitskollege aus »Duhseldorf« habe ihm beigebracht, wie man die Frau bezeichnet – er bildet mit den Fingern ein unmissverständliches Dreieck: »Fotze!« Ich reagiere mit moralischer Ablehnung (»palabra muy ofensiva«), er fragt nach, weshalb denn genau. Ich ziehe mich auf den österreichisch-rassistischen Standpunkt zurück, bezeichne das Wort als »muy alemán«. Nun fragt er, wie wir in Österreich zu »Fotze« sagen, und da stehe ich hilflos da. Ich will ihm nicht auch noch »Muschi« beibringen, daher verrate ich ihm den neutralsten Ausdruck. Er prägt ihn sich ein. Und jedes Mal, wenn er eine Frau in einem anderen Auto erblickt – das ist häufig –, ruft er jetzt triumphierend »Wagner, Wagner, Wagner, Wagner!«

Autopista zwischen Havanna und Santa Clara, Kuba.

SLOWAKEI

AMANSHAUSER WIRD VERPRÜGELT

Oft werde ich gefragt, ob Reisen denn nicht gefährlich sei. Ich verneine mit folgenden gescheiten Merksätzen: 1) In New York wird dir nichts passieren, aber vor der eigenen Haustür herrscht Alarmstufe Rot. 2) Die Gefahren steigen, wenn du die Insignien des Tourismus mit dir herumträgst oder dich seltsam, zaudernd, inkonsequent verhältst. 3) Retrospektiv kann gesagt werden, bevor du draufzahlst, begehst du meist eine längere Reihe von Eigenfehlern, die du im Nachhinein gut analysieren kannst, denn bedenke, nicht der Gauner ist schuld, denn der ist ja ohnehin Gauner und hat auch in gewisser Weise das Recht dazu. Er macht nur seinen Job.

Als ich am Rand der Altstadt von Bratislava, keine fünfundfünfzig Kilometer von meiner Wohnung, in ein Taxi stieg, fühlte ich mich wie daheim. Der Chauffeur war einer dieser Muskelmänner, deren baumpflockartiger Hals mit obszön pulsierenden Adern direkt in die Schultern übergeht. Ich konnte mir seine Freizeitbeschäftigungen und Freunde lebhaft ausmalen. Das alles erschien mir noch nicht als ausreichender Grund, ein neues Taxi zu suchen. (Bis hierher null Fehler.)

Taxameter lief keiner, als wir losfuhren. Ich fragte den Muskelmann nach dem Preis für eine Fahrt zum sogenannten *Botel Fairway*, dem Hotelboot am Ufer der Donau, in dem ich wohnte. Fixpreis? Er schüttelte den Kopf, verärgert, dass ich ihn ansprach, und murmelte: »Taxameter.« Ich zuckte mit den Schultern (erster Fehler). Natürlich hätte in diesem Augenblick die legitime Frage nach dem Standort des Taxameters durch meine Person folgen sollen.

Nach ein oder zwei Minuten erreichten wir das *Botel Fairway*. Es war eine denkbar kurze Fahrt. Wir erreichten den Ort auf der anderen Straßenseite, auch schon egal. »Please stop here«, sagte ich knapp, aber der Muskelmann schüttelte den Kopf und deutete, er müsse noch wenden. Das für mich sinnlose Umdrehen wollte er gegen meinen Willen nicht an Ort und Stelle stattfinden lassen, sondern weiter vorne – nämlich, wie sich herausstellte, einen halben Kilometer weiter vorne.

Während dieser Ehrenrunde teilte ich ihm mit (zweiter Fehler), dass er ein Idiot sei. Er schwieg stoisch, ich sah nur, wie die Adern in seinen Muskeln am Hals bebten. Zurück beim *Botel Fairway* blieb er stehen und sagte trocken den Preis: zehn Euro. »Show me the meter«, gab ich zurück. Zu meiner Überraschung hob er ein klappriges Taxameter aus dem Fußbereich nach oben. Auf ihm stand 11,53 in Digitalzahlen. Ich gab auf. Ich warf dem Muskelmann einen Zehn-Euro-Schein nach vorne (dritter Fehler) und verließ das Taxi schimpfend (vierter), nicht ohne die Hintertür sperrangelweit offen zu lassen, damit auch er aussteigen musste (fünfter).

Einen Muskelmann reizt man nicht ungestraft. Wozu hat er sie denn, die Muskeln. Er wartet nur darauf, sie außerhalb seines Fitnessstudios zu erproben. (Sechster Fehler: Ich gab kein Fersengeld.) Wahrscheinlich hätte ich, wenn ich gesprintet wäre, das Hotelboot und somit dessen rettende Rezeption vor ihm erreicht. Leider ging ich aufrecht und ruhig davon. Gute zehn Meter vor dem Steg hörte ich hinter mir seine Schritte und seinen hechelnden Atem. Erst da begann ich zu rennen, zu spät. Er warf mich zu Boden, schrie vor Wut, zitterte wie ein Kampfhund, würgte mich. Ich wollte nur noch überleben.

Das Monster presste mir weitere zehn Euro ab, da es nun behauptete (oder tatsächlich glaubte, das war schwer zu beurteilen), ich hätte noch nicht bezahlt. Bilanz: zwanzig Euro für eine Fahrt, die einen Einheimischen drei Euro kostet. Bratislava ist die gefährlichste Stadt, die ich kenne, sie kommt gleich nach Wien.

Botel Fairway, Donaupromenade, Nábr. arm. gen. Ludvíka Svobodu, Bratislava, Slowakei.

CHINA

AMANSHAUSER WILL IN CHINA SCHWIMMEN

An den Flanken des Tian-Shan-Gebirges sieht es aus wie im Salzkammergut. Die kleine Seilbahn mit Zweierkabinen sieht aus wie von Doppelmayr, ist aber kopiert. Sie führt auf tausendneunhundertsieben Meter, zum Tianchi, dem Heavenly Lake. Immerhin beweist das eine oder andere Kamel, dass man sich nicht in Altaussee befindet. Auch das Klima ist Salzkammergut-artig, und vorläufig gutartig: frische Brisen, kalte Gebirgsbäche, dahinter finstere Wolken über dem Autonomen Gebiet der Uiguren, das einst Chinesisch-Turkestan hieß, zur Volksrepublik China gehört, aber eine muslimische Bevölkerungsmehrheit hat.

Die Seilbahn bringt – vor allem im Sommer – chinesische Touristen nicht nach Hallstatt, nein, sondern zu einem Gebirgssee. Alles ist perfekt organisiert. Auf einem Rasenstück steht das Schild *Green grass is afraid of your trample*, die Klokabine ist mit *The older's toilet cubical* beschriftet. Sauberkeit wird am Heavenly Lake großgeschrieben, auf den Bergen in der Region prangen Parolen, die das Bewusstsein für Umweltschutz stärken. Parolen sind ein alltäglicher Anblick für die Menschen, die sich in Gruppenformation dem See nähern. Sie respektieren die Parolen. Niemand geht individuelle Wege. Es gibt in Uigurien keine Alpenvereinswanderkultur.

An Ständchen führen junge Frauen uigurische Nationalgewänder vor, buntere Trachten als in Hallstatt. Diese Heimatpflege wird strikt von Peking kontrolliert, damit Nationalisten nicht etwa auf die Idee kommen, in dieser Region ihren Fantasiestaat Turkestan auszurufen. Die Touristen sind Han-Chinesen; Uiguren könnten sich den Sessellift nicht leisten.

Die Besucher entledigen sich am Ufer der Schuhe und Socken, benetzen ihre Füße mit dem Wasser des Heavenly Lake. Keiner geht weiter in den Tianchi als bis zu den Knien. Ich mache es ihnen nach. Das Wasser hat ungefähr achtzehn Grad, und ich habe die Badehose dabei.

Da keine Offiziellen zu sehen sind, frage ich einen Wassersteher, ob man im Heavenly Lake baden dürfe. Er versteht mich nicht. Aber gleich wird freundlich herumgerufen, und sie treiben eine junge Frau auf, die kann Englisch.

Darf man schwimmen?, frage ich. »Unmöglich«, lächelt sie belustigt, »das Wasser ist zu kalt.« Ich nicke, erläutere, dass ich aus Europa sei und dass für unsere Verhältnisse das Wasser nicht besonders kalt sei – und ob ich, wenn mir das Wasser warm genug erscheine, ihrer Ansicht nach im Heavenly Lake schwimmen dürfe? Die Frau berät sich mit den Umstehenden. Gemeinsam kommen sie zur Lösung: »Nein, geht nicht, denn der See ist zu tief.« Ich wende ein, das sei für mich kein Problem, da ich ja plante, an der Oberfläche des Sees und nicht in seiner Tiefe zu schwimmen. Ob ich unter diesen Umständen dürfe? Das Mädchen schüttelt verzagt und verstört den Kopf. Ich mache mich bereit. Die Chinesen zücken ihre Kameras.

Tianchi oder Heavenly Lake, 110 Kilometer von Urumqi, Autonome Region Xinjiang, China.

AUSTRALIEN

AMANSHAUSERS DREI SONNENFINSTERNISSE

Meine ursprünglichen Süchte, bestehend aus seriell in mitteleuropäischen Standardmengen konsumierten Halbliterbieren beziehungsweise Weißen Gspritzten und diversen leichten Drogen (nie inhaliert), habe ich abgelegt, und zwar im Zuge einer auch als Abtötung des Agonalen in mir selbst interpretierbaren Erwachsenwerdung im Rahmen der Fortpflanzung. Auf dem Suchtsektor blieb mir also wenig – nur diese Texte und der kindische Drang, totalen Sonnenfinsternissen beizuwohnen.

Es begann damit, dass sich am 11. August 1999 eine vollständige Verdunkelung des Leitkörpers auf der Terrasse meines Geburtshauses zeigte. Für das zweite Erlebnis dieser Art begab ich mich bis nach Ghana, wo ich am 29. März 2006 in einem Dorf namens Apriw oder Aburi (ich fand es nie endgültig heraus) an einem Coca-Cola-Stand mit Einheimischen in Jubel ausbrach. »Watching the moon«, hieß es korrekterweise bei den Westafrikanern, die auf das Ereignis perfekt vorbereitet waren – es kursierten massenhaft Schutzbrillen, was meine im Sinne einer falsch verstandenen Entwicklungshilfe mitgeführte Ersatzbrille ad absurdum führte.

Die Australier waren deutlich cooler. Meine dritte Sonnenfinsternis erlebte ich am 13. November 2012 in Cairns. Die überregionalen Medien berichteten mit beleidigter Diskretion von der Verdunkelung, war sie doch in Sydney und Melbourne nur eingeschränkt zu sehen. Erschwerend kam der frühmorgendliche Verdunkelungszeitpunkt (6.38 Uhr) hinzu, schlechte Regie der Natur. Vor dem Spektakel hing diesmal eine Wolkenbank, der Applaus der Schaulustigen war schütter – erstmals erlebte ich, wie es sich anfühlt, wenn die Sucht unbefriedigt bleibt. (Drei Kilometer weiter, wir beobachteten die dortigen Sonnenstrahlen, sahen Menschen die Verdunkelung. Die echten Freaks in unserem Umfeld jammerten. Ich blieb vergleichsweise ausgeglichen, spürte jedoch eine gewisse Trauer.)

Den restlichen Tag verbrachten wir in der Lagune von Cairns, einem künstlich aufgeschütteten Riesenschwimmbecken von idealer Temperatur. Tausende Kilometer entfernt von zu Hause planschte ich im Wasser und war zufrieden wie sonst nie.

Cairns Esplanade Swimming Lagoon, Queensland, Australien.

PORTUGAL

AMANSHAUSER UND AMANSHAUSER

Rundfahrt Porto by night, unter anderem nach São Bento, dem Bahnhof mit seinen berühmten Azulejo-Kacheln. Ein merkwürdiger Moment, als ich mit der Fremdenführerin diesen Ort betrete, der mir in den frühen Neunzigern sehr vertraut war und den ich niemals als Sehenswürdigkeit betrachtet hätte. Jeden Moment meine ich, mich selbst mit langen Haaren um die Ecke biegen zu sehen.

Als mein junges Ich dann tatsächlich aus einem der Züge steigt, bin ich irritiert. Ich strecke mir schüchtern die Hand entgegen, und mein junges Ich tritt erfreut auf mich zu und schüttelt sie mit einem sinnlos festen Händedruck. Es ist lächerlich gekleidet, was ihm überhaupt nichts auszumachen scheint. »Martin Amanshauser«, stelle ich mich vor. Das junge Ich sieht mich interessiert an: »Ebenso.« »Ich weiß«, sage ich. Es starrt auf meinen Haaransatz. »Die Haare sind mir ausgegangen, ist nicht so schlimm«, sage ich entschuldigend.

»Warum trägst du dieses elende Touri-Käppchen?«, fragt es. »Ist immerhin aus Ecuador, da warst du noch nie«, entgegne ich. »Komm ich schon noch hin«, antwortet es.

»Willst du auf ein Bier gehen?«, fragt mein junges Ich nach einer Pause. »Auf ein Getränk gern, aber kein Alkohol heute«, sage ich. »Was, du säufst nichts mehr?« Das junge Ich sieht mich verächtlich an. »Ich mache eine Pressereise, ich schreibe über die Azulejos auf diesem Bahnhof«, erkläre ich. Es nickt gelangweilt: »Machst du für Geld alles?« »Mir macht es Spaß«, entgegne ich. »Schläfst du wenigstens mit den Frauen?«, fragt das junge Ich und zeigt auf meine Kolleginnen. »N-nein«, sage ich, will das Missverständnis ausräumen, dem arroganten Ich von Freundin und Kindern erzählen. Aber ich weiß nicht so recht, ob es das hören möchte. Seine Meinungen kenne ich ja. Besser es macht diese Erfahrungen selbst. Das junge Ich hat sich inzwischen wortlos weggedreht und geht seines Wegs, mit einem peinlichen, großspurigen Gang.

Die Fremdenführerin nähert sich: »Haben Sie einen Freund getroffen?« Ich nicke: »Zufälle gibt's!« Sie pflichtet mir bei: »Die Welt ist klein, sag ich immer!«

Das junge Ich schickt sich an, die Bahnhofshalle zu verlassen. Zum Abschied dreht es sich noch einmal um und hebt die Hand. Zuerst denke ich, ein freundlicher Abschiedsgruß. Bis ich begreife, das junge Ich zeigt mir den Mittelfinger.

Estação de São Bento, Porto, Portugal.

JORDANIEN

KEIN SCHWULER JORDANIER

Mustafa hatte ein Problem mit Frauen. Er liebte sie. Meistens sagte er es direkt, um Missverständnisse zu vermeiden. Sehr direkt. Keine der Frauen in unserer Gruppe war glücklich darüber. Er sagte es nicht nur, er legte dabei auch seine Hand auf ihre Schultern. Sie schoben die Hand weg, standen auf, Mustafa lachte. Er liebte eben Frauen! Am liebsten prüfte er sie ab, denn er brachte seinen Gästen – Mustafa war Reiseführer – auf langen Busfahrten Arabisch bei. Er erzwang eine Sitzgelegenheit auf dem Nebenplatz und prüfte die jeweilige Frau ab. Meist war er entsetzt, wie wenig sie sich gemerkt hatte. Er würde wiederkommen!

Mustafa redete gern, er hatte sich im Lauf der Karriere eine Menge Informationen angeeignet. Er schimpfte auf Deutsch, »du Schweinehund!«. Es gab zum Thema Jordanien keine Frage, die er nicht beantworten konnte. Man müsse nur fragen, er antworte auf alles, sagte er tausendfach. Nur fragen. Antworte auf alles!

Manchmal sagte Mustafa seltsame Dinge. Kamele gab es seiner Ansicht nach nur in China. Frauen durften keine Milch trinken, wenn sie stillten. Die Juden seien ein besonders aggressives Volk, und man habe sie getötet, weil sie Semiten waren. Und in Jordanien gebe es keinen Schwulen, nämlich keinen einzigen. Nur fragen. Antworte auf alles! Nächste Frage!

»Du, Mustafa, wieso soll es gerade in Jordanien keine Schwulen geben?« Mustafa antwortete, dass Schwulsein einfach nicht zu den jordanischen Wesenszügen gehöre. Er schwor hoch und heilig, dass Schwule dort nicht existierten. Es sei schon möglich, dass diverse Jordanier im Ausland zu solchen Gelüsten überredet worden seien, dass sogar der eine oder andere daran Geschmack gefunden habe. Einheimische würden die Praktiken jedoch überhaupt nicht kennen, und wie sollten sie dann überhaupt –?

»Erzähl kein Märchen, Mustafa!«

Schließlich erkannte er an, dass es in Jordanien den einen oder anderen Schwulen gab, ganz wenige. Es verhielt sich laut Mustafa jedoch so: In Jordanien waren nur diejenigen schwul, die passiv agierten. Der aktive, männliche Part war nicht schwul. Mustafa blickte verzweifelt in die Runde. Das müsse man ihm schon glauben! Der aktive Part bei zwei Männern war in Jordanien nicht schwul!

Rundreise durch Jordanien.

VATIKAN

EIN UNGETAUFTER IM PETERSDOM

Interessant am Vatikan ist schon die Zufahrt, der öffentliche Bus mit der Nummer 64, der Touristen und Fanatiker zur wichtigsten Kirche der Welt bringt. Er startet beim Bahnhof Termini und endet beim Kirchenstaat. Die Nonnen- und Taschendiebsdichte ist in ihm wohl am höchsten weltweit. Die Leute werden so eng aneinandergedrückt, dass sie den Überblick über ihre Körperteile verlieren. Manchmal umarmt der Fahrgast zum Beispiel versehentlich eine indische Nonne. Würde man sich alle anderen Menschen wegdenken, wäre es eine quasi sexuelle Stellung. Aber in der Linie 64 verläuft eine Nonnenumarmung in völliger Keuschheit.

Einmal blickte ich im 64er an mir herunter, als ich sah, wie eine Hand in meine Tasche fasste. Ich hob den Kopf – und sah rings um mich drei seriöse Männer in die Luft starren, die sich an Haltegriffen festhielten, Gentlemen, die man unmöglich eines versuchten Diebstahls bezichtigen konnte.

Ich bin ungetauft. Das ist ein Vorteil für einen mitteleuropäischen Atheisten. Diese Untaufe, die mich im Vergleich zu den meisten Menschen meiner Umgebung in einen speziellen Zustand transferiert hat, den ich nicht zu verändern gedenke, hindert mich nicht daran, in Rom den Vatikan zu besuchen. Ich schätze das Amt des Papstes als allerhöchstes Kuriosum der Welt. Auf dem Petersplatz selbst wundert mich immer, wieso der Papst derart weltliche Werbetafeln zulässt, zum Beispiel die Benzinfirma mit einem Teufelshund, der Feuer speit.

Die Peterskirche verfügt auch in ihrem aktuellen Zustand der Überlaufenheit über etwas wunderbar Heiliges, über den Flair einer Basketballhalle mit Weihrauchduft. An wenigen Orten der Welt, sieht man von diversen Moscheen und Stupas ab, fühle ich mich so katholisch. Ich kleide mich seriös, bevor ich komme. Ich mag den Gedanken, dass die blöden, halb nackten Touris am Eingang aussortiert werden, ich finde ehrlich gesagt die gegenwärtigen Sortierungsregeln sogar etwas zu liberal. Und wenn ich die Kirche verlasse, erfreue ich mich an der clownesken Uniform der Schweizergarde. Das ist noch eine Uniform, die ich mir einreden lasse.

Getaufte Atheisten, die ich kenne, haben meistens wenig für den jeweiligen Papst übrig. Es fehlt ihnen die Freude an seiner mächtigen weißen Gespensterhaftigkeit. Ich selbst freue mich, wenn ein Papst sehr reaktionär ist. Den derzeitigen Papst finde ich enttäuschend sanft und milde, solche Weichheit führt die Kirche in den Untergang, sie verwässert alles. Ein Lächeln bildet sich erst dann auf meiner ungetauften Fresse, wenn den Job wieder ein Bösewicht und Blender innehat.

In der Mitte der Kirche muss ich immer an den achtundsechzigjährigen Pensionisten aus Bari denken, der sich hier vor etwa fünfzehn Jahren erschoss. Zwar hatte sich eine Nonne von einer der Terrassen St. Peters gestürzt, und ein Chauffeur hatte sich drin im Vatikan die Kugel gegeben, nicht zu vergessen der arme Homosexuellenaktivist, der sich auf dem Petersplatz anzündete – aber dies war die erste vergleichbare Tat unter dem Dach des Domes.

Die Familie des Selbstmörders war damals ratlos, die Medien ebenfalls. Ich aber verstehe den Mann, wenn ich auch seinen blutigen Frevel nicht billigen und als Ungetaufter nie so weit gehen könnte. Es mochte ein getaufter Atheist gewesen sein, der den Widerspruch in sich mit diesem Schuss aufzulösen versuchte. Ein paar Stunden nach seiner Tat wurde die Kirche im Rahmen einer geistlichen Generalsanierung neu geweiht.

Petersdom, Piazza San Pietro, Vatikanstadt, Vatikan.

KAMBODSCHA

AMANSHAUSERS SCHUHREPARATUR

Ich kaufe gerne Schuhe. Es gibt ein Paar, das ich sogar mehrfach besitze: den schwarzen Schlüpfschuh von *Cityline*. Er ist seit einigen Jahren auf dem Markt, kostet bei Diskontern dreißig Euro und hält meist ein gutes halbes Jahr. Von den ausgetretenen oder aufgerissenen Paaren kann ich mich leider nicht sofort trennen.

Das wurde mir zum Verhängnis, als ich in Phnom Penh bemerkte, dass ich nicht das aktuelle Paar *Citylines* auf die Reise mitgenommen hatte, sondern ein ausrangiertes. Vor allem der linke war ein trauriges Stück Schuh. Der Vorderteil der Sohle hatte sich gelöst, er klappte bei jedem Schritt wie ein Krokodilsmaul auf. Daher hielt ich Ausschau nach einem Schuster.

Nun weiß ich, wie der durchschnittliche Schuster in Wien meinen *Cityline* in einem solchen Fall behandelt. 1) Er sagt: »Vergessen Sie ihn, wegschmeißen!« oder 2) er haut starken Kleber in die Öffnung, »ohne Gewähr«.

An der Ecke der Straßen 154 und 13 war es so weit: das Ständchen eines ambulanten Schuhreparateurs. Dieser interpretierte meine Fragestellung (»You glue?«) anders. Er wedelte mit der Hand, zeichnete eine Schlangenlinie in die Luft. Ich nickte vorsichtig und fragte, um unten anzufangen: »One Dollar?« Er sagte: »Two Dollar.« Ich gab mich einverstanden, er deutete, ich solle auf einem Plastikschemel neben ihm Platz nehmen, der kaum höher als ein Nachttopf war.

Mit der Schlangenlinie hatte er angezeigt, dass er zu nähen

gedachte. Der Schuster durchstieß den Schuh an der Naht rundum mit einer dicken, spitzen Nadel, ungefähr vierzigmal, und zog einen fetten Faden nach. Am Schluss brannte er die überstehenden Enden mit einem Feuerzeug ab. Auch der Kleber durfte nicht fehlen. Es war die perfekte Lebensverlängerung für meinen *Cityline*.

Zum Glück war ich geistesgegenwärtig genug, an den zweiten Schuh zu denken. Eine Verstärkung schadet Schuhen nie. Ich schob ihn dem Schuster hin. »Four Dollar«, sagte er sicherheitshalber, nicht, dass ich glaubte, der zweite Schuh sei irgendwie im Preis des ersten inkludiert. »Four Dollar«, bestätigte ich.

Ecke Street 154 und Street 13, Phnom Penh, Kambodscha.

NICARAGUA

AMANSHAUSER RISKIERT QUARANTÄNE

Auf dem Flug nach Managua bekam ich Fieber. Musste um die neununddreißig Grad sein. Ich nahm ein fiebersenkendes Mittel. Auf dem Gesundheitsformular kreuzte ich bei der Frage nach »Fieber in den letzten vierundzwanzig Stunden« selbstverständlich »No« an. Ich hielt das für Amanshauser-Stil, überall »No« anzukreuzen, auf der sicheren Seite zu bleiben, ich hatte ja auch keine Waffen und Drogen dabei und so weiter, also auch kein Fieber, wieso denn.

Auf dem Airport verblüffte mich die nicaraguanische Grenzbehörde, indem sie mich mittels eines Messgeräts für Körperwärme aus der Menge fischte. In einer Hinterkammer wurde ich drei Ärztinnen vorgeführt, die Mundschutz und Handschuhe trugen.

Die Anamnese war ein Verhör. Sie sahen in mir nicht den Patienten, sondern die Gefahrenquelle für ihren Job. Leider noch immer 38,5°, dazu Puls 120, Blutdruck 160 : 90, ich finde, respektable Werte angesichts meiner Furcht vor dem *Hospital de los Horrores* oder wohin immer sie mich schieben wollten. Ich wies neben dem Fieber keine Symptomatik auf, keine Übelkeit, keinen Husten.

Wieso ich das Fieber verschwiegen hatte?, fragten sie. Und ob ich denn ein fiebersenkendes Mittel genommen … »No, no!«, unterbrach ich sie entschlossen.

Irgendwann rückte ich damit heraus, dass ich auf dem Hinflug eine Nacht in Madrid gewesen war, jener Stadt, in der jüngst

Ebola … verdammt. Die Ärztinnen telefonierten alarmiert herum, organisierten meine Einlieferung. Grandiose Reisegeschichte, dachte ich, meine Erlebnisse im vermutlichen *Hospital Sandinista Heilige Jungfrau Bolívar Revolution Muttergottes* in Nicaragua. Ich fand es so ungerecht, dass immer ich dieses ganze Zeug erleben musste.

Schließlich intervenierte der Reiseveranstalter, also die Tourleute, die mich abholten. Sie pressten mich mit dem Versprechen frei, mich in León einem Arzt vorzuführen (nix da, sagte ich). Wir hatten keine Ruhe. Der Flughafen rief sie fortan alle zwei Stunden an. Nie im Leben hat sich jemand derart leidenschaftlich nach meiner Gesundheit erkundigt.

Im Hotel in León schreckte ich um halb fünf Uhr Früh auf, Fieber. Das Licht funktionierte nicht – nirgends im Haus. Ich streifte durch die dunklen Gänge, niemand saß an der Rezeption, ich taumelte auf die Straße.

Es war noch dunkel. Ein alter Mann deutete zur nächsten Kreuzung, zu einem riesigen abgeknickten Strommast. In den sei ein Lkw hineingekracht, ein betrunkener Fahrer, das Stadtzentrum habe seitdem keinen Strom. Ich trottete zu den Arbeitern, stellte mich mit heißem Kopf an die Absperrung und betrachtete im Morgengrauen drei Stunden lang den kunstvollen Austausch des Mastes – das alles verdanke ich dir, nicaraguanisches Fieber!

Hotel La Perla, Iglesia de la Merced 1½ cuadra al norte, León, Nicaragua.

ITALIEN

BEI DEN VERLORENEN KÜNSTLERN

Umberto stellt seine Bilder seit zwei Jahrzehnten auf der Piazza Navona aus. Einen Reiter mit Rüstung auf einem Schimmel, einen Sonnenuntergang mit der Spanischen Treppe, eine Hafenszene mit Schaluppen. »Was kostet das Bild?«, fragen die Touristen. »Fourty Euros.« Umberto gibt nicht immer die gleiche Antwort: »Das kommt ein bisschen auf den Fragenden an.«

Karikaturen fertigt Umberto nicht an. »Ich könnte das, vom Technischen her. Aber ich mag es nicht, wenn mich Menschen anstarren. Klingt komisch, ich bin schüchtern.« Zu seinem Job gehört es nämlich, andauernd fotografiert zu werden. »Ich werde angespannt, wenn mir jemand seinen Apparat ins Gesicht hält.« Müsste ihm jeder, der ein Foto von ihm macht, fünfzig Cent geben, wäre er ein glücklicher Mann, erklärt er. »Solche Gedanken haben alle früher oder später. Andererseits würde ich dann ja nicht mehr auf die Piazza kommen.« Er liebt den Platz auf dem Marsfeld mit seinen eigentümlichen Charakteren. »Da bin ich sicher die kleinste Attraktion.« Durchschnittlich einmal am Tag stellt ihm jemand eine Frage, die mit seiner Kunst zu tun hat. »Dafür lohnt es sich, auch wenn der nichts kauft.«

»Der Kollege da drüben ist seit den Studentenunruhen 1968 auf der Piazza«, deutet Umberto auf den Karikaturisten nebenan. »Malt Michael Jackson und Stars. Jeder hat seine Spezialität.« Er selbst war auf der Akademie – zwei Jahre lang. »Ich wollte ein Maler sein, der in Galerien ausstellt. Dann kam mir alles Mögliche dazwischen. So ist das Leben. Jetzt hab ich meine eigene Galerie.«

Im Lauf der Jahrzehnte wechselten die Moden. »Eine Zeit lang wollten alle Blumen. Später gingen Stillleben gut. Du darfst nicht sentimental sein. Wenn jemand ein Bild wegkauft, malst du es neu.«

Mehr als die Malerkollegen bewundert er die Stillhaltefiguren, die stoisch schweigend um jede Münze kämpfen. »Der schwarze Cowboy da drüben mit der Pistole. Fotografieren Sie den! Sich schminken, anziehen, stundenlang ruhig halten. Der schwierigste Job von allen. Ich habe den höchsten Respekt.« Ob er mit dem Kollegen schon einmal gesprochen hat? »Jemand hat mir gesagt, er kommt aus Slowenien. Nein, ich kenne ihn nicht. Sie reden ja auch nicht Menschen an, nur weil Sie aus irgendeinem Grund wissen, dass sie einen Job machen, der irgendwie am Rande mit Ihrem zu tun hat. Oder?«

Piazza Navona, Rom, Italien.

SRI LANKA

FRANKENSTEIN TÖTET NACHTS NICHT

Das Resort am Nationalpark war weniger ein Resort als ein Campingplatz mit Pool. Wir waren die einzigen Besucher. Eine merkwürdige »Familie« wartete bereits auf unsere Ankunft, drei Männer in Rangeruniform.

»Sir, Sir«, war das Erste, was der Chef und Sprecher sagte. Er sah aus wie der Butler der Addams Family, ein massiver Kerl mit quadratischem Kopf, Frankenstein-Frisur und Vorderzähnen, die einen halben Meter aus dem Mund standen. Wir fürchteten, dass das Resort leer stand, weil er den Gästen in der Nacht das Blut auszusaugen pflegte. Er sprach nur das Nötigste, Passport, Name, Country, und gab eine Anweisung: »Welcome, drink!« Es war ranziges Kokoswasser.

Die Jungen trugen unser Gepäck in das sogenannte Aircon-Zelt, dessen Aircon, wie Frankenstein erklärte, zur Zeit defekt war. Das sei aber egal, weil der Strom ohnehin gerade nicht ging. Er ordnete noch »Dinner at seven!« an, dann schloss sich die Tür.

Das Dinner fand im Freien auf einem Plastiktisch statt. Frankenstein stand in der Küche, die Jungen servierten. Es gab Spaghetti, dreißig Minuten gekocht, unglaublich weiches Gemüse, ein Stück wahrscheinlich Huhn. Ich »bestellte« ein Bier. Es herrschte Totenstille, und es war fast dunkel. Wir aßen unter den wachsamen Augen (und furchtbaren Vorderzähnen) Frankensteins und der Jungen – schluckten so schnell wie möglich runter und tappten durch die Finsternis in das Zimmer ohne Aircon. Strom gab es dann endlich, also Licht.

Keiner tötete uns nachts. Zum Frühstück machte Frankenstein zwanzig Pancakes, die machte er wohl täglich, egal wie viele Gäste kamen. Die ausgehungerten Jungen aßen, was wir übrig ließen. Frankenstein runzelte die Stirn, als wir sagten, dass wir auf das Mittagessen im Resort verzichten würden.

Untertags besuchten wir den Nationalpark, und da uns vor dem Abendessen graute, ließen wir uns vom Fahrer in ein Restaurant bringen, das ich vorher heimlich gegoogelt hatte. Dort war alles normal.

Als wir das Lokal verließen, stockte uns der Atem. Frankenstein und seine Helfer standen wartend in einer Stirnreihe – wie lange schon? Frankenstein sagte: »Sir, Sir!« Sie eskortierten uns zu dritt zurück in das Resort. Am nächsten Morgen mussten wir an der Rezeption auf den Transfer warten. Das Trio hatte uns gegenüber Platz genommen und beobachtete uns. Zum Abschied gab es Trinkgeld. »Sir, Sir!«, wurde zufrieden gerufen, und die Zähne waren jetzt überall.

Wild Trails Udawalawe, Udawalawe National Park, 58 Koulara Road, Udawalawa, Sri Lanka.

SCHWEIZ

AMANSHAUSER IM CABARET VOLTAIRE

In Zürich wanderte ich die Limmat entlang, jedes Mal, wenn ich dort war, verlor ich mich in den Gassen. Erstmals geschah mir das im Jahr 1987. Diese winzige Weltstadt atmet Internationalität mit einer Überzeugungskraft, die das weinselige Wien nie erreichen wird. Auf ihrem Boden gedeihen Messer, Uhren, Waffen, Schokolade, eine Art nationalistischer Liberalität und Diminutive, die es sonst nirgends auf der Welt gibt, das Gipfeli, das Ruebli, das Muesli.

Wenn ich es am wenigsten erwartete, stand ich unversehens vor dem *Cabaret Voltaire.* Auch diesmal stand ich plötzlich da. Hier waren Emmy Hennings, Tristan Tzara und Hugo Ball ein- und ausgegangen. Klar, alles umgebaut, kein Stein mehr der gleiche, doch der Ort blieb magisch. In den neunziger Jahren hatte ich die Räumlichkeiten mehrmals betreten, immer war da eine Frau mittleren Alters gesessen, ein Bier trinkend.

Im Lokal las ich, das *Cabaret Voltaire* habe erst seit 2002 wieder eröffnet. In welchem Voltaire war ich dann früher gewesen? In einem anderen Lokal, das ihm ähnelte? Ich erinnere mich an wenig. Einzig an diese Frau mittleren Alters, die vor einem großen Bier saß und Skizzen in ein Notizheft zeichnete. Auch heute, fünfzehn Jahre später, saß sie im Voltaire. Sie wirkte keinen Tag älter. Als ich eintrat, hob sie kurz den Blick. Wurden da unterschiedliche Frauen von den Eidgenossen alle paar Jahre ausgetauscht?

Die Frau winkte mich zu sich, und ich folgte der Geste. Aus der Nähe wirkte sie verrückter und betrunkener, als ich gedacht hatte. »Ja bitte?«, sagte ich mit aller Distanz, zu der ich fähig war. »Sie kommen nur mehr selten«, sagte sie mit einem Tadel in der Stimme. »Darf ich Ihnen ein Bier spendieren?«, fragte ich. »Seltsames Wort, dieses Spendieren, gerne, aber lassen Sie mich dann alleine.« Ich zitterte, nickte und ging zum Tresen. Ich rechnete damit, dass der Barmann sagte, »dort drüben sitzt gar keine Frau«, doch er füllte schweigend ein Glas für sie.

Ich ging fort, hinaus in die Nacht, an die Limmat. Mir war kalt. Ich tröstete mich mit Gedanken an das Gipfeli, das Ruebli, das Muesli.

Cabaret Voltaire, Spiegelgasse 1, Zürich, Schweiz.

ABU DHABI

AMANSHAUSER FALSCH GEKLEIDET

Der Punkt, an dem sich die Weltreligionen treffen, ist die gewaltige Angst vor Entblößung. Ich bin von meiner Psychostruktur her kein Oberkörperentblößer, doch am Strand praktiziere ich wie alle diese harmlose Freizügigkeit.

Mein Badetag in Abu Dhabi beginnt am Flughafen, als ich einen Securitymann auf ein herrenloses Päckchen aufmerksam mache – sieht handgebastelt aus –, und er grinst mich an: »Yes Sir, is it yours? I have been watching it for ten minutes!« Idiot.

An der Autobahn ins Zentrum warnt ein Schild: *Slow down – speed thrills … but kills*. Die Texter im Emirat sind anders drauf als unsere. Speed thrills! Wäre eigentlich toll – denke ich – wieder einmal zu rasen. Ein Taxler mit echter Chauffeurskappe bringt mich zum Corniche Beach, dem Stadtstrand an der Wasserfront.

Wiewohl in Lagunenlage, ist im Halbkreis der hingeklotzten fünf bis sechs Cafés und Restaurants von Italienisch bis Libanesisch, von *Seattle's Best Coffee* bis *Cold Stone Creamery* alles berechenbar und abgestorben. Selbstverständlich erhält man Pizza und Falafel, und das gar nicht so übel, doch in den ungemütlichen Lokalen sitzt niemand, der nicht muss – es ist sowieso keiner da, weil in Abu Dhabi die Bevölkerung fehlt.

Die Anlage teilt sich in den Family Beach – Männer dürfen hinein, wenn sie als Erzeuger auftreten – und den Strand für normale Menschen. Seine Besonderheit ist der feine Sand aus der Wüste. Zehn von zehn Punkten bei der Sandqualität, und drei von zehn was Sandburgenfähigkeit betrifft, er rieselt wie Sanduhren. Gegenüber steigt das *Marina Center*, die bedeutendste Shoppingmall der Stadt, wie eine Kartonkulisse aus Raumschiff Enterprise aus dem Wasser. Darf man es aufnehmen? Nein, denn am Corniche Beach herrscht totales Abbildungs-, nein, Fotoverbot. Die Lifeguards müssen darüber wachen, denen ist es allerdings sichtlich egal.

Obwohl die direkt gegenüber gelegene künstliche Lulu Island auf den Geist inspirierend wirkt, beschließe ich, meinem menschlichen Bedürfnis nicht im Wasser, sondern in der Toilettenanlage nachzugehen. Dazu muss ich den Sandbereich verlassen und den menschenleeren Gastgarten durchqueren. Darf ich nicht. Der Securitymann mit dem Funkgerät rennt empört auf mich zu: »You cannot go like this, Sir. You do not have a towel? Wear a T-shirt!«

Corniche Beach, Corniche Road, Abu Dhabi, Vereinigte Arabische Emirate.

TIMOR-LESTE

EIN ANARCHISTISCHES SULTANAT

Die Exklave Oecussi-Ambeno, jener Küstenstrich von Timor-Leste, der umgeben vom indonesischen Westtimor liegt, gehört zu den Regionen, die nie in die Schlagzeilen kommen. Die sechzigtausend Einwohner Oecussis sprechen nicht einmal die Sprache der zweihunderteinundneunzig Kilometer entfernten Hauptstadt Dili. In ganz Oecussi-Ambeno gibt es keine Bank im Sinne von Sparkasse, und Elektrizität gibt es nur nachts. Es gibt kein TV, kein Internet. Es gibt kein zweistöckiges Haus; das Leben spielt sich im Erdgeschoß und in Hütten ab. Es gibt ein einziges Hotel, das *Lily*, das mit dem *Restaurant Lily* eine Art Touristenzentrum ohne Touristen darstellt.

Der neuseeländische Anarchist Bruce Glenville hat vermutlich nie einen Fuß nach Oecussi gesetzt. Seit er in den frühen siebziger Jahren ein fiktives Sultanat mit seiner eigenen Person an der Spitze gründete, das durch eine Flut von Presseaussendungen auffiel, taucht der Name der Exklave gelegentlich in Medien auf. Zu jener Zeit verschwand das wirkliche Oecussi von den Landkarten. 1975 marschierte indonesisches Militär ein, um Timor-Leste ein Vierteljahrhundert besetzt zu halten.

Das störte Glenville wenig. Er, der die (reale) Minirepublik Minerva als einziger »Staatschef« der Welt anerkannt hatte, bevor Tonga sie annektierte, knüpfte diplomatische Beziehungen mit Liechtenstein und Monaco. Auch erfand er Genealogie und Geschichte seines Staates. Die liberale Drogenpolitik Oecussis förderte die landesweite Produktion von Magic Mushrooms.

Glenvilles Hoaxland war als liberales Staatsgebilde seiner Zeit weit voraus: Es warnte stetig vor der nuklearen Gefahr und setzte sich für die Entwicklung von Windkraftanlagen ein. Und die staatliche Fluglinie war eine Zeppelinflotte. Der Coup gelang ihm 1977: Nach dem Erscheinen einiger Artikel in amerikanischen Philateliezeitschriften stieg die weltweite Nachfrage nach Briefmarken aus Oecussi stark an, sodass er mit den Einnahmen neue Marken im Offsetdruck finanzieren konnte.

In Oecussi-Ambenos Realität existieren keine Zeppeline – aufgrund der zweifachen Grenzüberquerung zu Indonesien (Ein- und Ausreise oder umgekehrt) ist der Landweg beschwerlich. Neben UN-Hubschraubern bietet sich als beste Möglichkeit die zwölfstündige Nachtfähre aus der Hauptstadt Dili an. Die *Nakroma* hat eine VIP-Klasse (zwanzig Dollar, ein reguläres Ticket kostet nur vier Dollar), auf dem Boden schlafen muss man trotzdem. Zum Beispiel auf Deck mit einzigartigem Blick auf den timoresischen Sternenhimmel.

Als einer jener Menschen, die die Exklave erreicht haben, rate ich zum Mieten eines Motorrads samt Fahrer. Die Bergstrecken durch Oecussi-Ambeno sind außerhalb der Regenzeit eines der Wunder dieser Welt. Die Exklave gehört zu jenen Orten, die so starken Geheimtippcharakter haben, dass man von ihnen ohne schlechtes Gewissen in Zeitungen berichten kann. Obwohl Glenvilles Sultanat leider nie existiert hat, ist Oecussi-Ambeno ein zutiefst anarchistisches Erlebnis.

Restaurant und Hotel Lily, Oecussi-Ambeno, Timor-Leste.

LIECHTENSTEIN

AMANSHAUSER UND DIE AUSSENMINISTERIN

»Ich hoffe, es hat Ihnen bisher gefallen«, sagt die nette Außenministerin, die gleichzeitig auch Kulturministerin ist und die, obwohl ziemlich jung, schon Justizministerin war. Hier, im Regierungsgebäude von Vaduz, das auch das Gefängnis ist, muss ich daran denken, dass der Antiquitätenshop, in dem ich eben war, auch ein Museum ist. Ich denke an die vielen Liechtensteiner, die besorgt meine Einschätzung ihres Landes erfragt haben. Ich mag Liechtenstein gern, nur geht einem diese Fragerei am vierten Tag doch auf die Nerven. Fast wie der in einem Zerrspiegel vergrößerte Komplex der Österreicher. Dabei hätten sie die Unsicherheit gar nicht nötig. Es ist ein wunderbares Land – meinetwegen nennen wir es ein wunderbares Tal-und-Berg-Ensemble.

Das Finanzsystem haben die Liechtensteiner von den Schweizern, das Recht von Österreich. Die perfekte Mischung. Das Jammern kommt von den Österreichern, was die gegenseitige Sympathie fördert. Zum Jammern bringt sie unter anderem die Aufwertung des Franken, »eine Katastrophe«. Dass Rohstoffe billiger werden und der Schweizer Wirtschaftsraum europäische Firmen zu Schleuderpreisen einkauft, unterschlagen sie beim Naserümpfen dezent und kaufen privat im billigen Euroland ein.

»Ich hoffe, dass Ihr Liechtenstein-Bild nicht mehr von der Finanzsache geprägt ist!« Aber nein, Frau Außenministerin, möchten wir rufen, beziehungsweise doch, als Österreicher wohnen wir ja gleichfalls in einer langjährigen Oase für Geldwäsche, auch wir lassen uns von weniger korrupter Staaten ungern zu moderner Finanzpolitik überreden.

Die Außenministerin wird lockerer, nachdem Journalisten ein paar tief empfundene, freundliche Dinge gesagt haben. Doch die Frage, was wir Ausländer denn von all dem halten, steht weiter penetrant im Raum – als wäre bei einem solchen Termin nur dieses Thema denkbar.

Nachdem sich die Liechtensteiner mit ihrem alemannischen Realitätssinn nie ganz sicher sind, ob andere den Staat, den sie haben, für voll nehmen, stellen sie ihn permanent zur Debatte. Jemand könnte ja aufstehen und sagen: »Der Fürst hat keine Kleider! Das ist ja gar kein Land!« Ist es aber. Liebe Frau Außenministerin, liebe Liechtensteiner, wir wären nie im Traum auf die Idee gekommen, Sie so unernst zu nehmen wie uns selbst!

Regierungsgebäude Vaduz, Städtle, Liechtenstein.

CHILE

AMANSHAUSER WIRD SEEKRANK

Wir machten uns zum Frühstück bereit, als sich die Stimme des Kapitäns per Lautsprecher meldete: »Wegen der geringen Windstärke nehmen wir ausnahmsweise Drake's Passage – ein Geschenk für Sie, meine Damen und Herren.« … Man muss wissen, dass die *Via Australis* mit ihren drei Metern Tiefgang für solche Fahrten nicht gebaut ist – sie eignet sich für die Kanäle Patagoniens.

Hinaus aufs offene Meer, dorthin, wo Atlantik und Pazifik aneinanderstoßen wie in einer Badewanne. Die ersten Wellen hoben und senkten den Frühstücksraum und mit ihm die *Via Australis* so, dass die Tassen und Gläser abserviert wurden. Ich zog mich in der Kabine an, um die Fahrt auf dem Oberdeck zu genießen.

Die Wasserbewegungen waren außergewöhnlich, keine scharfen, gischtigen Wellen, sondern ein scheinbar regloses Meer, das derart machtvoll hin- und herschwappte, dass es kaum möglich war, über die Deckflächen zu gehen. Die *Via Australis* wurde nach oben gezogen und hinuntergedroschen. Einige Kollegen, die das am Anfang noch nett gefunden hatten, zogen sich in ihre Kabinen zurück. Ich blieb mit anderen Unverdrossenen, um das wilde Tagada mitzuspielen. Irgendwann fiel mir allerdings mein Laptop in der Kabine ein. Ich hatte ihn nicht auf den Boden gestellt, er war in akuter Sturzgefahr.

Ich kämpfte mich zum Stiegenhaus. Wie schwierig es war, bei diesem Seegang voranzukommen! Der Weg zu meiner Kabine war ein Tanz gegen unberechenbare Winde. Ich hantelte mich voran. Alles drehte sich um mich.

Endlich – meine Kabinentür. Mir war speiübel, wie ich mit einem Schlag merkte. Ich bekam gerade noch die Klotür auf und gab in einem erstaunlich treffsicheren Schwall mein gesamtes Frühstück von mir. (Der Laptop stand übrigens unbeschädigt auf dem Nachtkästchen.) Für die Rückkehr auf das Oberdeck fühlte ich mich zu schwach. Ich legte mich auf das Bett und schlief sofort ein.

Als ich zwei Stunden später, wieder bei Kräften, zum Mittagessen erschien, hatten sich die Reihen deutlich gelichtet.

Drake's Passage zwischen Atlantik und Pazifik, Chile.

SINGAPUR

WO DIE QUEEN TEE TRANK

Ich bin ein Teetrinker. Ich begann in den neunziger Jahren mit Billigtee aus türkischen Läden (»Karedeniz, Echter Ceylon-Tee«), stieg auf Assam und Darjeeling aus dem Supermarkt um. Eines Tages las ich, dass jährlich weltweit vierzigtausend Tonnen Darjeeling angeboten werden, aber weniger als zehntausend Tonnen produziert. Ich wechselte zu seriösen Teeimporteuren wie Schönbichler, doch dort war ich immer überfordert. Ich hatte einfach zu wenig Ahnung von Tee, erwischte nie den richtigen Mitarbeiter, stand als Laie blöd da, bekam was aufgeschwatzt. Bei Mariage Frères in Paris ging es menschlicher zu, dort probierte ich alles Mögliche und begann, grünen Tee zu trinken. Zuerst glaubt man ja, das ist so ein verwaschenes, verstaubtes Asienzeug. Man muss ziemlich viel grünen Tee trinken, bis er einem schmeckt.

Im China der Neunziger faszinierte mich, wie diese Taxifahrer, Portiere und Rezeptionisten ein paar Blätter Tee in einem Gefäß mit Schraubdeckel täglich ein paar Mal aufgossen – dadurch musste ein immer schwächer werdendes, homöopathisches Zeug entstehen, ein heißes Wasser mit Nebengeschmack. Heute trinken diese Leute größtenteils Cola oder Energydrinks aus Dosen, nur in chinesischen »Kleinstädten« findet man noch klassische Grünteetrinker.

Nun hatte ich in Singapur das Vergnügen, an einer Teezeremonie teilzunehmen, leider mit einer Gruppe ausgewiesener

Kaffeetrinker, was die Aktion etwas absurd machte. Der Profi im *Tea Chapter* ließ sich nichts anmerken, er zeigte, wie man die Tasse hielt, wie man aufgoss, den ersten Aufguss wegschüttete und so weiter. Selbst die Queen und ihr Mann hätten bei einem Staatsbesuch seinen Laden besucht, erzählte er.

Neben den Kaffeemenschen, die teilnahmslos »interessierte« Fragen stellten, um nicht blöd dazustehen, ging ich mit meinem wirklichen Interesse völlig unter. Der Zeremonie-Tee schmeckte äußerst fein, um nicht zu sagen homöopathisch. Ich überlegte mir, wie das damals in Singapur gewesen sein mochte, als die Queen abends mit ihrem Mann zurück ins Hotelzimmer kam und sich kopfschüttelnd ein Säckchen Lipton aufgoss. »Now this is what I call tea«, sagte sie, »milk, darling?«

Tea Chapter Trading Pte Ltd, 9 & 11 Neil Road, Singapur.

KANADA

PRESSEFRAU KATE HAT ES SCHWER

Ich bin mit Kate, einer jungen Pressefrau, im kanadischen Parlament, sie muss mich begleiten, weil das Tourism Board es will. Wir warten auf eine Parlamentssitzung. Kate ist freundlich, aber ich spüre, sie hätte Besseres zu tun. Sie referiert mir, wie viele Kilometer Radwege Ottawa hat.

Ob ich weitere *informations* brauche, fragt sie. Ich frage Kate nach den kanadischen Parteien. Sie zählt sie auf. Sie fügt hinzu, dass sie sich total für Politik interessiert, und falls ich Informationen brauche … Ich frage sie, was sie wählt. Sie schluckt. Dann: »Das ist leider keine *information,* die ich weitergeben kann.« Einverstanden. Ich frage sie über den kanadischen Parlamentarismus mit dem Mehrheitswahlrecht aus. Sie sagt, dass sie sich für Politik zwar interessiert, die technischen Details jedoch nicht kennt. Ich frage nach den ungefähren Prozentzahlen der großen Parteien bei der letzten Wahl. Ich spüre Kates Verzweiflung. Sie sagt, dass die konservative Partei mehr als fünfzig Prozent der Sitze … Ich wende ein, das sei bei einem Mehrheitswahlrecht logisch. Sie meint, falls ich eine weitere *information* … Ich frage, ob normale Gesetze auch in Kanada eine relative Mehrheit und Verfassungsgesetze eine Zweidrittelmehrheit benötigten? Sie sagt, dass sie das gerne nachfragen kann, falls diese *information* für mich wichtig ist. Ich heule auf: »*Information, information*, I do not need *information!*« Ich sinke zusammen: »I only wanted to talk.« Kate lacht dünn.

Auf der Besuchergalerie. Der Oppositionsführer ruft in Richtung einer beinahe leeren Regierungsbank: »What you said was false. I know that it was false, everybody in here knows that it was false, *you* know that it was false.« Ich springe auf und klatsche. Kate verdreht die Augen.

Ende der Sitzung. Kate fragt, ob sie mich zum Hotel zurück begleiten soll – es ist dreihundert Meter entfernt, danke, nein – und falls ich noch irgendeine *information* … ich halte ihr jene Taxirechnung vor die Nase, die mir die Stadt Ottawa versprach zu ersetzen. Es ist ein läppischer Betrag, ich finde meine Geste kleinlich und böse. Sie sagt, sie kann sich erkundigen. Verabschiedung. Wir stehen beim Händeschütteln ganz weit auseinander.

Später dachte ich manchmal noch an Kate, stellte mir vor, wie sie am Abend unseres Treffens vor dem Fernseher saß und meine Taxirechnung mit einer Hautschere in kleine dünne Streifen schnitt.

House of Commons, Parliament Hill, Ottawa, Kanada.

CABO VERDE

AMANSHAUSER BRICHT EIN VERSPRECHEN

Im Jahr 1993 gehe ich ein mächtiges Tal vom Meer her inseleinwärts – über eine breite Schotterpiste, die so aussieht, als könnte sie einmal im Jahr oder einmal im Jahrzehnt zu einem reißenden, alles niederreißenden Fluss werden. Wasser ist auf Cabo Verde rar, aber auf Santo Antão regnet es von Zeit zu Zeit welches herunter, weshalb die steintrockene Insel als feucht und fruchtbar gilt, jedenfalls verglichen mit anderen Inseln des Archipels.

Gelegentlich begegnen mir Passanten (Wanderer? Spaziergänger?, mir fehlt ein Begriff für Menschen, die aus den Bergen kommen und nach Ribeira Grande gehen), wir wechseln ein paar Worte. Der Weg, vorbei an Bananenplantagen und Steinhalden, ist nicht beschwerlich, nur riskant. Steinblöcke donnern über die Steilhänge in die Ribeira hinein, menschengroße Trümmer. Sie könnten einen, wenn es übel hergeht, ohne Weiteres töten. Manchmal herrscht zehn Minuten Ruhe, dann stürzt wieder ein Fels, der viele kleine Steinbrocken mit sich nach unten zieht.

Die Einheimischen haben ihre Taktik. Sie begeben sich, wenn es brenzlig wird, hinter größeren Felsblöcken in Deckung. »Passiert schon nichts«, beruhigt mich ein Entgegenkommender, »man muss nur ein bisschen aufpassen.« War das nicht viel eher eine Frage des Glücks? »Es gibt kein Glück«, sagt er, bevor er seinen Weg weiterverfolgt, »es gibt keine Zufälle.«

Ich bin durch, hab's geschafft und lebe. Bald stehe ich in einem ausgestorbenen Dorf. In Caculi gibt es eine kleine Kirche und ein Graffito *Nieder mit der Korruption*. Keinen Shop, kein Café, kein Restaurant und weder Hotel noch Pension. Auf dem Kirchplatz nähert sich mir ein Junge. Er ist ungefähr siebzehn. Er spricht mich, den Vierundzwanzigjährigen, mit »Sie« an, und er hält mich, was in der Exkolonie von Vorteil ist, nicht gleich für einen Portugiesen.

»Nacionalidade?«, fragt er. Ich antworte Áustria. »Ah«, ruft er, »Friedl Koncilia, Klaus Lindenberger!« Ich frage verblüfft stockend, ob er sich für Tormänner interessiert. »Nicht nur«, sagt er und lächelt, »Toni Polster, Peter Pacult.« Ich bin beeindruckt. Er erläutert, dass er Panini-Bilder sammelt, die in Cabo Verde extrem schwer zu kriegen sind. Noch schwieriger hier hinten in Caculi – denke ich.

Er heißt Miguel, und er will gar kein Geld. Ein einziges Anliegen hat er: »Können Sie mir aus Ihrem Land Fußballschuhe schicken, Größe vierzig? Ich habe gehört, die sind in Europa sehr billig.« Ich sage ihm das zu. Selbstverständlich. Er schreibt mir seine Adresse ins Notizheft.

Bevor ich weitergehe, blickt er mir tief in die Augen: »Sie werden Miguel vergessen. Sie werden zurückfahren in Ihr europäisches Land, und Sie werden mir keine Fußballschuhe schicken. Vielleicht denken Sie irgendwann später an mich, aber Sie werden Ihr Versprechen nicht einhalten.« Ich widerspreche heftig, doch wie es im Leben so kommt, behält Miguel mit seiner Prophezeiung recht. Das können wir heute, dreiundzwanzig Jahre später, mit Bestimmtheit sagen.

Kirchplatz von Caculi, in der Ribeira Grande, Santo Antão, Cabo Verde.

DEUTSCHLAND

SEXFILMDREH IN AMANSHAUSERS STAMMLOKAL

Was würden Sie tun, wenn in Ihrem Stammlokal ein Sexfilm gedreht würde? Ich saß im *Haus am See*, arbeitete am Computer und trank wie üblich eine Rhabarber-Schorle mit Vanille – ich war tief konzentriert und kann nicht ausschließen, dass mir bisweilen kurz die Augen zufielen.

So entging mir, dass sich der Raum mit bunten Figuren füllte. Als ich aufblickte, bevölkerten fünfzig Leute mein Lokal, tranken Bier und verlegten Kabel. Zwei Schauspielerinnen in Sexfilm-Outfit waren die auffälligsten Gestalten, dazu ein Regisseur, der Bryan Ferry ähnelte. Da ich davon ausging, dass sie ihren Film im hinteren Teil des Lokals drehten, setzte ich meine Arbeit fort.

Als ich das nächste Mal aufblickte, befanden sie sich schon mitten im Dreh. Die Dunkelhaarige in Dessous führte die Blonde in einem Pferdegeschirr an mir vorbei, auf den Regisseur zu, der zugleich Hauptdarsteller war. Auf dem Nebensofa begannen diese drei Personen, einander zu lieben und zu züchtigen. Ich bewunderte den Hauptdarsteller für seine Selbstsicherheit. Oder war es Viagra?

Ich versuchte, mich zu konzentrieren, doch die Geräusche störten zunehmend. Gedanken, die nicht zu meiner Arbeit passten, stiegen in mir auf, unter anderem, ob ich als Komparse womöglich eine total lächerliche Figur abgab? Irgendwann sprang ich auf, um zu zahlen. Die Kellnerin winkte ab, sie rief mir zu, während der Aufnahmen sei alles gratis. Ich flüchtete aus dem *Haus am See*.

Drei Tage später kamen sie wieder, die Crew, Bryan Ferry, neue Mädels. Beziehungsweise waren sie diesmal schon da, als ich kam. Ich nahm in der hintersten Ecke Platz, holte meine gratis Rhabarber-Schorle mit Vanille ab und begann mit gesenktem Kopf meine Arbeit – leider näherten sie sich auch diesmal, bis sie auf dem Nebensofa interagierten.

Zwar verdeckten Schaulustige das meiste, aber die Vorgänge waren für mich aus dem Augenwinkel gut erkennbar. Bryan Ferry führte heute ein Mädchen herum und ließ ihm von, wie mir schien, beliebigen Leuten auf den Hintern schlagen, der bereits furchtbar rot war. Die Höhepunkte blieben mir verborgen, da sie hinter der Sofalehne stattfanden und ich mich aufzustehen scheute, da ich Nebenfigur im Film allzu voyeuristisch gewirkt hätte.

Als es zwischen den Akteuren zum Äußersten kam, nahm ich meinen Fotoapparat erneut nicht hervor. Zwanzig Männer filmten die Szene mit Handys. Einer von denen wollte ich nicht sein. Daher fehlt mir das Bilddokument. Es ist so schade, dass wir Künstler so schüchtern, so verklemmt sind.

Mein Haus am See, Torstraße 125, Berlin, Deutschland.

ARMENIEN

KEINE REVOLUTION IN JEREWAN

Frage an Radio Eriwan: »Ist es wahr, dass der Kosmonaut Juri Gagarin eine Reise in die USA gewonnen hat?« Antwort: »Im Prinzip ja, aber es war nicht der Kosmonaut Juri Gagarin, sondern ein Rentner, und er hieß nicht Juri, sondern Oleg, und auch nicht Gagarin, sondern Gaganoff und es war nicht in die USA, sondern nach Kiew und er hat keine Reise gewonnen, sondern ein Fahrrad und er hat es auch nicht gewonnen, sondern es wurde ihm gestohlen.« Nach diesem Muster funktionieren die Radio-Eriwan-Witze. Der fiktive Sender arbeitete sich in der Sowjetepoche an den entlarvenden Parolen der Diktatur ab. Dieser Galgenhumor passte gut zu den Vorbehalten vieler Russen gegen die »verschlagenen« – heißt schelmischen – Kaukasusvölker.

Den sarkastischen Armeniern gerät, sagt man, alles zum Witz. Weil sie keinen Grund zum Witzeln haben. Der Mord an eineinhalb Millionen Armeniern zwischen dem Ersten Weltkrieg und 1923, eines der größten Verbrechen der Menschheitsgeschichte, wird von der Türkei weiterhin systematisch in Abrede gestellt. Personen wie dem türkischen Nobelpreisträger Orhan Pamuk drohen, sobald sie an die Fakten erinnern, Gerichtsverfahren: »Beleidigung des Türkentums« heißt die bizarre Gesetzesformel. Die historische Faktenlage ist unbestritten, den Zeitgenossen war der Völkermord bewusst. »Wer redet heute noch von der Vernichtung der Armenier?«, lautete Hitlers rhetorische Frage im Sommer 1939.

Die Trauer wird von einem beklemmendem Mahnmal begleitet, der Schwalbenfestung (Zizernakaberd) am Rande Jerewans: ein vierundvierzig Meter hoher Obelisk, zwölf Säulen, ein ewiges Feuer, ein Museum. Jeden 24. April wird ein Blumenmeer niedergelegt. Die Menschen in Armenien sind nicht melancholisch, eher wirken sie nachdenklich – und sie lieben ihr Café. Dort debattieren sie gerne darüber, wieso gerade bei ihnen keine postkommunistische Revolution zustande kam. Gängige Begründung: »Weil sich die Demonstranten gleich ins Café zurückgezogen hätten, um die Geschehnisse zu debattieren.«

Lange schon gehen keine neuen Radio-Eriwan-Witze mehr um die Welt, die Sowjetunion ist untergegangen, und der Humor wirkt ein bisschen verstaubt. Doch ein paar Sätze bleiben: »Gibt es in Armenien mehr Humor als anderswo?« – »Im Prinzip ja. Wir haben ihn aber auch bitter nötig.«

Zizernakaberd Memorial Complex (1967), Denkmal für den Armenischen Genozid, Jerewan, Armenien.

THAILAND

DIE BABYSITTERIN SUPAKORN

Mir sind Eltern suspekt, die ihre Kinder im Urlaub extern betreuen lassen oder gar mit Babysitterinnen (»Kindermädchen«) verreisen – als bestünde eine Reise nur aus *quality time*. Aber in unserem Hotel in Pattaya wird Babysitting (zu europäischen Preisen) angeboten, und das möchte ich zumindest für zwei Stunden ausprobieren. »Findest du das denn nicht peinlich?«, fragt meine Freundin erstaunt, die meine Meinung zum Thema Kinderbetreuung im Urlaub kennt. »Wieso soll *quality time* peinlich sein?«, antworte ich, »wir beide setzen uns einfach in eines dieser interessanten Nuttenlokale – und beobachten die Vorgänge aus sozialem Interesse.« Da stellt sich heraus, dass sich meine Freundin unter *quality time* eher »bei einem Kaffee miteinander sprechen« vorstellt.

Bald klopft Supakorn an der Hotelzimmertür, die offizielle Babysitterin. Supakorn ist höchstens zwanzig und trägt ein Schildchen, auf dem »Supakorn« steht. Wir sagen ihr, dass die Kinder kein Englisch beherrschen, sie soll ruhig Thai mit ihnen sprechen. Supakorn erwidert: »No, English is good«, hält den Kindern trotzdem eine komplizierte Begrüßungsansprache auf Thai. Der Kleinere skandiert: »Supa Korn, Supa Korn.« Sie starrt ihn entsetzt an. Ich lobe sie, sage, großartig, dass sie Thai mit ihnen spricht, sie wiederholt: »No, English is good.«

Da wird mir klar, dass sie die ganze Zeit Englisch gesprochen hat, aber eben mit furchtbarem Thai-Akzent. Wir seufzen, sagen »Wonderful« und verabschieden uns. Die Kinder heulen und schreien. Supakorn nähert sich ihnen linkisch an und spricht dabei »Englisch«. Das Letzte, was ich höre, ist die jammernde Stimme des Größeren: »Papa, ich glaub, Supakorn ist verrückt.« Schnell Tür zu.

»Was Supakorn wohl mit ihnen macht?«, frage ich im Thai-Kaffeehaus. »Spielen«, antwortet meine Freundin. »Eh«, sage ich, »mir fällt es irgendwie schwer, diese *quality time* zu genießen.« Meine Freundin erwidert mit unerschütterlichem Optimismus, Supakorn werde sich bestimmt als super herausstellen.

Als wir ins Hotelzimmer zurückkommen, balgt, ja kämpft Supakorn mit den Kindern. Sie versuchen wild schreiend, die Balkontür zu öffnen, Supakorn hat ihre filigrane Figur dazwischen platziert, atmet hastig ein und aus, wankt, und plappert mit hochrotem Kopf »Englisch«. Als wir die Kinder später aushorchen, welche Qualität das Babysitting von Supakorn so hatte, sagen sie immer nur ein Wort: »Super!«

Hotel der gehobenen Klasse in Pattaya, Thailand.

BELGIEN

BRÜSSEL, STADT DER MUSIK

Über Flandern wusste ich wenig. In den späten achtziger Jahren durchquerte ich es als Autostopper. Die orangefarbene Beleuchtung der belgischen Autobahnen bezauberte mich. Goldgelbe Laternen tauchten den Asphalt in fantastischen Dunst – besonders bei Nebel. Im Radio spielten sie Camper Van Beethoven. Ich mochte dieses Flandern, wegen des Lichts, wegen der Musik, aber ich blieb nicht.

Nebel lag auch über der Stadt Porto, wo ich unter der Doppelbrücke an einem kühlen Sommerabend 1988 meinen ersten Belgier traf. Er war aus Brüssel, hatte schwarze Hautfarbe und spielte wirre Melodien auf einer Flöte. Ich platzierte Seesack und Schlafsack neben ihm. Seine belgische Musik erinnerte mich an die von Camper Van Beethoven auf orange beleuchteten Autobahnen. Später tranken wir gemeinsam Bier. Er bot mir Tabletten an, kleine, weiße, »starke«. Anschließend sagte er viele halb verständliche Dinge. Lange dachte ich, er nuschelte, bis ich begriff: Er sprach nicht mehr Englisch, sondern Flämisch.

Im Dunklen lagen wir nebeneinander auf dem harten Boden der Ribeira, jeder in seinem Schlafsack, und starrten in die Sterne. Der Fluss stank nach Nacht. Als wir am Morgen aufwachten, fragte der Belgier misstrauisch, wer ich denn sei und wieso ich so nah bei ihm liege. Er hatte den Abend und mich vergessen. Er nahm seine Flöte aus dem Seesack. Als ich näher hinsah, kapierte ich, es war keine Flöte, sondern ein Messer.

Zwanzig Jahre später spaziere ich an einem Sonntag durch die Oberstadt von Brüssel. Die Belgier geben keine Ruhe. Überall Musik. Alle hundert Meter marschiert eine Blasmusikgruppe mit Uniformen und Fahnen. Sie spielen »Oye como va« und »Wind of Change«, es klingt furchtbar und irgendwie gut. Neben den allgegenwärtigen öden Indiogruppen spielt eine vierköpfige Zigeunerband aus Rumänien, die aussieht, als käme sie direkt von der Lower Eastside 1928, ihren wilden Jazz.

Der Höhepunkt der Brüsseler Musik ist aber Albian. Vor einem Rollladen mit der Aufschrift *Love* steht er mit seiner Karaokebox, dem Verstärker. Er ist um die sechzig, seine Stimme klingt dünn, und nicht immer trifft er den Ton. Er singt belgische und französische Chansons. Jeden Sonntag arbeitet er hier, sechs Stunden lang, für wenig Geld. Wenn er Glück hat, sind es Nettoeinnahmen von achtzig Euro. Er singt konzentriert, als gälte es, die Stadt Brüssel bei einem Wettbewerb zu vertreten. Wenn Blasmusik vorbeimarschiert, macht er kurz ein unglückliches Gesicht und Pause. Er holt sich ein Bier aus dem Lokal. In solchen Momenten kann man Albian ansprechen.

Euphorisch teile ich ihm mit, Brüssel sei für mich die Stadt der Musik. Keineswegs, antwortet Albian lächelnd, das sei immer noch Paris. Gut, aber Belgien ist das Land der beleuchteten Autobahnen … Keineswegs, antwortet Albian ruhig, die Beleuchtung werde heutzutage nachts abgeschaltet – um klimaschädliches Kohlenmonoxid zu sparen. Er schüttelt mich ab, er befürchtet weitere Fragen, die nichts mit ihm zu tun haben. Da muss ich lächeln.

Rue Haute und Rue Renard, Brüssel, Belgien.

SYRIEN

ERINNERUNG AN ALEPPO

Schon das Heraussuchen meiner Notizen und des Fotomaterials tut mir weh.

Die Geschichte beginnt in einem riesigen, leeren Frühstückssaal in Aleppo knapp nach den Terroranschlägen von 9/11. Der Hotelmanager setzte sich kurz an meinen Tisch. »Sagen Sie Ihren Landsleuten, dass man wieder nach Syrien reisen kann. Wir sind kein gefährliches Land. Nehmen Sie zum Beispiel unsere Stadt – Kurden und Araber leben in Frieden.« Ich antwortete, dass die Medienwelt schnell vergessen würde und der Tourismus bestimmt bald wieder da sei. Solange es keine Radikalos gäbe. »Bei uns gibt es keine«, sagte er, »ich bin kein Freund von denen, hoffentlich rotten die Amerikaner diese Terroristen aus.« So war Aleppo.

Aleppo ist einer jener Orte auf der Erdkugel, die am längsten durchgehend von Menschen besiedelt sind. So war Aleppo.

Ich bestieg die mächtige Zitadelle, auf der Pasolini 1969 mit Maria Callas drehte und die mir wie ein Fußballstadion erschien. In der Abendsonne glitzerten Tausende Satellitenschüsseln, als streckte ein außerirdisches Volk seine Fühler in den Raum. Ein derartiger Anblick war mir neu. So war Aleppo.

Ich begeisterte mich für das Sanierungskonzept der UNESCO-Weltkulturerbe-Altstadt, überall wurde für Revitalisierung und Verkehrsberuhigung geschuftet, die fröhlichen Aleppiner taten alles, um an die glänzende Handelsvergangenheit anzuschließen, als es den Suezkanal noch nicht gab. Ich fotografierte ein Schulmädchen, das via Handy telefonierte – wie die moderne Welt in diese urtümliche einbrach, erschien mir damals malerisch. So war Aleppo.

In den Gässchen, Wölbungen und Kontoren des Souks erfuhr ich vom Unterschied zwischen echtem und falschem Safran, ich probierte die zitronig schmeckenden nordsyrischen Pistazien, und schließlich verlor ich mich in seinen Gängen, die aneinandergestellt zehn Kilometer lang sein sollen. Ein Bub, der Seidentücher verkaufte, las mir die Nationalität von der Nase ab: »Aus Österreich? Aus Wien?« Er wartete keine Sekunde, ehe er mit großer Überzeugung feststellte: »Rapid wird Meister!«

Seit 2012 herrscht Krieg in Aleppo. Der Souk ist abgebrannt. »In Aleppo stirbt man, sonst nichts – jetzt, wo alles nur noch explodiert und einstürzt«, schreibt die deutsche Tageszeitung *taz.*

Altstadt, Zitadelle und Souk von Aleppo, Syrien.

GHANA

AMANSHAUSER UND DIE SELTSAMEN SÄRGE

»Bist du Journalist?«, fragt Anthony. »Heute schon«, sage ich leise. Der Mann aus der Ethnie der Ga klopft mir lachend auf die Schulter: »Immer gut zu wissen. Ich mag nicht, wenn sich Journalisten als Kunden ausgeben.« Ich frage warum, er grinst mich an: »Weil ich mit Kunden ein Verkaufsgespräch führe. Mit dir muss ich das nicht tun. Du willst ja keinen Sarg bestellen, oder?« Ich erwidere, dass ich vorerst nicht zu sterben gedenke, aber am Ende meines Lebens auf ihn zurückkommen werde. »Wirst du vermutlich nicht«, sagt er.

Der junge Sargbauer zeigt mir seinen Betrieb mit sechs Mitarbeitern in Accras Vorstadt Teshie. Es gibt Särge als Guinness-, Seven-up- oder Accra-Brewery-Dosen, Mehlsäcke, Boeing-Maschinen oder Nike-Sportschuhe, Marlboro-Schachteln oder iPhones. Mit Innenausstattung, in violetter Seide, Kostenpunkt unter tausend Euro. »Man kauft Produkte, die im Leben der Verstorbenen eine Rolle spielten«, berichtet Anthony, »Stadtbewohner hängen sehr an Marken, eine Cola-Dose ist leicht zu schnitzen. Wenn jemand vom Land kommt, möchte er lieber in einem goldenen Hahn bestattet werden, oder in einem Adler, oder er bringt ein Foto seines Lieblingshundes – das sind schon größere Herausforderungen.« Laut der Vorstellung der Ga-Ethnie, siebenhunderttausend Menschen rund um Accra, geht das Leben im Jenseits ungehindert weiter – seit den siebziger Jahren in bunten Särgen.

»Merkwürdig, was die Europäer mit dem Tod haben«, sagt Anthony und kratzt sich am Kopf. Er hat so seine Theorien über die Fremden, die seinen Betrieb besichtigen. »Ihr könnt nicht richtig sterben, ihr habt Monsterschiss davor. Manche bitten um ein Probeliegen für das Bild, das sind immer die Männer, ich hab dafür einen Heineken-Sarg. Zwei- oder dreimal gab es daraufhin Bestellungen. Die Deutschen interessieren sich sehr für die Materialien. Wir arbeiten mit hochwertigem Wawa-Holz, ihr nennt den Baum *Abachi*, und Qualitätslack. Alles bio.« Aus Anthonys Sicht hat sein Produkt einen hohen Gebrauchswert.

»Schickst du mir den Artikel?«, fragt Anthony, klopft mir auf die Schulter und lacht, während ich hastig nicke und »of course« sage. »Die Journalisten versprechen immer, die Artikel zu schicken. Hat bisher noch keiner getan. Ist gleichgültig, ich google das nach.« Ich atme durch, Anthony klopft mir auf die Schulter: »Schon gut, mein Freund, schon gut.«

Bunte Särge der Ghanaischen Ga, u. a. in Teshie, Accra, Ghana.

USA

AMANSHAUSER IN DER AMERIKANISCHEN SHOW

Die *Fabulous Follies* von Palm Springs, »where everything old is new again«. Kein Las-Vegas-Kitsch, sondern außergewöhnliches Entertainment: Das jüngste Ensemblemitglied ist achtundfünfzig Jahre alt, das älteste über achtzig. Es wäre eine perfekte amerikanische Show, würde nicht Impresario Riff Markowitz zwischen den Nummern sprechen. »Wenn ich die ersten vier Reihen so überblicke«, beginnt er, »sehe ich wieder eine Menge Schönheitsoperationen, die sich nicht gleichzeitig hinsetzen und lächeln können.« Er fängt sich eine junge Frau: »Stehen Sie auf, wie heißen Sie?« »Tara.« »Sara?« »Nein, Tara, mit T.« »Scheußlicher Name! Oh Gott, was machen Sie denn da? Sie sind viel zu jung für unser Publikum!«

Als Nächstes kommt ein Mann im orangefarbenen Poloshirt dran: »So kleiden Sie sich also, wenn Sie ins Theater gehen? Ihr Name?« »Willy.« Markowitz prustet los. »Selbstverständlich Willy! Und weiter?« Willy macht ein trauriges Gesicht: »Weep.« »Bitte?« »W-E-E-P.« Markowitz: »Großartig! *Willy Weep*. Ihr Beruf?« Willy: »Verkäufer.« Markowitz: »Was verkaufen Sie denn?« Willy: »Parts.« Markowitz bricht in Gelächter aus. Das Publikum mit ihm. »Jetzt frage ich Sie gar nicht, welche *Parts!* … War keine so gute Idee, sich in die erste Reihe zu setzen, oder? Die Frau da neben Ihnen … ist das Ihre … aha, Freundin.« Er wendet sich an sie: »Willy wird Sie nie heiraten, ich beobachte ja die ganze Zeit, wie er seine Hand auf dem Knie des Herrn rechts hat. Sind Sie im Geheimen schwul, Willy Weep?« Kopfschütteln. »Wissen Sie, Palm Springs ist nicht nur Rentner-, sondern auch Schwulenstadt.« Markowitz blickt sich um. »Da sind ja schon welche! Toll! Exemplare wie aus dem Lehrbuch!« Ein männliches Paar in der zweiten Reihe nickt säuerlich. »So wie die beiden könnte unser Willy Weep auch aussehen, traut sich aber nicht!«

In seinen Redepausen tanzt und singt das uralte Ensemble. Riff Markowitz holt Kraft, um die »alten Säcke« in den ersten Reihen zur Schnecke zu machen. Die atmen auf, als die Pause kommt. Ich auch – zum Glück sitze ich in der siebten Reihe, ziemlich unantastbar. In der Pause fotografiere ich das hübsche Leuchtröhrenschild neben der Bühne.

»Wo ist der Idiot, der das Bühnenschild fotografiert hat?«, beginnt Markowitz die zweite Hälfte. Er kommt direkt auf mich zu … auf mich, der ich mich in der siebten Reihe so sicher gefühlt habe! »Finden Sie das Herumfotografieren so toll? Wie heißen Sie?« »Martin.« Markowitz zuerst zögernd, dann macht er ein verblüfftes Gesicht. »Aah, Marrrtin! Sprechen Sie Ihren Namen ruhig richtig aus! Wieso lassen die denn einen wie Sie in unser Land?«

Es wäre lustig, wenn es nicht um mich selbst ginge. Ich versuche gegenzureden, möchte schlagfertig sein. »Halt, fassen Sie mein Mikrofon nicht an!« Niemand macht neben Markowitz allzu gute Figur. »Sie müssen ein schöner Idiot sein, Marrrtin – ein Schild zu fotografieren. Wollen Sie denn kein Foto mit mir?« Ich knipse schnell eines. Auf dem Bild sieht Markowitz viel schlaffer und kaputter aus als in Wirklichkeit.

Plaza Theater, 128 South Palm Canyon Drive, Palm Springs, USA.

URUGUAY

AMANSHAUSER UND DER FALSCHE ARZT

Am ersten Tag in Montevideo lief ich mehrmals einem Arzt über den Weg – besser gesagt einem Kerl in einem weißen Überwurf, der gegen Entgelt Passanten den Blutdruck maß. Auf der Plaza Independencia überlegte ich, ob ich mich mit ihm fotografieren lassen sollte – dort stand ein Mann mit einer altmodischen roten Fotomaschine. Ich wagte nicht, diesen wandelnden Arzt darauf anzusprechen.

Am zweiten Tag überraschte mich Montevideo. Das war kein Miniatur-Buenos-Aires, sondern eine zusammengedrückte, smoggraue, leicht desolate Stadt, ähnlich dem Wien der achtziger Jahre. Auf vielen Geschäften stand »Liquidación total«. Ich besuchte die Nationalbibliothek, wo die bestellten Bücher durch kleine Aufzüge innerhalb von zwei Minuten dorthin gebracht wurden, wo man sie haben wollte. Ein System, das durch seine Effizienz jede Computerisierung verhindern müsste – eigentlich. Ich blätterte im Buch »Eine kurze Geschichte der uruguayischen Diktatur«. Als Widmung hatte ein Leser mit Bleistift notiert: »Für alle Menschen dieses Planeten, die einen Hass auf die Geschichte haben.«

Am dritten Tag in Montevideo fiel mir auf, dass den Urugayern der Minderwertigkeitskomplex gegenüber Argentinien fehlte. Trafen die Mannschaften aufeinander, sprach man nicht vom »Spiel gegen den großen Bruder«, sondern vom »Duell der Giganten«. Später fiel mir auf, dass die blau-weiß gestreifte uruguayische Fahne in der Ecke eine gelbe Sonne mit Augen hat: wie eine Kinderzeichnung!

Am vierten Tag in Montevideo beobachtete ich zwei Obdachlose, die in einigem Abstand voneinander auf einer Mauer saßen. Sie würdigten einander keines Blickes. Beide hatten ein Radio bei sich, auf dem der gleiche Sender lief. Sie wirkten wie Großmächte, die sich auf einen vorübergehenden Waffenstillstand geeinigt hatten.

Am Abend des fünften Tages sah ich im *Teatro Circular* ein Stück von Heiner Müller mit dem Titel »Cuarteto«. Je weniger ich von diesem komplexen Text verstand, desto genauer nahm ich die Figuren wahr. Aus irgendeinem Grund langweilte ich mich nicht. Am Theater-WC stand auf der Seifenmaschine: *Leverfresh empfiehlt Ihnen: Waschen Sie sich heute die Hände!*

Am sechsten Tag fand ich auf der Tristan de Navaja einen Vogelverkäufer mit wunderbaren bunten Singvögeln. Ein Passant fragte ihn, ob die Tiere wohl eine Reise nach Argentinien überstehen würden. Der Verkäufer antwortete, das komme auf das Verkehrsmittel an. Im Auto ginge es, im Flugzeug nicht, »weil sie die Röntgenmaschine nicht überstehen«.

Am siebten Tag in Montevideo traf ich den Arzt wieder. Sein Bart war länger, er wirkte erschöpfter als vor einer Woche, ein Auge war geschwollen, der Kittel verschmutzt. Ich bat ihn um eine Blutdruckmessung. Er roch stark nach Wurst. Mein Wert 115 : 78 gefiel ihm, und er ließ mich den Preis der Untersuchung selbst festlegen. Beim Zahlen sah ich, wie sich durch den Stoff seiner Arzttasche zwei Würste abzeichneten.

Artigas-Denkmal, Plaza Independencia und Tristan de Navaja, Montevideo, Uruguay.

LIBYEN

AMANSHAUSER SORGT FÜR EINEN SKANDAL

Damals in Ghat, einer Transsahara-Oasenstadt der Tuareg im Süden Libyens, war ich um einiges jünger und wusste wenig über Pressereisen und darüber, was vorfallen kann, obwohl ich natürlich glaubte, dass ich alles wusste. Ich wusste auch nicht, wer diese junge Frau war, die sich bei mir auf Arabisch vorstellte. Wir standen im Zielbereich eines Kamelrennens, aber da keine Kamele in Sicht waren, konnte man sich die Sache schlecht vorstellen. Offenbar gehörte sie zu unserer großen internationalen Gruppe, sie war im gleichen Frühstücksraum gewesen. Ich hielt sie daher für eine Journalistin, wegen ihres Kopftuchs für eine aus dem arabischen Raum.

Es waren zwei chinesische Journalisten aus Beijing dabei, die ich zum Lachen brachte mit meiner Frage, ob sie einander kannten (»es gibt zwanzigtausend Journalisten in unserer Hauptstadt«). Dazu einige Belgier und viele Franzosen, von denen mich einer überhaupt nicht mochte, weil ich Österreicher war und in Österreich eine rechtsextreme Regierung herrschte. Er behauptete auch, dass wir in Österreich unappetitlich aßen, weil er nämlich einmal in Österreich gewesen war und das so beobachtet hatte.

Diese junge Frau im Zieleinlauf des Kamelrennens hegte sichtlich keinen Groll gegen mich oder Österreicher. Ihren Namen hatte ich leider nicht verstanden. Ich fragte nicht nach. Die Frau zeigte auf den Horizont, wo sich kleine Staubwolken erhoben. Wir hatten keine gemeinsame Sprache, aber ich begriff zwei Dinge: Die Staubwolken waren die in Führung liegenden Kamele – und Kamelrennen waren ihr gleichgültig. Sie deutete auf die Altstadt, wir gingen los.

Ghat bestand aus vielen Löchern, Durchgängen und Aufbauten aus gebranntem Lehm. Wir bahnten uns den Weg durch eine urtümliche Stadt, wie ich sie noch nie gesehen hatte. Die junge Frau reichte mir immer wieder die Hand, was ich sehr angenehm fand. Eventuell war diese Geste in ihrer Kultur auch logisch. So verloren wir einander nicht und kommunizierten, wenn wir schon nicht miteinander sprachen, auf andere Art. Sie war aus Libyen. Ich kam aber nicht dahinter, für welches Medium sie arbeitete. Während des Spaziergangs wurde mir klar, dass sie für gar kein Medium arbeitete. Journalistinnen verhielten sich anders. Als wir uns dem Hotel näherten, ließ sie meine Hand los. Wir verabschiedeten uns im Foyer, da schien sie mir etwas kühl.

Am nächsten Morgen hieß es, ich hätte für einen Skandal gesorgt, denn sie sei die Tochter eines lokalen Wichtigmachers. Beim Frühstücksbuffet tat sie mit Konzentration so, als wäre ich Luft, egal wie lange ich meinen Hals streckte und wie fröhlich ich ihr winkte. Einer der Veranstalter kam zu meinem Tisch. Er fragte, wie ich den Zieleinlauf des Kamelrennens gefunden habe. »Spannend«, sagte ich. »Zu welchem Kamel hielten Sie denn eigentlich, Herr Amanshauser?«, fragte er, bevor er ein Hühnchen mit mir rupfte.

Altstadt von Ghat, Munizip Ghat, Fessan, Libyen.

SLOWENIEN/JUGOSLAWIEN

DIE JUNGE KRANKENSCHWESTER AUS DER ZUKUNFT

Am 13. Juni 2000 vergesse ich morgens, die Tür meines Eiskastens zu schließen. Sie steht zehn Stunden lang offen. Dieser Tag war einst nichts anderes als »heute«, die Zeit hat uns älter gemacht, und in Ihrem Gesicht – ja, ich meine Sie – hat sich eine scheußliche Falte gebildet: zwischen Nase und Oberlippe. Sie ist ein Vorbote jener Falten, die sich an Ihnen festkrallen werden und aus Ihnen ein schlaffes Ungeheuer machen, mit dem sich in den fünfziger Jahren des 21. Jahrhunderts eine junge Krankenschwester herumplagt. Ihre zukünftige Krankenschwester muss regelmäßig mit Desinfektionstüchern die hellbraune Flüssigkeit entfernen, die aus der Spalte zwischen Ihren Hinterbacken sickert.

Ihr Freund fragt sie manchmal, wieso sie so abwesend ist. »Ach, nichts«, sagt die junge Krankenschwester.

Am 13. Juni 2000 steht die Tür meines Eiskastens zehn Stunden lang offen. Ebenso offen wie die Fenster meiner Wohnung. Erst um zweiundzwanzig Uhr komme ich heim. Meine Eineinhalb-Liter-Flasche Almdudler ist warm. Entnervt stelle ich den Fernseher an. Slowenien führt 1:0, 2:0, dann 3:0 gegen Jugoslawien. Es ist das letzte Spiel zwischen zwei Ländern, von denen eines einst zum anderen gehörte.

Es klingelt an der Tür. Ein Nachbarsjunge fragt mit traurigen Augen, ob ich seinen kleinen kuscheligen Hund Wolfi gesehen habe. Nein, hab ich nicht. Momentan tut sich in dieser Geschichte wenig. Sie können zum Spiegel gehen, Ihre neue

Falte untersuchen. Als dann noch der Jugoslawe Mihajlovic die Rote Karte erhält (60. Minute), schlafe ich ein.

Ich schlafe zwei Stunden. Im Traum bin ich durstig. Ich möchte Almdudler. Öffne den Eiskasten. Schreie auf. Vor mir liegt totgefroren der kleine Hund Wolfi. Das Fußballspiel ist längst zu Ende. Im TV klappern die Hufe von Pferden über den Sand. Die Jugoslawen haben vermutlich 0:3 verloren. Erfahrungsgemäß tut sich in Spielen, in denen eine der beiden Mannschaften drei Tore und einen Spieler Vorsprung hat, gar nichts mehr.

Die junge Krankenschwester schiebt Ihnen eine Tablette zwischen die Lippen. Sie habe Schwierigkeiten mit dem Schlucken. Mir graut vor dem Weg in die Küche. Mich bedrängt der Gedanke, dass das kleine Hündchen Wolfi in meinem Eisfach liegt. Es könnte ja untertags durch das offene Fenster eingedrungen sein (1:3).

Sehen Sie Ihre Falte? Ich frage mich, ob man während jener Zeit, in der man sich neue Falten zuzieht, gelebt hat, oder ob man nur Zeit absitzt. Manchmal überlegt die junge Krankenschwester, welcher Mensch Sie früher gewesen sind, ohne künstlichen Harnausgang, am Beginn des 21. Jahrhunderts (2:3).

Leider kommen ihr diese Gedanken, wenn ihr Freund mit ihr schlafen will. Sie dreht sich auf die andere Seite. Der Freund ist zärtlich, aber auch ein bisschen ungeduldig. Die junge Krankenschwester will ihre Gedanken nicht preisgeben. Sie fürchtet sich vor dem Wort »Orgasmusprobleme« (3:3).

Fußballspiel am 13.6.2000, EURO 2000, Belgien/Niederlande, Jugoslawien–Slowenien.

CHINA

AMANSHAUSER UND DIE FALSCHE TEEZEREMONIE

Eine »originale« touristische Teezeremonie ist ja das Ödeste der Welt. Ich dachte mir, so was brauche ich nie mehr erleben. Dann geschah Folgendes: Am People's Square in Shanghai sprechen mich zwei Chinesen und eine Chinesin an, ob ich ein Foto von ihnen machen kann. Gern. Sie fragen, gutes Englisch, recht unchinesisch, ob ich nicht Lust habe, zehn Minuten mit ihnen zu spazieren, sie gehen in ein Teelokal. Interessant. Ich strenge meine Gehirnwindungen an, was sie von mir wollen. Sind sie *echt?* Bei unserem Spaziergang erfahre ich wenig von ihnen. Ich komme zu dem Schluss, es sind simple, nette Chinesen, konzentriere mich aber, von ihnen nicht zu weit in geografisch unbekanntes Terrain geführt zu werden.

Zielstrebig steuern sie auf einen kleinen Erdgeschoßraum zu, in dem für eine Teezeremonie aufgetischt wird. Aha, denke ich, oje, also so etwas ist das. Beim Hinsetzen frage ich gleich nach den Preisen. Jeder Tee kostet pro Person neunundvierzig Yuan. Ich werde nur drei Teesorten probieren, sage ich. Sie blicken sich alarmiert an, spielen aber weiter. Verdammte, nette Scammer. Da mir jedes Wort des Zeremonienmeisters konsekutiv übersetzt wird, nervt die Zeremonie bald sehr. Nach der dritten Kostung stehe ich wie angekündigt auf und verabschiede mich. Ich schlage vor, sie können ja weitertrinken.

Eine aufgeregte Diskussion erhebt sich. »Es ist in China unhöflich, wenn nicht alle gleichzeitig gehen!« Ich beklage das wortreich und ohne das geringste Bedauern. Offenbar planen sie auch einen Abgang.

Die Gesamtrechnung macht siebenhundertsiebzig Yuan aus: »Ist in China unhöflich, getrennt zu zahlen!« Ich gebe trotzdem »ganz unkompliziert« meine hundertfünfzig Yuan, lasse mir sie noch auf hundertachtzig hinaufhandeln (so eine Art Coperto sei »in China« bei Teezeremonien dabei, heißt es). »Man ist in China nur ein Gentleman, wenn man die Frau einlädt!« Ich sage, das stehe ihm ja gerne frei. »Aber in China ist man Gentleman!«, wiederholt er verärgert.

Ich schüttle den Kopf. Sie »zahlen« mit einer Kreditkarte außerhalb meines Sichtbereichs und endlich sind wir draußen vor dem Laden. Sie lassen sich nicht fotografieren: »Nein, geht nicht, ist viel zu schmutzig hier!« – »Bitte, bitte«, rufe ich, »nur ein Foto!« – »Nein, geht nicht hier, viel bessere Fotos auf dem People's Square.« Sie hasten davon, am Ende schreien sie mir nach: »To the People's Square, to the People's Square!«, und nehmen Reißaus.

Teezeremonie. Nanjing Road, Höhe People's Square, Shanghai, China.

RUSSLAND

AMANSHAUSER UND DAS KÄTZCHEN

Ich möchte von Irkutsk nach Burguduz fahren, aber niemand in Irkutsk scheint diesen kleinen Ort an der Angara zu kennen, vermutlich betone ich irgendwas falsch, beim Lesen der kyrillischen Buchstaben bin ich höchstens mittelmäßig.

Endlich der richtige Bus. Beim Einsteigen frage ich mich, was ich da tue. Wieso ich gerade Burguduz ausgewählt habe. Wegen des poetischen Namens? Laut Reiseführer ist die Gegend zudem äußerst malerisch.

Der Bus ist recht voll, und die Leute starren mich an, wie man im Wilden Westen wohl beim Betreten eines Saloons angestarrt wurde. Ich blicke in die müden Augen von Säufern, in die sanften von sibirischen Großmüttern, die warmherzig, aber fassungslos meine Erscheinung registrieren. Ich bin der einzige Passagier, der H&M trägt. Ich lasse mich auf einem Gangplatz nieder, eine durchaus schlechte Wahl. Neben mir sitzt ein Schnarchender, schnarcht ein Sitzender. Sein Speichel spannt einen dünnen Spinnenfaden zwischen der Lippe und dem obersten Hemdknopf.

Sibirisches Temperament: Die Strecke heißt Baikalsky Trakt – eine hügelige Wahnsinnspiste, die entlang der Angara, dem Abfluss des Baikalsees, die sanfte Waldlandschaft durchquert. Der Fahrer drückt das Pedal, ein Wrack steht im Weg, ein kurzes, knappes Manöver, die Sibirier bremsen höchstens für Kühe. Trotz Rechtsverkehr befindet sich die Mehrheit der Lenkräder der Entgegenkommenden auf der »falschen« Seite, importierte japanische Zeitbomben.

Bald werden die Leute warm mit mir, helfen mir, den Kopf des Speichelfadenmanns von meiner Schulter zu entfernen und ihn an die Fensterscheibe zu lehnen.

Jemand will mir das Wässerchen Wodka aufdrängen, Junge, wieso trinkst du nicht? Jemand schüttet mir klebrige Sonnenblumenkerne in die Hand. Ein Mann ohne Schneidezähne rüttelt an meinem Oberarm. Wirkt geistig behindert. Zerrt an meinem Hemd. Ich nehme seine Hand, platziere sie auf die Sitzlehne vor mir.

How many children ich habe?, fragt er, er hat nämlich zwei. Und money?, fragt er.

Eine junge Frau reicht mir ein Kätzchen nach vorne. Sie setzt es auf meinen Schoß. Es schnurrt. Ich streichle es. Sie rettet mich damit, und sie weiß das.

Baikalsky Trakt, zwischen Irkutsk und Burguduz, Russland.

NAMIBIA

AUS DEN GERICHTSAKTEN DER SÜDWESTER

In Namibia fielen mir Kopien historischer Gerichtsakten des *Kaiserlichen Bezirksamts von Windhuk* in die Hände. Die deutschen Südwester stritten unter Afrikas Sonne wie Wilde. So klagte etwa der Tischler Harry Venter den Tischler Palm, da dieser ihm am 11.2.1908 zugerufen habe: »Na, ist Ihr Tripper, den Sie damals gehabt haben, nunmehr geheilt?« Ein dritter Tischler, Herr Kiess, könne aber bezeugen, dass Venter niemals krank gewesen sei.

1910 sollte eine Ehe geschieden werden, weil eine Ehefrau gestanden habe, mit Polizeisergeant Frahm in Geschlechtsbeziehungen zu stehen. Beweis: Polizeisergeant Ehrlich habe gehört, wie die Beklagte den Frahm mit den Ausdrücken »Schatz« und »Pfröpfchen« betitelte, bevor sie sagte: »Meine Mitgift habe ich zwischen den Beinen.«

Gegen den Handlungsgehilfen Paetzold wurde am 30.3.1912 ein Sühnetermin wegen Beleidigung der Ehefrau Suhle beantragt. Paetzold habe anlässlich eines Konzerts im Hotel Lehrke öffentlich gesagt, er sei »immer bei Frau Suhle in der Wohnung eingeladen, wenn Herr Suhle im Truppengarten spielt«. Er sei schon öfters zum Frühstück gewesen. Er hätte auch Frau Suhle schon oft haben können, nachdem er aber ihre Beine gesehen, habe er nicht mehr gewollt.

Im Oktober 1912 klagte Bäckermeister Julius Silla Bäckermeister Dengler wegen Schlägen mit einem Peitschenstiel ins Gesicht und wegen der beleidigenden Aussage »Du hast nichts zu fressen gehabt, ich habe dir zu fressen gegeben, du warst froh, dass du zu fressen gehabt hast, und das hast du mir nicht bezahlt«. Zudem habe Bäckermeister Dengler gegenüber Bäckermeister Spießer Bäckermeister Silla als »Schweinehund« bezeichnet.

1915 endete die Epoche Deutsch-Südwestafrikas, die Deutschen zankten weiter: Gouvernementschreiber Weber wurde am 17.4.1917 im *Hotel Kronprinz* vom Schmiedemeister Voigt insultiert, indem Ersterer »mit dem Finger auf ihn zeigte und dabei das Wort BUFF aussprach.« Als der Antragsteller sich näherte, um zu erforschen, ob mit »Buff« er gemeint sei, »erhielt er schon eine derart schallende Ohrfeige, dass er an seinem Ohr noch mehrere Tage lang Schmerzen verspürte«.

Kaiserliches Bezirksamt Windhuk, Deutsch-Südwestafrika (1884–1915), heute Windhoek, Namibia.

SERBIEN

STROMAUSFALL IN BELGRAD UND WIEN

Abends, in einem Straßenzug in Wien-Hietzing, stutzte ich. Ich kapierte nicht gleich, was los war. Irgendetwas war anders – genau, die Straßenbeleuchtung fehlte. Die Straße war dunkel. Und hinter keinem der Fenster brannte Licht. Überhaupt nirgends war Licht. Ein echter Stromausfall.

Ein Mann stand auf einem Balkon in einem ersten Stock und sagte mit rauer, düsterer Stimme zu mir hin: »Das geht schon eine halbe Stunde so.« Er machte eine Handbewegung, als würde er hinter mich deuten. »Die sind alle wahnsinnig geworden«, fügte er hinzu. Ich drehte mich um. Hinter mir war niemand. »Lauter Vollidioten«, ergänzte er und zog sich zurück.

Niemand war wahnsinnig geworden. Da kam mir ein überaus fröhlicher Stromausfall in Belgrad in den Sinn. Ich grübelte, warum mich diese Erinnerung nicht fröhlich, sondern traurig machte. Daheim blätterte ich im poetischen und merkwürdigen Buch »Eine winterliche Reise zu den Flüssen Donau, Save, Morawa und Drina« von Peter Handke. Ich hatte es seit Belgrad nicht mehr berührt.

An jenem Sommertag frühstückte ich auf einer Esplanade vor dem *Hotel Royal* in Belgrad. Ein SMS meiner Verlegerin kam an. Sie teilte mit, dass der österreichische Bundespräsident Klestil verstorben sei. Bekümmert verrührte ich den Zucker in meinem bitteren Coca-Cola und trauerte über die Hinfälligkeit menschlichen Lebens. Ich überlegte, ob beide Klestil-Gattinnen dereinst in der Präsidentengruft am Zentralfriedhof bestattet würden, merkte aber, dass mich diese Frage weder beschäftigen sollte (ging mich nichts an) noch beschäftigen musste (würde geregelt werden). Auch merkte ich, dass mich der Tod »meines« Präsidenten, dem als Person ich mit erschütternder Teilnahmslosigkeit gegenübergestanden war, schwermütig machte. Vielleicht lag es an der Geschichte dieser Stadt Belgrad, die ihren eigenen Präsidenten erst kürzlich losgeworden war. Noch immer hingen unzählige Plakate dieses Mannes herum, der sich in einem anderen Land vor Gericht verantwortete.

Ich spazierte herum und zählte die Expräsidenten-Plakate. Ich kam an etlichen Kriegsruinen vorbei. Ließ man sie stehen, damit es nicht wie eine Lüge wirkte, dass die »zivilisierte« Welt sechsundsiebzig Tage lang, von März bis Juni 1999, diese Stadt bombardiert hatte?

Am Abend des Klestiltags kam der fröhliche Stromausfall. Mit einem Schlag wurde es in der Fußgängerzone fast finster. Die Passanten johlten und lachten. Solche Verdunkelungen schienen sie an das Ende eines Albtraums zu erinnern. Ich setzte mich ins Café beim *Hotel Royal*, wo ich gefrühstückt hatte. Der Kellner fragte, ob er mir ein Cola mit Zucker bringen solle. Kaffee und Tee gebe es gerade nicht, denn das seien »electricity drinks«. Er brachte eine Kerze und das Cola. Im Schein der Flamme blätterte ich in Handkes Buch: »Mir dagegen erschien die Bevölkerung, zumindest so auf den ersten Blick, eigentümlich belebt, und zugleich, ja, gesittet«, so Handke. Das fand ich auch.

Aber erst beim Hietzinger Stromausfall sollte ich begreifen, was er mit »eigentümlich belebt« gemeint hatte. Der österreichische Stromausfall war so eigentümlich unbelebt.

Esplanade beim Hotel Royal, Kralja Petra, Belgrad, Serbien.

KASACHSTAN

AMANSHAUSER AN DER GRENZE

Ich bin oft an Grenzen. Meine Tätigkeit hat das erzwungen. Ich komme in Länder hinein und spaziere aus ihnen heraus, lasse mir von uniformierten Walrössern und Gouvernanten Stempel in den Pass hämmern und beantworte mit leicht belegter Stimme ihre Fragen. Zwei davon – meist lauten sie: »Wieso zum Teufel sind Sie gekommen? Wann bitte hauen Sie wieder ab?« – beantworte ich immer mit *tourism* (unkorrekt) und dem Rückflugdatum (korrekt). Bei der Frage nach dem Beruf lüge ich: *editor*. Einige Grenzbeamte würden es nicht schätzen, wenn ich Journalist oder Autor schriebe. Bei *editor* fragt niemand nach. Notfalls bin ich Herausgeber des Wiener *Fanzine für Haikus*, Auflage fünfzehnhundert, wir leben von Förderungen, null online und so weiter. Was für Luxusüberlegungen in einer Zeit, in der für Menschen mit dringlicheren Bedürfnissen, als ich sie je hatte, die für mich so leicht überquerbaren Grenzen geschlossen werden und man ihnen Zäune vor die Nase baut.

Fliegend, frei atmend, auf dem Sitz 7A, mit dem Kopf an einer der Luken aus Polycarbonat lehnend, betrachte ich die Welt unter mir. Ein Blick genügt: Die Striche, die dort unten gezogen werden, sind so fiktional. Daran muss ich denken, wenn ich, als einer der Privilegierten dieser Welt, mein vornehmes *editor* auf dem Einreiseabschnitt notiere, die sanfte Lüge, die mich in Unrechtsstaaten einreisen lässt. Bin ich durch, überkommt mich ein Triumphgefühl. Ich sage leise zu mir: »Na schau. Geht doch.«

Die ärgste Grenze meines Leben überquerte ich in Kasachstan. Wir waren unterwegs mit einem Bus, der von Freiburg nach Peking fuhr. Die Kontrolle dauerte länger als einen Schultag. Die eigentliche Grenze wurde in Eselskarren oder zu Fuß überquert, die Beamten ließen uns in der Hitze darben, mehrmals flossen Bestechungsgelder. Der Tourleader wickelte diese Tätigkeiten souverän ab. Ich saß währenddessen, optimistisch wie alle Privilegienritter, im Warteraum der Grenzstation und beobachtete die Vorgänge rund um ein Vogelnest, das eine mir unbekannte Spezies in einer Wandnische aufgebaut hatte und unermüdlich befütterte. So rau die Kasachstaner Grenzer uns auch entgegentraten, dieses Vogelnest entfernten sie nicht. Ich hielt das für ein gutes Zeichen.

Grenzstation nördlich von Taschkent, zwischen Usbekistan und Kasachstan.

BENIN

AMANSHAUSER UND DER VOODOOZAUBER

Vor der Fahrt nach Benin hatte ich das Buch einer Thüringerin gelesen, die durch die Heirat mit einem taxifahrenden Studenten aus Benin, kurz gesagt, zu einer afrikanischen Prinzessin wurde. Die Geschichte handelt unter anderem von Voodoo, der populärsten Religion Westafrikas, deren Kräfte in beide Richtungen gefährlich werden können: Auf einen böswillig Ausübenden kann der Zauber doppelt zurückfallen. Aufgrund dieser ungünstigen Nebenwirkungen verzichten die meisten Voodoo-Praktizierenden auf Versuche, ihren Feinden direkt zu schaden.

Das Buch lehrt einen, in Westafrika darauf zu achten, dass einem keiner etwas Sinistres ins Ohr flüstert. Denn so wird übler Zauber weitergetragen. Geschieht es trotzdem, solle man niemals nachfragen, was gemeint war. Ich war also mit diversen Warnungen ausgestattet, als ich mich einem der vielen Südbeniner Voodoo-Altäre näherte.

Die Frau hatte zwei lebende Hühner dabei, ein weißes und ein graues. Sie drückte die beiden zitternden Körper auf das Heiligtum, dessen zwei phallische Stängel, ein männlicher, ein weiblicher, sich aus dem nach Rum stinkenden, öl- und blutverschmierten Brandnest in die Luft streckten. Einige Dorfbewohner beobachteten die Szene mit beifälligem Desinteresse. Die Frau überreichte die Hühner dem Kultführer, der sie wie Klötze in Empfang nahm. Dann steckte sie ein Holzscheit in die schwarze Oberfläche des Heiligtums und formte mit den

Lippen ihren Wunsch. Es musste ein wichtiger Wunsch sein, dem Wert des Opfers entsprechend.

Sie zeigte mit dem Finger auf das graue Huhn. Der Kultführer reichte es mit neutralem Gesichtsausdruck einem höchstens sechsjährigen Jungen, der ein Messer von der Länge seines Unterarms hielt. Er bog den Hals des Huhns gegen den Körper. Das Huhn stieß einen rauen, lang tönenden Entsetzensschrei aus, während der Junge ihm routiniert den Hals aufschnitt. In einem Strom floss das Blut auf das Heiligtum.

Als der Blutstrom dünner wurde, wrang der Junge das sterbende Tier aus und schleuderte es in die Luft, als Zeichen, dass es seine Funktion erfüllt hatte. Es flatterte und schrie, versuchte sich noch einmal zu erheben. Ein dreijähriges Kind fasste das schwirrende, schwächer werdende Bündel an den Federn und zog es wie Spielzeug hinter sich her, bevor der Kultführer es ihm aus der Hand nahm. Unterdessen träufelte die Frau aus einem Fläschchen orangefarbenes Palmöl über den Blutbach.

Da fühlte ich, wie ein anderer Junge, vielleicht zwölf Jahre alt, einer, der bereits länger neben mir gestanden war, noch näher rückte. Er war bereits so nahe, dass ich seinen Atem spürte. Der Junge flüsterte mir Worte ins Ohr. Er hatte eine grauenhaft raue Stimme. Ich blickte ihn an. Er sah böse zurück, auch etwas spöttisch. Ich riss mich los und ging zum Wagen, ich hatte genug. Leider muss ich seitdem alle paar Wochen an ihn denken. Der heiße Hauch an meinem Ohr. Die Flüsterstimme.

Als mich der junge Arzt im Wiener AKH sechs Wochen später fragte, was denn meine »subjektive Erklärung« für den Ausbruch der Krankheit sei – ich fand die Formulierung arrogant –, dachte ich an den Jungen. Ich sagte nichts.

Auf der Landstraße nahe der Stadt Abomey, Benin.

WALES

DYLAN THOMAS UND DIE GEISTERSTUNDE

Mein erster Abend am steilen Cwmdonkin Drive 5 in Swansea-Uplands. Seit den achtziger Jahren wurde das Geburtshaus des Dichters Dylan Thomas als Hostel und Bed & Breakfast abgewohnt – bis zwei lokale Visionäre, Mrs. und Mr. Haden, es 2003 für dreißig Jahre pachteten und in den Urzustand zurückbrachten. Heute vermieten sie es an Neugierige, Fans, Poeten. »Zum Glück wohnten hier immer Leute, die es sich nicht leisten konnten, viel an der Substanz zu verändern«, erläutert Mr. Haden in der, wie die Thomas-Familie es nannte, *lounge*, dem vorderen Repräsentationszimmer. Ich zucke zusammen, als die Großvaterstanduhr aus dem 19. Jahrhundert neben uns die volle Stunde schlägt.

Am 27. Oktober 2008, dem vierundneunzigsten Geburtstag von Dylan Thomas, begann die neue Ära. Rund um den hundertsten Geburtstag gab es Veranstaltungen und Lesungen. Mr. Haden sieht auf Details, für die Gäste hat er im Arbeitszimmer des Vaters eine hundertjährige Original-*Time*s hinterlegt.

Die Hadens füllten die Immobilie ausschließlich mit Gegenständen aus der Zeit; viele Bücher, einiger Kitsch, so manches Edle. Die bürgerliche Großzügigkeit des engen, britischen Gebäudes erschließt sich erst von innen: Lounge, Elternzimmer, Küche, Esszimmer, Schwesternzimmer, Dylan-Kabinett und Upper Front Bedroom, also jener Raum, in dem der berühmteste Lyriker des 20. Jahrhunderts (und nebenbei der populärste Waliser überhaupt) auf die Welt kam. Eine kleine Wiege steht heute drin.

Vor allem fällt die wunderbare Stille auf. Kein TV-Gerät und auch sonst nichts vom Soundmix des 21. Jahrhunderts. »Da Sie allein sind, können Sie schlafen, wo Sie wollen«, sagt Mr. Haden, bevor er heimgeht und mich mit der Vergangenheit allein lässt, »natürlich auch in Dylans Kabinett, in dem zwei Drittel seiner Werke entstanden sind.«

Dann ist er weg. Ich werfe einen nachdenklichen Blick auf die Standuhr. Ob sie um Mitternacht schlagen wird?

Heute ist Halloween, da bietet sich ein Abstecher zur *Uplands Tavern* an. Früher hieß das Pub *Uplands Hotel*, und Dylan Thomas verbrachte hier ebenso seine Saufabende wie der Vater D.J. (kein DJ, sondern David John, Schuldirektor). Hier unten ist im wahrsten Sinne des Wortes die Hölle los. Teufel, Hexen, düstere Priester, Opfer mit klaffenden Wunden, und wer ironisch ist, verkleidet sich »als Deutscher«. Vor dem Pub bildet sich eine Queue: maximal dreihundert Menschen Kapazität, und der Verkehr stockt, Motto: »one out – one in.«

Nach ein paar Guinness, nicht ohne sicherzugehen, dass ich die zwölf Geisterstundengongs der Standuhr im Thomas'schen Haus versäumt habe, ersteige ich den Cwmdonkin Drive, betrete mein Nachtquartier und beziehe den Upper Front Bedroom, in dem das Baby Dylan vor fünfundneunzig Jahren und vier Tagen seinen ersten Schrei getan hat. Ich lese eine Passage des erwachsenen Dylan: »Ich drehte die Gaslampe aus, ging zu Bett. Ich sagte ein paar Worte zu der nahen und heiligen Dunkelheit, und dann schlief ich.«

Birthplace of Dylan Thomas, 5 Cwmdonkin Drive, Swansea, Wales.

USA

AMANSHAUSER INTERVIEWT VONNEGUT NICHT

Am 9. April 2007 sah ich in der New Yorker Subway ein Graffito, das mich berührte: *Kilgore Trout was here.* Trout, eine Romanfigur von Kurt Vonnegut, war der denkbar schlabbrigste, unerfolgreichste, gleichzeitig stolzeste, aufrechteste Schriftsteller der Welt. Kilgore Trouts Kurzgeschichten wurden – laut Vonneguts Fiktion – nur in Pornomagazinen abgedruckt, von denen er nicht einmal Belegexemplare erhielt. Trout musste sich seine eigenen Werke in Pornoshops beschaffen.

Das Romanfigur-Graffito erinnerte mich daran, dass ich mein Projekt vernachlässigte, Kurt Vonnegut zu interviewen. Wieder war ich in seiner Stadt, wieder ohne Interviewtermin, ich hatte diesmal sogar nichts dafür unternommen. Wenn ich und Kurt Vonnegut ewig so dahinlebten – dachte ich –, würden wir einander nie begegnen.

Ich führe ungern Interviews. Es klappt immer nur halb, ich rede zu viel, ich höre ungenau zu. Mein Unbewusstes möchte die Interviewpartner lästigerweise immer auf mich selbst hinweisen. Die Interviewpartner nehmen diese nonverbalen Bemühungen nur peripher wahr, da sie ja mit allen Mitteln versuchen, auf sich selbst hinzuweisen. Oft hatten diese Menschen Bücher geschrieben, die mir gefielen. Und am Ende war ich etwas enttäuscht von ihnen.

Angesichts des Kilgore-Trout-Graffito mischte sich Erleichterung in meine Wehmut. Kurt Vonnegut würde auch diesmal keine Gelegenheit bekommen, mein Bild von sich ins Wanken zu bringen: Seit der Lektüre von »Cat's Cradle«

und »Galapagos« halte ich ihn für den weisesten Schriftsteller unserer Zeit.

Ich hatte drei Kontaktversuche unternommen. 2003 bat ich seinen deutschen Übersetzer Harry Rowohlt brieflich um Vermittlung. Der antwortete 2004: Falls ich seinen persönlichen Rat wolle, das Leben sei zu kurz für Interviews; ansonsten solle ich mich an die Verlage wenden. 2005 verlief mein Kontakt zum amerikanischen Vonnegut-Verlag im Sand. 2006 vertröstete mich der PR-Mann seines deutschen Verlags: »Danke für die Anfrage. Aber erst müssen wir dem Meister noch zwei zentral wichtige Interviews beifüttern.« Kurz darauf fand ich ein Vonnegut-Interview im *Spiegel* und musste konstatieren, dass meine zentrale Wichtigkeit (Ö/»Qualitätsmedium«) im Hinblick auf »Beifütterung« des »Meisters« geringer war, als ich angenommen hatte.

Der 11. April 2007 war in New York ein nebliger, kalter Tag, und der 12. April ebenfalls. Im Stadtteil Chelsea entdeckte ich kein Kilgore-Trout-Graffito, sondern eine Nachricht, die meine Interview-Pläne endgültig durchkreuzte. Auf einem Speisekarten-Ständer vor einem peruanischen Lokal einen simplen Nachruf in Kreide: Kurt Vonnegut möge »auf seinem neuen Planeten in Frieden ruhen«. Er war am Vortag, wenige Kilometer von hier, im Alter von dreiundachtzig Jahren gestorben.

»Falls ich – Gott behüte – je sterben sollte, würde ich gerne in den Himmel kommen«, hatte Vonnegut in seinem letzten Buch gefordert. Gott behütete ihn zumindest vor mir. An den Himmel glaubt ohnehin niemand, der seine Bücher gelesen hat.

Lima's Taste Ceviche Bar, Christopher Street 122, Chelsea, New York, USA.

POLEN

AMANSHAUSER FINDET SEIN LIEBLINGSLAND

Vor Jahren übersiedelte ich nach Portugal. Bei meiner Rückkehr sprach ich Portugiesisch, während mein romantisches Idealbild eines südlichen Landes leider zerbröckelt war – auf der Jagd nach Erlösung legt man sich harte Urteile zu. Dennoch kann die menschliche Suche nach dem perfekten Ort (der perfekten Liebe) aus irgendeinem tragischen Grund oder Missverständnis nie enden.

Da mein rationales Ich einsieht, dass es in der Realität nicht fündig wird, sucht es sich Situationen, in denen Erfüllung unerreichbar bleiben muss, und malt sie sich vielfarbig aus. Ideal eignet sich dazu die Bahnreise. Man lässt die Blicke schweifen und sich selbst nicht auf Menschen ein. Meine perfekte Fahrt führt von Görlitz nach Wrocław.

Die polnische Seite von Görlitz, Zgorzelec, glänzt aus meiner Perspektive wie ein Traumort aus bröckelndem Verputz und Wehmut. Im Hintergrund geht die Sonne in der Schlucht des Flusses unter, steigt der Mond auf und ich erhalte eine Short Message: »Welcome to Orange we wish you nice stay in Poland.« Schrebergärten, Höfe, Gehöfte entlang der Schienen nach Węgliniec, Häuser wie frische Farbtupfer, rosa und dunkelgelb, Sonderangebotsdispersion aus dem Baumarkt. Die Häuserreihen werden bald von Moorfeldern mit Wiesenschaumkraut verschluckt. Westpolen wirkt lange nicht so schnuckelig wie die Ex-DDR: Der Investor ist nicht das prägungssüchtige Deutschland, sondern die prosaische EU. Ausgerissene Baumwurzeln stehen am Bahndamm wie Igelköpfe aus einer Welt, in der alles größer ist, dann und wann schnuppert ein Reh an einem Stamm – die wilden Birkenwälder der Woiwodschaft Niederschlesien.

In der Dämmerung streunt eine Kindersorte den Bahndamm entlang, die in der EU ausgestorben ist, wo ambitionierte Eltern dem Nachwuchs früh Vorteile für die Berufswelt verschaffen und das durchorganisierte Kind keine Zeit zum Umherstreichen hat. Der Schaffner stellt Tickets wie aus einem anderen Jahrhundert aus – jede Fahrkarte ein Kunstwerk mit Stempel und Signatur. Bahnhof Bolesławiec: Eine Frau trägt einen Strauß Pfauenfedern herum. Die Zahl der Hinbringenden und Abholenden übersteigt die der Reisenden.

Miethäuser mit Gärtchen, der beißende Gestank privat verbrannten Mülls. Eine Familie sitzt in einer Hollywoodschaukel, trinkt Bier aus Dosen, isst einen Krauteintopf, Vater und Mutter heben die Hand, als sie merken, dass ich zu ihnen schaue. In Polen wird vom Straßenrand gewunken.

An den Gleisen bei Legnica steht ein Lkw der allgegenwärtigen Spedition RICÖ (»Osteuropa Asienverkehr«). Mit arrogant-kulturpessimistischer Wehmut denke ich an den unaufhaltsamen Aufschwung Polens und an den Verlust, der dadurch zu verzeichnen sein wird. Der Mond steht noch tief. Er ist blutorange und hat die Form einer Seifenblase. In der Stadt, Bahnhof Wrocław Główny, zerbricht die Illusion. Ein schmutziger, bärtiger Mann windet sich auf einer Bank, hat die Hand in der Hose, wimmert. Obwohl ich es zuerst nicht denken möchte, muss ich den Gedanken zulassen: Der vergnügt sich.

Okay, soll er, ich vergnüge mich auch. Ich verdiene sogar Geld damit.

Zugfahrt zwischen Görlitz und Wrocław (Breslau), Polen.

CHINA

AMANSHAUSER WIRD VERHAFTET

Nachts spazierte ich mit meinem deutschen Begleiter durch das Städtchen Qing Shui (sprich: Tsching Schu-ei) in Uigurien. Da passierte, was man in China immer vage befürchtet. Ein Polizist sprach uns an und bat uns, ihm zu folgen. Er führte uns zu einem Container, in dem ein anderer Polizist saß. Sie nahmen uns die Pässe ab.

Mein Begleiter war langnasig, doch er sprach perfektes Chinesisch. Das war ungünstig, es verlieh uns eine recht aufmüpfige und rätselhafte Aura. Dem Container-Polizisten war anzusehen, wie unendlich wenig Freude ihm die Tatsache bereitete, in dieser geruhsamen Nacht unerwartete ausländische Herumstreuner am Hals zu haben. Der Eifrige redete mit Inbrunst auf ihn ein, vermutlich wollte er seinen Job. Sie telefonierten hin und her, einer eifrig und empört, einer reserviert und kalmierend.

»Sie reden total wirres Zeug«, erklärte mein Begleiter, »und sie haben außerdem einen furchtbaren Akzent im Mandarin. Das uniformierte China ist das Land der Umstandsmeier, bornierten Dummköpfe und Großredner, vor allem in der Provinz.« Er war gewohnt, mit Beamten in Beijing umzugehen, und diese Tölpel versetzten ihn in Wut. Mein Begleiter drohte ihnen mit Botschaft, diplomatischen Verstimmungen, Krieg mit der Bundesrepublik.

Nach asiatischen Begriffen war er sicherlich dabei, »das Gesicht zu verlieren«. Was würden Polizisten in Qing Shui mit einer Langnase anstellen, die das Gesicht verlor – ihn erschießen?

Und was machten sie dann mit mir, einem Mann aus dem scheinbar neutralen *Audili*, der ahnungslos tat, in Wirklichkeit jedoch der noch weit gefährlichere Fremdagent oder Aufhetzer uigurischer Separationsbestrebungen sein mochte?

Ich schlug vor, dass sie uns freiließen, und versprach, wir würden direkt ins *Hotel Qing Shui* gehen und morgen Früh zurückkommen. Der eifrige Polizist gab zurück, dass sie unsere Pässe bis morgen verwahren mussten, um sie einem Vorgesetzten zu zeigen. Und ohne Pässe dürften wir nachts nicht durch Qing Shui spazieren. Eine unauflösbare Sachlage!

Man könne sie, erläuterte mir mein Begleiter, mit Geld beschleunigen. Er werde den Beamten Bargeld anbieten. Ich zog den Kopf ein, während mein Begleiter begann, die Bestechlichkeit uigurischer Polizisten zu erproben. Wenn das nur gut ging.

Hotel Qing Shui und Polizeistation in Qing Shui, Kleinstadt im Uigurischen Autonomen Gebiet Xinjiang, China.

SAMBIA

AMANSHAUSER BEIM BAHNBEAMTEN

Das Büro von Ronald Baas, einem dieser frischen Expat-Holländer um die fünfzig mit einnehmendem Lächeln, liegt direkt im Bahnhofsgebäude der sambesischen Hauptstadt Lusaka. Er managt die hiesigen Eisenbahnagenden. Lusaka ist nicht gerade ein Ort, mit dem man schnell warm wird. Auch Ronald Baas nicht: »Ich bin kein Stadtmensch. Mit meiner Frau habe ich eine Farm gepachtet. Keine Tiere, kein Bauernhof – na ja, wenn ich es mir überlege, haben wir durchaus Tiere, aber ausschließlich unerwünschte.«

Die unzähligen Bauruinen ringsum schrecken Baas nicht. »Die Leute beginnen mit den Fundamenten für ihr Haus, dann geht ihnen das Geld aus und sie pausieren – manche geben auf. Die Kreditzinsen sind extrem hoch. Die Leute leihen sich eine Summe zu fünfzehn Prozent Zinsen aus – monatlich. Das System funktioniert nur, wenn alles in Ordnung ist und bleibt. Eine Krankheit kann eine ganze Familie aus der Bahn werfen – niemand hat Geld für eine gute medizinische Versorgung.«

Rückkehr nach Europa war nie eine Option für Ronald Baas. Aber auch sein Sambia (zehn Jahre Lebenserfahrung) treibt ihn manchmal in den Wahnsinn. »Die Sambier sind verblüffend langsam. Damit muss man leben, das gehört zur Kultur. Da hat es gar keinen Sinn, den Europäer zu spielen. Das System hat ja auch Vorteile: Ich denke, dass die Stresskrankheiten, Burn-out und so, hier weitgehend unbekannt sind.«

Er spricht vom langen Atem, den man in Afrika haben muss. »Einige Dinge sehe ich anders als früher. Zum Beispiel die

NGOs. Mittlerweile gibt es in Lusaka, glaube ich, an die hundertvierzig nicht staatliche Organisationen. Jede von denen hat ihre Projekte, und teilweise sind es völlig idiotische Projekte. Von einem Projekt für biologisches Farming habe ich gehört, das machen die mit einem Bauern, dessen Vorfahren seit mehreren Hundert Jahren biologisches Farming betreiben. Oft liefert Entwicklungshilfe nur den Vorwand für einen interessanten Lebenslauf, der zwar teilweise in Afrika spielt, aber mit allen Sicherheitsnetzen. Denen geht es ausschließlich um sich selbst!«

Bahnhofsgebäude von Lusaka, Sambia.

MOLDAWIEN

AMANSHAUSER IN EINER DUNKLEN STADT

Ich komme abends an. Der erste Spaziergang verblüfft mich. Zuerst denke ich, wir haben Stromausfall, nein, Chişinău betreibt einfach zu wenig Straßenbeleuchtung. Auf den Gehwegen der schmalen Alleen klaffen Löcher. Eine europäische Hauptstadt, in der ein Abendspaziergang unheimlich ist! ... Zur Ablenkung versuche ich, sie richtig auszusprechen. Ki-Schi-Nau, Ki-Schi-Nau, murmle ich vor mich hin, während dunkle Gestalten meinen Weg kreuzen. Kann gar nicht anders sein, sage ich mir, ist ja beinahe dunkel.

An einer unguten Ecke knurrt ein Hund. Ich weiche zurück. Er knurrt lauter. Ki-Schi-Nau, murmle ich. Nützt nichts. Ich muss tiefer in die Dunkelheit. Möglichst rasch zurück zum Hotel.

Untertags ist es ganz anders. Die Anlage, die urbane Grundkonstruktion, die Bernardazzi-Architektur (heißt so nach einer Architektenfamilie) – alles außergewöhnlich. Das Überqueren der Straßen macht Probleme. Keiner der Autofahrer scheint ernsthaft mit Fußgängern zu rechnen. Dafür wird viel bekreuzigt, überall in der Stadt, auch sicherheitshalber, vor allem nahe bei der Kathedrale der Christgeburt.

Im Park steht eine Straße der abgeschnittenen Köpfe, man nennt das wohl Statuen oder Brustbilder berühmter (ausschließlich) Männer. Kaum unterscheidbar sind diese Helden, bis ins Knochenmark humorlos. Ein Passant, der sich mit dem Namen Mark vorstellt, »wants a short conversation about God«, zieht sich aber bei meiner Ablehnung dezent zurück. Ihm kommt es nicht auf den einzelnen Sünder an. Theoretisch können die meisten Menschen noch gerettet werden.

Die Bettlerinnen unter dem Arcul de Triumf, dem kleinen Triumphbogen, vollführen eine Zwischengeste zwischen dem Bekreuzigen und dem internationalen Zeichen für Hunger. Ki-Schi-Nau, Ki-Schi-Nau, sprudle ich hervor, und sie lachen ganz unhungrig. An uns vorbei rasen scheppernde Trolleybusse und greisenhafte Taxis. Die Auspuffgase riechen wie in meiner Jugend, ich schnüffle glücklich. Ohne Katalysator? »Im wenig industrialisierten Moldawien ist die Luft sehr sauber«, steht im Reiseführer.

Chişinăus Markt, die Piaţa Centrală, ist eine positive Überraschung. Am Hinterausgang stellt sich allerdings wieder Mark höflich vor und »wants a conversation about God.« Die Schäfchen, die gerettet werden sollen, gleichen einander ja vollständig. Mark ist so ein freundlicher Mann, ich muss mich derart konzentrieren, um ihm nicht Ki-Schi-Nau, Ki-Schi-Nau ins Gesicht zu singen.

Arcul de Triumf, Bulevardul Ştefan cel Mare şi Sfînt; Piaţa Centrală, Strada Ismail, Chişinău, Moldawien.

ST. VINCENT UND DIE GRENADINEN

AMANSHAUSER BEGEGNET SANDMÜCKEN

Liebe Leserinnen und Leser, manchmal fragen Sie mich, ob es denn »dort auch Mücken« geben würde. Ich bleibe meist im Vagen und murmle etwas von unterschiedlichen Jahreszeiten und davon, dass doch der eine immer gestochen wird, weil sein Blut süß ist, und die andere niemals. Es ist ein heikles Thema. Ganze Landstriche, Länder, Kontinente – ja, die halbe Welt – dürften nicht mehr bereist werden, wenn man den Mücken die Vorherrschaft gewährt. Aber natürlich gibt es Sonderfälle.

Wir waren per Katamaran von Grenada gekommen und saßen mit einem Cocktail am Strand von Union Island, der südlichsten Grenadinen-Insel. Sanft brandeten die Wellen. Es hätte ein gemütlicher Abend werden sollen. Nach einer Minute brach die Hölle los. Beine juckten, kribbelten, schmerzten. Alle sprangen auf, manche einen halben Meter hoch. Einer von uns kreischte: »Sandflöhe! Sandflöhe!«

Ach Leser/in, Sie brauchen Sandflöhe nicht zu googeln, ich hab das längst für Sie erledigt, es erscheinen scheußliche Bilder von verkrusteten Menschenfüßen, es sieht aus wie ein Skandal im österreichischen Strafvollzug, Aufdeckung Florian Klenk.

Wenig später saß ich vollbekleidet im Hotelzimmer vor einem Jasmintee. Das Sandflohweibchen, recherchierte ich, einen Millimeter groß, springt bei uns Menschen auf. Am liebsten dringt es in den Spalt unter unseren Zehennägeln ein. Es bohrt, bis es ein Blutgefäß erwischt, schwillt an, wartet, dass ein Männchen zur Befruchtung vorbeikommt. Die Larven fallen, geht es nach Sandflohwillen, in den Sand. Das lebendige

Tier in uns Menschen stirbt nach wenigen Wochen und wird vom Körper abgestoßen.

Das war nicht, was wir gerade erlebt hatten – wurde mir während der Recherche immer klarer. Nein, es waren keine Flöhe gewesen, sondern Sandmücken, auch »Poolsauger« genannt. Nicht weil sie uns gerne an Pools befielen, sondern weil sie mit ihren breiten Beißwerkzeugen einen Pool aus menschlichem Blut verschlangen. Die schlechte Nachricht war, sie übertrugen Krankheiten wie Papataci-Fieber, Peru-Warzen und Leishmaniose, Letzteres eine arge Sache. Nicht googeln, ich tat es! Sandmücken sind nachtaktiv, fand ich heraus, sie befallen nur schlafende Opfer. Ich bestellte einen doppelten Espresso aufs Zimmer.

Welche Stiche hatten nun wir heute am Strand gespürt? Ich fand die gute Nachricht: Es gab siebenhundert Unterarten, und die tropischen Sandmücken waren vergleichsweise harmlos, hinterließen Hunderte Bisse, übertrugen nichts Schlimmes. Man konnte sich allerdings kaum gegen sie schützen.

Beim Frühstück, gleich neben dem Pool, sahen die Kollegen in langen Hosen aus, als müssten sie ihren Urlaub wegen Todesfällen in der Familie abbrechen. Ich wollte mein neues Wissen über Poolsauger & Co. ausbreiten oder es zumindest den Interessierten anbieten. Zu meiner Überraschung erlaubten diese Leichenträger von Touristen, die gestern noch meine Freunde gewesen waren, mir das nicht. Ja, sie wollten nicht einmal die gute Nachricht hören. »Hör endlich auf mit diesen Schauergeschichten, Martin!«

Liebe Leserinnen und Leser, sollten Sie ab jetzt daheim bleiben wollen, kein Problem, ich mache allein weiter. Ich teste weltweit alles für Sie, es genügt, wenn Sie weiterlesen.

Strand bei Union Island, St. Vincent und die Grenadinen.

DANKE

Bernhard Amanshauser, Anton Badinger, Isabell Böck, Miriam Brakel, Barbara Brank, Cintia Brito, Béatrice Chicanaux, Hans-Peter Christoph, Heribert Corn, Klaus Dietsch, Nicole Dorigo, Katharina Dumas, Erich Ebenkofler, Nina Eberth, Isabell Finzel, Monika Frömmel, Gabriele Gauler, Barbara Giller, Andrea Grill, Michael Haberl, Susanna Hagen, Matthias Hammer, Sabrina Hasenbein, Ina Jander, Andrea Hetzel, Lydia Hufmann-Bisping, Steffi Jochim, Daniel Kalt, Romana Kanzian, Gertraud Kohlbacher, Kerstin Kotzmann, Eva Krivanec, Alexander Kugler, Dorothea Löcker, Nariman Mansouri, Sylvia Marek, Maike Marx, Kianna Molina, Stephan Schwarz, Anna Mora Solà, Madeleine Napetschnig, Mathias Nemec, Britta Neuper, Tanja Paar, Petra Percher, Alexander Potyka, Elena Quintana, Julya Rabinowich, Michael Reichel, Claudia Reinprecht, Christiane Reitshammer, Patrik Schädler, Walter Sedlacek, Linda Stift, Patricia Varga, Felix Willeke, Yenia Zaba.

DIE BEREISTEN LÄNDER

monde et de ses propres filles. L'apprendre m'a fait mal, comment peut-on abandonner ses enfants à un père violent et revendiquer la foi ? Ma rancune a été, sur le moment, si forte que je décidai d'abord de l'ignorer, une mère, je n'en ai jamais eu, me répétais-je. Mais bien malgré moi, des inquiétudes m'interpellent, un sentiment poignant me ronge, la peur de perdre quelque chose d'essentiel, une mère. Elle a peut-être trop souffert, elle aussi, elle a peut-être trop vieilli, elle a peut-être besoin de moi. Mais j'essaye de tout balayer et d'oublier. Là-bas, de toute façon, me dis-je, ils ont choisi la mort, ils refusent la vie, ils bannissent le moindre plaisir, ils ne connaissent que Dieu, le Cheikh et les prières. Que ferait une mauvaise fille comme moi dans un pays d'ascètes ? Si seulement ma petite sœur était là !

Cependant, une douloureuse nostalgie m'étreint encore, ma mère, une envie irrésistible de toucher son visage et ses mains, d'entendre sa voix que j'ai oubliée, de sentir l'odeur de ses bras, de démêler ses cheveux qui ont sûrement blanchi ; mais il y a aussi les peines que je lui raconterais, l'amertume, les souffrances que nous avons endurées ma petite sœur et moi à cause de sa désertion, je crierais les mots amers que j'ai longtemps susurrés dans mon cœur. Mais aurais-je l'occasion de l'affronter vraiment ? Elle est peut-être mourante ? Je la sauverais peut-être, je la ramènerais ici, je la soignerais, elle se réveillera de la longue nuit qu'elle a vécue sans ses filles, et peut-être apprendrons-nous à nous aimer, et peut-être ma petite sœur nous rejoindra-t-elle et peut-être serons-nous une famille, et peut-être devrais-je pardonner, oublier, et peut-être humerais-je encore, avec bonheur, le parfum de ses yeux ?

Je confiai ma vieille cousine à Zeinab, je fermai la maison et louai un bon 4x4 avec chauffeur. J'en avais pour quelques heures, je pensais, une journée ou deux tout au plus.

La route était ardue, la montagne interminable, la voiture était ballottée par les gros cailloux, elle se heurtait à chaque moment à des creux qui paraissaient infranchissables, elle chancelait en cherchant une voie parmi les pierres, mais le chauffeur était habile et connaissait le chemin. Le plus difficile fut de retrouver le passage qui, au milieu de cet univers minéral, ouvre sur Louad. Nous le trouvâmes enfin, et du haut de ces remparts élevés, je contemplai le lieu d'exil de ma mère. Louad dormait au milieu d'une vallée entourée de montagnes, on ne voyait d'abord, à l'arrière, que la Montagne, immense, qui saluait le ciel bleu, étranglée par les dunes, et deux cabanes qui gisaient là accrochées à ses flancs ; en contrebas des palmiers balançaient leurs ramures sous le léger vent, des enclos protégeant des cultures, et puis apparaissaient des maisons mal alignées les unes à côté des autres, et tout au nord une grande bâtisse adossée à une mosquée entourée de tentes. « Louad, l'eldorado des ermites », dit le chauffeur en ricanant. Mais une plongée au milieu des roches nous attendait encore ; nous devions descendre par une passe étroite et chaotique, la voiture branlait sous les secousses, le crissement des pneus et les jurons du chauffeur m'assourdissaient. « C'est eux qui ont construit cette route, avec leurs mains », expliqua-t-il, mi-admiratif, mi-exaspéré.

C'était l'après-midi, et le village s'assoupissait déjà. Aucune présence dans l'unique rue que nous empruntâmes, les maisons se ressemblaient toutes, de la pierre et de l'argile, toujours les mêmes portes peintes en bleu, les murs blancs et de basses fenêtres touchant presque le sol, beaucoup de tentes immaculées, bien tenues, du silence, on entendait seulement un haut-parleur d'où s'échappaient des sourates. Nous nous arrêtâmes devant la grande bâtisse, une longue terrasse, de longs murs, beaucoup de fenêtres, on n'y remarquait aucune présence, cela devait être la demeure du Cheikh. Un homme sortit rapidement d'une tente, il pressait le pas vers nous et ouvrait les bras, il disait des mots de bienvenue, une ritournelle, une chanson bien apprise, pensai-je aussitôt, le protocole de la secte. Il nous invita à entrer, « Non, lui répondis-je, nous cherchons la maison où habite Lalla, une femme âgée et malade, ma mère », il se figea alors, me regarda un instant comme s'il venait de me voir, puis m'indiqua une maison, à l'autre extrémité de la ville, « Elle n'est plus malade, notre mère Lalla, dit-il, elle ne souffre plus de rien, elle est bienheureuse », et s'en retourna à grands pas. Je voulus le questionner, mais il s'éloigna vite, une angoisse m'étreignit aussitôt, j'essayai de comprendre ses paroles, peut-être qu'elle est guérie, peut-être qu'elle est morte.

Devant la maison, nous vîmes des enfants qui nous observèrent comme si nous étions des Martiens et deux femmes qui se voilèrent le visage dès que nous nous approchâmes. Je me dégageai de la voiture et m'engouffrai dans la maison, je ne pouvais plus supporter, l'impatience et le désarroi s'agitaient en moi. La cour était pleine de monde, des jeune filles distribuaient des boissons, des femmes psalmodiaient des prières en dodelinant, je compris aussitôt, et étonnamment, moi qui n'avais pas vraiment connu ma mère, je sentis un énorme vide en moi, une lave me monter à la tête puis se déverser en sanglots, c'est mon enfance qui s'était enfuie, c'est les années de souffrance, et les longues heures perdues, et les tâtonnements aveugles à rechercher l'amour, et les caresses manquées à jamais, et les mots de tendresse qui avaient tari trop tôt, et les errements à tâter les murs pour retrouver les portes de l'oubli, et l'attente jamais assouvie d'une chaleur maternelle. Moi qui paraissais si forte, je m'effondrai soudain, une femme me prit dans ses bras et me dispensa des mots de réconfort. « Ce doit être sa fille », entendis-je quelqu'un dire, « Elle est partie sans souffrir, elle t'aimait, tu ne dois pas pleurer, on ne pleure pas la mort ici », me répétait la femme qui me tenait dans ses bras. J'entendis une autre femme, « Elle vient du monde de l'ignorance, elle pleure la mort, et elle est richement habillée, quelle indécence ! » La première femme murmura alors quelques paroles, et la cour se vida aussitôt.

Nous restâmes seules et quand je relevai la tête, je me rendis compte avec effarement qu'elle était aveugle.

« Je suis Salma, la cousine et l'amie de ta mère, dit-elle d'une voix douce, nous habitons ce toit depuis très longtemps, nous sommes restées ensemble pendant ces années, je l'aimais beaucoup. Je l'ai assistée jusqu'à ses derniers moments, nous venons de l'enterrer, le Cheikh lui-même et tout Louad ont prié sur son corps, c'était une sainte.

— Que m'importe sa sainteté. Je voulais la voir, seulement la voir, je ne me rappelle même plus son visage.

— Elle me parlait souvent de ses filles.

— Elle nous avait pourtant délaissées.

— Non, elle avait seulement juré.

— Comment ça, juré ?

— Votre père avait posé cela comme condition au divorce, elle ne devait jamais essayer de vous revoir.

— Mais je n'ai pas su cela ! Pourquoi a-t-elle accepté ?

— Désespoir, désir de se débarrasser d'une union malheureuse ! Elle a toujours regretté ce serment. Elle espérait, à la mort de votre père, que vous iriez vers elle puisqu'elle ne pouvait venir vers vous.

— Nous étions si jeunes, si esseulées...

— Elle priait pour vous.

— Cela ne suffisait pas.

— Cela peut suffire à nos yeux.

— Maintenant, c'est trop tard.

— Rien n'est jamais tard pour celui qui croit.

— Je suis d'un monde différent.

— Je sais. Cela ne change rien.

— Je vais repartir, une voiture m'attend.

— Elle attendra quelques jours ou elle repartira sans toi. Tu dois prier sur la tombe de ta mère, tu dois recevoir les condoléances de ceux qui l'aimaient, tu dois recevoir la bénédiction du Cheikh.

— Je ne connais personne ici et je n'ai pas besoin d'être bénie.

— Tu le feras pour ta mère, ou pour moi sa cousine, sa sœur en vérité.

— Je ne resterai pas longtemps.
— Trois jours au moins !
— Pourquoi trois jours ?
— C'est une vieille tradition, on reste au moins trois jours auprès de ses proches après un deuil.
— Ce n'est pas le deuil que je ressens, c'est l'abandon.
— Je te comprends ma fille, mais tu resteras, je te le demande, je t'en supplie même. »

Je relevai encore la tête et je vis des yeux où les feux s'étaient éteints, des cheveux blancs qui débordaient d'un voile épais, un visage que les rides n'avaient pas enlaidi et qui laissait échapper une véritable détresse, et un sourire qui s'efforçait de démentir la douleur muette. Elle me prit la main et m'entraîna dans une chambre propre, meublée d'une large natte, de nombreux oreillers et de quelques légers matelas, elle me fit asseoir doucement, et comme par enchantement plusieurs femmes entrèrent aussitôt pour m'embrasser la tête et prier tout haut pour l'âme de ma mère. La cour se repeupla aussi et les chants religieux montèrent au ciel. Je ne savais plus où j'étais.

Les psalmodies se poursuivirent jusque tard, elles ne s'arrêtèrent qu'à l'heure de la prière du soir. J'étais prostrée, incapable de saisir l'esprit de cette liturgie, incapable aussi d'assumer l'idée de ma présence et celle de mon deuil. Salma m'apporta un plat de couscous que je ne pus toucher, elle m'invita ensuite à dormir dans la cour, en plein air. Elle se mouvait avec une étonnante aisance dans cette maison. Elle ne palpait pas les murs, elle ne tendait pas les mains en avant. Une natte sur laquelle s'étalaient deux couvertures et deux oreillers était disposée dans la cour. Nous devions pour échapper à la chaleur dormir à la belle étoile. Je regardai le ciel et crus y lire de furieux desseins.

Salma m'apprit que ma mère était venue la rejoindre juste après son divorce, que durant ses premières années elle se cachait presque par peur de son ancien mari. Les deux cousines se connaissaient depuis toutes petites mais la famille de Salma avait embrassé avec passion la voie tracée par le Cheikh défunt et avait « émigré », dit-elle, à Louad. Salma devint l'une de ses épouses mais n'engendra pas d'enfant, « Le Cheikh a eu une fille avec une autre épouse, Seyda, que tu verras certainement demain, il a eu un garçon avec une concubine offerte par un Cheikh malien, c'est notre Cheikh actuel, c'est lui que la baraka de ses pères a couronné, tu le rencontreras aussi, un être d'humilité, de science et de vertu ». Elle m'expliqua que Louad était un don de Dieu, la halte sacrée pour les fidèles de la Voie, qu'il était protégé par les vertus du Cheikh, la sagesse des dix compagnons de son père, et la pureté des adeptes du Renoncement. Ces derniers, qui avaient délaissé tous les plaisirs terrestres, habitaient en haut, à flanc de montagne. « À Louad, nous tournons le dos à beaucoup de ce superflu que vous avez là-bas, je t'avertis, ma fille, ici, il n'y a pas de téléphone, ni de télévision, ni de cinéma. Rien ne doit nous divertir de ce qui donne un sens à notre vie : la prière et le travail. » J'eus une pensée pour mes amies Aziza et Zeinab qui avaient souvent les oreilles collées à leur portable, qui raffolaient de musique et de séries télé et qui n'avaient rien abandonné des joies d'ici-bas, pour nos soirées trépidantes, pour notre ami le poète et aussi Jid le petit mendiant si attaché à moi. J'avais déjà hâte de rentrer.

Moi, si habituée aux veilles nocturnes, je m'endormis très tôt. Je me réveillai plusieurs fois dans la nuit, je sentais dans l'air, dans le ciel sans nuages, dans les étoiles qui brillaient au-dessus de moi, quelque chose d'inconnu et d'irréel à la fois, il y avait une présence pesante qui m'entourait, une inquiétude qui ne se savait pas d'objet me serrait au ventre, je regardais autour de moi pour comprendre et je réalisai soudain que c'était le silence qui m'oppressait, les choses se taisaient, les gens dormaient, aucun bruit de moteur, un apaisement absolu, je n'avais jamais connu cela.

Quand j'ouvris les yeux, je vis étalée devant moi une nappe où l'on avait placé des morceaux de pain, une écuelle pleine de lait, du fromage. Un jeune homme était assis et préparait du thé.

« Je suis Yacoub, le neveu de Salma, ton cousin, si tu veux bien. Salma va très tôt à la mosquée pour les prières de l'aube, elle a voulu que tu te reposes un peu. »

Il avait des cheveux qui lui tombaient sur la nuque, un visage rond avec des yeux qui riaient, un menton large et décidé, il portait une chemise blanche à la propreté douteuse et un jean délavé qui ne montrait pas de déchirures. Je lui demandai de se retourner pour que je puisse sortir de mes draps. Habituée aux longues toilettes du matin, je me contentai cette fois de me débarbouiller le visage avec un peu d'eau, de me passer un coup de brosse dans les cheveux et je n'osai même pas sortir le maquillage de mon sac, cela me parut inopportun durant un deuil, au milieu de ce village qui commençait déjà à me peser. Il faut que je m'en aille aujourd'hui même, pensai-je.

Yacoub me parla de ma mère, une douce femme, dit-il, qui aimait se taire, travailler et prier. Avec Salma, elles élevaient des chèvres dont l'enclos était situé derrière les champs, elles faisaient du beurre, du henné, de l'encens, elles cultivaient aussi un lopin de terre quand la pluie arrivait. Il me parla du Cheikh qu'il adulait, « un homme né et grandi dans la pureté, une âme céleste », rien de moins.

« C'est étonnant, lui dis-je, qu'un jeune homme comme toi soit aussi engagé auprès d'une secte religieuse.

— Ce n'est pas une secte, me répondit-il en souriant de mon ignorance, c'est simplement une large assemblée de personnes qui veulent s'élever.

— Je ne comprends pas bien cette "élévation".

— Aller au-delà de soi-même.

— Je ne comprends toujours pas, mon ami, je ne comprendrai jamais, je suis une femme qui depuis longtemps a choisi la vie.

— Ici aussi nous aimons la vie, nous aimons travailler, nous aimons prier, nous aimons nos familles, nous aimons notre Cheikh.

— C'est le chef absolu ici ?

— Non, c'est avant tout celui qui possède la baraka.

— Quelle baraka ?

— Un don divin, si vous voulez.

— C'est quoi ça, un don divin ? » dis-je, véritablement interloquée.

Yacoub se mit à rire, ce qui m'irrita un peu plus. « Écoute bien, jeune homme, je suis peut-être ignorante de ces choses...

— Ne vous fâchez pas, m'interrompit-il, c'est simplement que je ne veux pas vous ennuyer avec “ces choses” comme vous les appelez. Surtout que vous vivez un deuil. »

Je me tus un moment puis je décidai de l’affronter, les certitudes m’ont toujours agacée.

« À ton âge, tu t’enterres déjà, pas de flirts, pas de musique, pas de poésie, pas de vraies lectures. »

Yacoub s’esclaffa à nouveau : « Ah non, tu me crois un sauvage, j’ai des copines, je connais la musique et j’en écoute quand je suis seul, je connais la littérature et j’adore la poésie.

— Tu as donc fait des études ?

— Oui, lettres modernes à l’université, je suis un étudiant en vacances, des vacances qui durent depuis un an et qui continuent, dit-il en riant.

— Et qu’aimes-tu, comme poésie ?

— Je l’aime dans toutes ses formes, tu veux que je t’en récite ?

— Notre poésie à nous, tu connais ?

— Bien sûr, écoute ces beaux vers :

Mais comment ma bien-aimée a-t-elle pu oser
Un seul instant penser
Que ces désagréments auraient pu me retenir :
L’éloignement, les épines, les averses, les bêtes sauvages, la nuit sombre
Rien n’aurait pu m’empêcher de te rejoindre.

— Ils sont de Sam ! m’écriai-je.

— Comment le sais-tu ?

— C'est mon meilleur ami.

— C'est un grand poète même si...

— Ah oui ! Ce n'est pas un habitant de Louad... »

Nous nous mîmes à rire ensemble. Je commençai à voir Yacoub avec de nouveaux yeux. L'arrivée de Salma coupa court à notre entretien.

Je fus encore frappée par la dextérité de cette femme aveugle qui n'utilisait presque pas le bâton d'acacia qui la guidait, celui-ci ne servant qu'à soutenir sa jambe malade. Elle se mit aussitôt, un balai à la main, à épousseter la cour.

Les femmes commencèrent à revenir dans la cour et entonnèrent de nouvelles oraisons funèbres. J'avais l'impression que ma poitrine allait éclater, que ma respiration allait s'arrêter, je ne supportais ni l'atmosphère régnante, ni ces voix fluettes qui m'emplissaient les oreilles et le cœur, je prétextai plusieurs fois d'aller aux toilettes où je m'enfermai le plus longtemps possible pour échapper au tumulte.

Les voix se turent lorsqu'arriva une grande femme noire vêtue d'une longue robe aux couleurs chatoyantes et d'un fichu sur la tête. Elle était accompagnée d'une jeune femme pâlotte qui clignait de l'œil constamment et d'une autre, habillée en noir et qui baissait la tête. « La mère du Cheikh, sa sœur et sa femme », glissa Salma à mon oreille. Je me levai pour les accueillir, la mère du Cheikh s'assit tout contre moi et me déclara de sa haute voix : « J'aimais beaucoup ta mère, elle me visitait fréquemment, elle parlait peu mais elle savait écouter et avait un beau sourire. » Elle s'exprimait avec un accent étranger prononcé, dont elle ne se souciait guère. Je sentis en elle une réelle compassion. Les deux autres femmes me serrèrent la main, prononcèrent des paroles de condoléances de leurs voix éteintes puis se mêlèrent à l'assemblée pour accompagner le chœur. La mère du Cheikh ne prononça nulle psalmodie, elle continua à me parler comme si l'atmosphère de deuil ne la concernait guère : « Resteras-tu parmi nous, ma fille ?

— Non, répondis-je, je retournerai en ville après les condoléances.

— Tu as raison, ma fille, là-bas c'est mieux pour les belles femmes comme toi, tu trouveras facilement un mari que tu aimes et tu vivras heureuse. »

Elle se leva ensuite tout en m'étreignant la main. « Tu reviendras me voir, quand tout cela finira, n'est-ce pas ? » Je hochai la tête. Salma alla la raccompagner. Quand elle revint, elle me confia : « La mère du Cheikh n'a jamais appartenu à notre Voie, mais c'est une femme généreuse, elle a un grand cœur, nous l'aimons beaucoup. » À l'heure du déjeuner, je refusai ces galettes trempées dans la viande d'agneau dont je raffolais pourtant et je comptais les heures qui me séparaient du soir où ces femmes allaient partir. Quand je me sentis à bout, je murmurai à Salma que je devais impérativement sortir, marcher dans le village, respirer, elle essaya de me faire patienter : « C'est le deuil de ta mère ! », mais je ne lui laissai pas de choix : « Ou je sors m'aérer, ou je m'en vais pour de bon. » Elle appela alors une jeune fille et lui chuchota quelque chose, celle-ci se retira puis revint quelques minutes plus tard et lui parla bas. Je fus enfin autorisée à sortir, mais la route que je devais prendre était toute tracée. « Tu devras aller prier devant le tombeau de ta mère, le cimetière n'est pas loin, demain, tu iras saluer le Cheikh et lui présenter tes condoléances, oui, c'est comme ça ici, le Cheikh malgré son jeune âge est notre père à tous, notre ami aussi, ton cousin Yacoub t'accompagnera. »

Je m'en allai sous les regards désapprobateurs, je le sentis bien, des femmes présentes. Yacoub m'attendait devant la porte. Il portait maintenant un boubou ample, bien repassé, une chemise blanche de mauvaise marque mais très propre, et des sandales apparemment neuves.

« Waouh ! Tu te fais beau maintenant !

— C'est que nous recevons une délégation du maire.

— Le maire, qu'est-ce qu'il fait ici, cette brute ?

— Il discute avec le Cheikh d'un projet de l'administration, un barrage.

— Ce serait bien, un barrage ici ! Rien qu'à regarder autour de nous, sa nécessité saute aux yeux.

— Mais il ne se fera pas, le Cheikh s'y oppose, comme nous tous.

— Pourquoi ?

— Nous avons assez d'eau, nous ne travaillons qu'avec nos bras, jamais avec ces pompes qui ont tué les cultures, et cette terre n'est pas faite pour ce genre de projets, elle est d'abord faite pour prier. »

Il parlait d'un ton cette fois sentencieux, le regard tourné vers la maison du Cheikh où nous vîmes quelques personnes assemblées devant la porte. Il avait l'air inquiet.

« Je ne vous comprendrai jamais », dis-je.

Il ne me répondit pas et me conduisit d'un pas rapide vers le cimetière.

Toutes les tombes se ressemblaient, quelques pierres entourant un petit monticule de sable, une dalle en ciment sur laquelle on lisait le nom du défunt suivi d'une brève épitaphe. Il s'arrêta d'abord devant deux tombes qui me parurent celles des premiers cheikhs de la confrérie, puis je découvris, écrit d'une main maladroite, le nom de ma mère. Je m'arrêtai. Non, ma mère, je ne vivrai pas comme toi, ployant toute ton existence sous le poids des misères, d'un mari tyrannique, puis d'une foi qui t'interdit de vivre, ma mère, tu as abandonné tes amours, deux petites filles innocentes, à la férule d'un père qui se refuse à aimer, parce que tu avais peur, dit-on, mais moi, ma mère, j'ai renié les peurs et les soumissions, j'ai dit non, ma mère, aucun homme ne me tyrannisera jamais, aucune foi, aucune force, ne me fera courber la tête, jamais, et je n'obéirai qu'à mon cœur, qu'à mes pulsions, qu'à mon bonheur, qu'à ma propre volonté ! Repose en paix, toi qui n'as connu que les privations, moi ta fille, je ne deviendrai jamais ce que tu as été.

Yacoub me pressa de partir, « La visite des champs attendra, me dit-il, je vais à la réunion à laquelle le Cheikh a appelé, je te rejoindrai à la maison. » Il courut presque. Je décidai de ne pas revenir de sitôt près de l'ennuyeuse multitude, je ne suis pas fille des longues lamentations, il y a trop longtemps que j'ai coupé les ponts avec l'ennui, ce n'est pas dans ce petit village isolé que je me laisserai ligoter, et ma nostalgie ne peut durer indéfiniment, j'ai enterré ma mère, me dis-je, c'est fini, je l'ai pleurée, c'est vrai, mais je ne mourrai pas sur sa tombe. Je marchai dans l'unique rue de Louad, j'étais toute à mes pensées, toute à mes émotions, et je me retrouvai sans m'en rendre compte près de cette assemblée dont parlait Yacoub.

Le public n'était pas nombreux, rien que des hommes. Je vis de loin notre maire, assis derrière une table nue, pérorant, remuant les bras. Moustaff l'Affreux comme l'appelle Sam, fait des siennes. Il doit y avoir de l'argent dans l'air. Va-t-il acheter tout Louad aussi ? Je me rappelai cette histoire de barrage : sans aucun doute il y trouvait un intérêt. Je m'approchai encore, et je le vis froncer légèrement les sourcils, certainement étonné de me voir ici. À côté de lui, un jeune homme portant un turban léger qui lui tombait sur la nuque, une barbe bien ciselée, des yeux clairs qui reflétaient une paisible certitude et un visage entier qui appelait au calme, le Cheikh, je me dis.

Moustaff parlait avec force selon son habitude, brandissant les poings comme durant les campagnes électorales, le même discours, le développement, la richesse, l'eau, l'électricité, le président de la République protecteur de la nation. Il gagnait toujours, servi par ses relais au sein du pouvoir, sa fortune énorme, le bourrage des urnes, la corruption.

Je faillis crier : « Ne vous abreuvez pas de cette eau corrompue, vomissez-la, elle deviendra amère, elle vous pourrira les ventres, elle n'est que mensonges ! » mais je me tus, intimidée malgré moi par le regard que le jeune Cheikh me lança de loin.

Le maire se tut enfin et se tourna vers le Cheikh en lui désignant la foule. « Notre maire voulait vous parler, dit le Cheikh d'une voix hésitante, je vous ai appelés pour l'entendre. Nous le remercions infiniment de cette visite, et nous ne l'oublierons pas dans nos prières. » Le maire ne sembla pas se satisfaire de ces paroles, il remua encore la main, prononça des mots que je n'entendis pas, se leva lestement et se dirigea vers sa voiture, il n'attendit pas le Cheikh qui voulait l'accompagner. Je vis Yacoub prendre le maire par le bras, l'arrêter quelques secondes, et lui dire des mots qui ne semblèrent pas plaisants. Moustaff se libéra en vociférant des jurons et regagna son gros véhicule qui démarra en trombe. Le Cheikh rejoignit son domicile. Je me sentis comme fautive, entrée en effraction dans un monde qui ne m'appartenait pas, assistant à une scène qui ne m'était pas destinée, je retournai sur mes pas pour m'éloigner, m'enfuir presque, mais un homme vint vers moi en courant, la même personne que j'avais rencontrée à mon arrivée. « Revenez, revenez, me dit-il, le Cheikh souhaite vous voir. »

Le Cheikh était assis en tailleur sur un tapis moelleux et autour de lui, des coussins éparpillés, des bouteilles d'eau minérale, des boîtes de lait, des verres à demi-plein, un véritable capharnaüm, et à ses côtés, baissant la tête dans un geste de pénitence, Yacoub.

« Bienvenue, ma sœur, me lança-t-il, pardonnez le désordre, nous venons de recevoir le maire et le ménage n'est pas encore achevé, asseyez-vous près de votre cousin.

— Yacoub qui se fait tirer les oreilles, apparemment, ne pus-je m'empêcher de dire.

— Non, ma sœur, juste des conseils que je m'apprêtais à lui donner.

— J'ai gravement fauté en le saisissant par le bras, mon Cheikh, je le sais, mais je n'ai pas utilisé de mots blessants, dit Yacoub.

— Pas de mots blessants ? Il ne faut pas mentir, Yacoub.

— Je lui ai seulement demandé d'attendre que tu te lèves.

— J'ai tout entendu, Yacoub.

— Et j'ai ajouté que lui et ses biens ne valent pas l'une de tes semelles.

— Il faut que tu comprennes, Yacoub, que notre Voie, notre foi, nous interdisent d'abord tout orgueil, nous défendent absolument de jamais nous vanter, ni de vanter nos proches.

— Je n'ai dit que ce que je pense.

— Ce n'est pas là une vérité, ce n'est pas la vérité, toi Yacoub et moi, ton frère que le hasard a placé à la tête de cette confrérie, ne valons rien en nous-mêmes, c'est notre Voie qui compte et cette Voie nous intime de respecter le pouvoir en place. Tu devais respect au maire.

— Moustaff l'Affreux ne mérite aucun respect », ne pus-je me retenir de dire encore.

Le Cheikh me jeta un regard à la fois intense et amusé, et je me sentis fondre. Ses yeux semblaient vouloir me pénétrer, sa voix semblait vouloir me caresser, et le sourire qu'il me fit semblait vouloir m'envelopper tout entière.

« Ma sœur, dit-il d'une voix douce, vous paraissez avoir du caractère, mais ici nous n'avons pas l'habitude de fustiger les gouvernants quels qu'ils soient.

— Moustaff ne gouverne que pour lui-même.

— Soit, mais il a une once d'autorité, il est élu, Louad n'est qu'un appendice de la large commune qui est la sienne, et nous refusons de rentrer en conflit avec les pouvoirs, tout ce que nous leur demandons c'est de nous laisser vivre notre foi. Ma sœur, je vous ai appelée pour vous présenter mes condoléances, j'aurais dû venir dans la maison de votre mère, mais l'arrivée de cet officiel m'en a empêché. Lalla était aussi ma mère, elle était la cousine et l'amie de Salma qui fut toujours une mère pour moi.

— J'ai rencontré votre mère aujourd'hui, dis-je, elle m'a ravi le cœur.

— Ma mère, dit-il en souriant, n'est pas de notre culture, elle n'est pas non plus de notre Voie, elle se rit même très souvent de nos habitudes, mais elle est ma vie.

— Vous avez de la chance d'avoir mère qui vous aime. »

Je m'en voulus aussitôt de cette sortie malencontreuse.

« Elle vous aimait, votre mère, c'est sûr, et nous aussi ici, nous vous aimons dorénavant tous. »

Un homme portant une barbe énorme et des habits rapiécés se présenta alors. Le Cheikh nous fit aussitôt signe de nous éloigner et alla précipitamment à sa rencontre. Yacoub et moi nous levâmes et sortîmes. Cet homme avait ostensiblement fermé les yeux quand il me vit, il m'avait rayée de son champ de vision, je ne devais pas exister pour lui.

« C'est un des adeptes du Renoncement, m'expliqua Yacoub quand nous fûmes dehors, ils habitent là-haut, ils ont choisi le dénuement, l'abstinence et les prières, ils ne descendent presque jamais de leur montagne.

— Ils ont donc choisi la mort ?

— Oui, en quelque sorte. »

Un frissonnement me traversa tout le corps.

LE CHEIKH

J'ai quitté Louad, l'oasis de notre Voie, la Médine de notre quête, et je suis allé promener mes inquiétudes sur les sentiers aveugles des vieilles caravanes. J'ai refusé toute compagnie, je suis allé droit, là où on m'avait indiqué et j'ai retrouvé les nomades venus à ma rencontre. Je leur ai dit : « Je vais rester quelques jours avec vous, vivre un peu de votre vie et la partager. » Ils n'ont rien dit, ils se sont simplement regardés, puis ils ont repris leur marche, et moi je les ai suivis.

C'était une fuite, ce que je tentais là, une évasion passagère pour m'assurer de la marche du temps et pour mieux lire le parchemin de mes troubles. Les nuages sombres s'étaient amoncelés au-dessus de nos têtes et je me suis retrouvé aphone, incapable même de désigner mes souffrances et inapte à répondre aux voix des vilaines forces qui veulent nous étrangler.

Le maire inculte et grossier était venu, provocateur insolent, m'informer que bientôt le barrage serait construit, que la moitié de Louad serait rasée, et que moi, Cheikh de la Voie, je devrais faciliter cette tâche nauséabonde et préparer nos fidèles à la mort programmée de Louad, la Médine de nos cœurs. J'ai expliqué que, bien sûr, je ne pouvais pas accepter notre fin, que pour nous ce n'était pas une question d'espace, ni de temps, ni de biens, mais qu'il s'agissait tout simplement de notre foi. Louad, je lui ai dit, est le rendez-vous de nos cœurs que mon grand-père et mon père nous avaient légué, nous l'avons choisi nous-mêmes, nous y avons allumé nos feux, nous y avons planté nos foyers, nos palmiers et nos âmes, notre Voie périrait si nous l'abandonnions.

Le maire ne m'a pas écouté. Il a remué les bras. Il a parlé d'arriération, de fanatisme, puis de progrès et de développement. « Cette terre, m'a-t-il dit, ne vous appartient pas, aucune administration ne vous l'a jamais concédée. L'État a décidé d'y construire un barrage, vous ne pourrez pas vous y opposer. Déjà les appels d'offres ont été lancés, déjà le maître d'œuvre a été choisi, déjà le matériel nécessaire a été commandé ! » Il a ensuite demandé à parler directement aux habitants de Louad. Il croyait facilement les convaincre. J'en ai appelé quelques-uns. Il a débité devant eux la vieille logorrhée des hommes politiques, il a dessiné un monde de verdure et de richesses, il croyait être devant son public habituel qui hochait la tête sans rien comprendre. Ils ont écouté d'une seule oreille, juste pour me plaire, ils ne croyaient bien sûr nullement à ces billevesées, ils n'attendaient rien du barrage, seulement l'écroulement de notre monde. Il a bien compris, le maire, que ses propos ne passaient pas. Alors, outrecuidant, il a voulu que je leur parle, moi, que j'abonde dans son sens alors qu'il connaissait déjà mon opinion. Et il est entré en colère quand je me suis suffi de rapides formules de politesse. Quelles écritures veulent-elles imprimer dans nos esprits, ces puissances d'aujourd'hui ? Tiennent-elles à ce qu'on courbe l'échine éternellement ? Et nous qui rejetons les haines et la violence, quelle réponse saurions-nous opposer à leurs forfaits ?

Et puis à l'heure où j'avais besoin de toute ma force d'esprit, une jeune femme sortie des fanges des nouvelles cités est venue frapper aux portes de ma sérénité. Sa démarche quand je l'ai vue venir, le regard surpris qu'elle jeta d'abord, le doux éclat de ses yeux, les cheveux qu'elle ne sait pas cacher, sa gorge même déployée, inconsciemment mais indécemment, je l'avoue, et sa voix quand elle parla, tout en elle est venu m'agresser. Elle n'a pas cet esprit de pardon, cette sagesse, cette humilité qu'enseigne notre Voie, elle est forte et veut le paraître, elle refuse clairement les diktats de l'esprit et ceux de la raison. Abandonnée très tôt, elle a gagné cette habitude d'indépendance qui nuit aux bienséances et même à la foi. Mais elle est vraie, je crois, et de toute façon, sans nul effort de séduction, elle a ébranlé en moi l'arbre que je pensais avoir solidement planté.

À Louad, donc, trop de voix m'avaient appelé en même temps, trop de réponses me hélaient et moi, je n'avais pas entendu le murmure des instincts salvateurs chuchoter à mes oreilles. J'étais perdu, parce que les livres saints, les préceptes de la Voie, et la geste de mon père n'avaient rien prévu. Je n'avais pas de verbe à opposer aux gesticulations menaçantes du présent et au regard impertinent d'une fille des cités perdues. J'avais les mains vides et j'avais peur de les ouvrir pour ne voir que vacuité. Et les adeptes du Renoncement avaient refusé de me donner réponse ! « C'est en toi les questions et c'est en toi les réponses », m'avaient-ils dit, avant de s'en retourner à leurs prières. J'étais désespéré.

Pour tout sentir, pour ne plus hésiter, je suis allé rejoindre les espaces du vrai, là où le message de mes pères était né et là où, affirment les fidèles du Renoncement, tout commence toujours : le désert.

Cette fuite dans le désert m'a un peu guéri. J'ai retrouvé en moi l'ordre des choses et j'ai embrassé de nouveau le calme intérieur que peuvent redonner les grands espaces. J'ai fait taire ce qui criait en moi. J'ai effacé mes atermoiements et j'ai redécouvert la sérénité. Je suis resté deux semaines aux côtés de chameliers illettrés qui savent pourtant sentir l'approche des grands vents, humer la pluie lointaine et prendre sans hésiter la route sinueuse qui mène aux meilleurs pâturages. Cela seul m'a appris ! Comment peuvent-ils savoir, mon Dieu, alors que moi, Cheikh suprême de la meilleure des Voies, je cherche notre avenir et suis désemparé ? Comment sentent-ils la direction des vents alors que moi je cherche une fuite illusoire, moi, de qui toute la confrérie attend un mot, un geste de la main ? Mais j'ai saisi, en côtoyant les grands espaces et les esprits simples, ce qu'avaient voulu m'expliquer nos ascètes : que chaque personne possède sa propre réponse et qu'elle ne peut être qu'en elle, et qu'elle ne vient qu'à son heure.

C'est alors seulement que j'ai pu savourer l'odeur du temps qui passe. J'ai décidé d'oublier les appels indistincts et j'ai regardé le ciel, la tête vide, et j'ai senti la présence de l'infini. Je suis revenu à la dimension première et j'ai compris que les choses ne parlaient pas elles-mêmes mais devaient être parlées. Les bergers savent le langage du vent et des sécheresses et des averses du ciel. Pourquoi moi, Cheikh d'une confrérie entière, ne sais-je pas écouter et comprendre mon présent ? J'ai dû obéir à ces nomades frustes, seuls chefs en leurs lieux, parce que, simplement, il fallait prendre la bonne direction, connaître le chemin qui conduit au puits, savoir ménager sa monture, ou périr. Ils n'essayent pas, eux, de comprendre la vie, ils la vivent, c'est tout. Moi j'avais été trop entouré, j'étais trop instruit, trop adulé et je n'avais jamais su marcher.

J'ai donc appris à suivre, en haletant, les traces des bêtes perdues, puis à revenir auprès de mes amis qui trottinaient plus qu'ils ne marchaient, puis à courir, essoufflé, pour les rattraper. Une immense fatigue physique et parfois un profond désarroi m'habitaient en ces instants. Mais à la première halte, le thé avait la saveur des liqueurs interdites, les dattes défraîchies étaient des Pommes d'Éden et la viande séchée, étalée sur le sable blanc, un banquet de pharaon.

J'avais en quelques jours découvert les empreintes de nos nudités et des vérités premières, et des voix qui interpellent, sous la voûte silencieuse, les prophètes de tous les temps. Je ne trouvai pas de véritable sésame, mais je compris qu'on pouvait prendre la bonne route sans trouver le bon mot et qu'il fallait nomadiser longtemps avant de découvrir les paysages heureux.

Je ne les quittai pas sans mal. Cependant Louad m'appelait et je devais répondre.

J'arrivai de nuit quand l'oasis dormait. J'allai d'abord sous la tente de ma mère. Je la réveillai doucement.

« Ma petite mère, ma douce maman ! »

Elle leva des yeux écarquillés et incrédules puis poussa un grand cri : « Mon fils, mon fils ! »

Elle m'embrassa en pleurant : « Mon enfant, j'avais peur, j'ignorais où tu étais ! Pourquoi avoir laissé ta petite mère dans une si douloureuse inquiétude ?

— Mais je t'ai informée, ma mère, que je partais quelques jours dans le désert !

— C'est si vaste, mon enfant, le désert, et tu ne m'avais pas dit où tu allais précisément.

— J'ai rencontré des gens fantastiques, ma mère !

— Mais tu parais si fatigué ! Et ces cernes sous tes yeux et, mon Dieu, ton visage tout brûlé !

— Ce n'est rien, ce n'est rien ! »

Elle réveilla une petite servante qui s'attela à préparer du thé et un repas léger.

« Raconte-moi, mon fils !

— Rien à raconter, ma mère, et en même temps, tout. Le silence, l'éloignement, le goût exquis des immenses solitudes, les fatigues de la journée et les joies des soirs... Tout, et aussi rien !

— Ah, mon fils, ta mère a de bien mauvais souvenirs du grand désert. Quels mois ardus j'ai passés là-bas !

— Oui, c'est dur, et si beau.

— Non, mon fils, pour moi ce n'était pas beau, j'étais très jeune, je venais d'un monde lointain, j'avais peur et j'étais seule, sans les miens.

— Mon père était avec toi !

— Ton père était dans ses prières et ses livres, mon fils, il n'a jamais été avec personne, surtout pas avec moi. »

Je voulus changer de sujet, car je n'aimais pas qu'elle s'en prenne à mon père.

« Mère, de quoi t'es-tu occupée pendant mon absence ?

— Oh, rien mon fils, rien. J'ai vu chaque jour Saara, la fille de Lalla, ma regrettée amie.

— Tu l'as vue chaque jour ?

— Oui, elle n'est pas ennuyeuse comme le sont souvent vos femmes ici.

— Ma mère...

— Pardon, mon fils... mais c'est aussi ce que pense Saara. Et puis il y a ce barrage dont on parle tant.

— Et toi, ma mère, qu'en penses-tu ?

— De Saara, qu'elle est très belle !

— Non, du barrage !

— Il offrira à ce que j'ai compris plus d'eau, plus de cultures, plus de travail.

— La ville va nous envahir, ma mère, et le mauvais esprit risque de balayer notre Voie.

— Si elle ne peut même pas résister à un barrage !

— Ce n'est pas cela ma mère, mais ce barrage entraînera l'arrivée de nouvelles gens, de nouvelles forces, d'un nouveau monde !

— Soit donc ! Mais le monde qu'il entraîne ne pourrait-il pas apporter un peu de bonheur ?

— Quelle idée, ma mère ! Non, ce monde-là n'est qu'ignorance et vulgarité ! Il nous avalera.

— Ne t'emporte pas, mon fils !

— Pardonne-moi, mère ! De toute façon, ils ne nous laissent pas le choix.

— Oui, à chaque vilaine force, Dieu sait en opposer une autre !

— Ma mère !

— Je ne voulais pas dire du mal de votre Voie.

— Ma mère, est-il possible qu'après tant d'années tu n'aies toujours pas suivi notre Voie, celle de mon père, ton défunt époux ?

— Mon maître, mon fils, ton père était seulement mon maître, je lui appartenais, j'étais sa chose. Je n'ai jamais pu choisir, moi !

— Oui, mais tu étais la compagne du Grand Cheikh. Ce dont rêvaient toutes les femmes du Sahara.

— Cela aurait dû suffire, crois-tu ? Et pourquoi devrais-je partager leurs rêves, aux femmes du Sahara ?

— Pardonne-moi, mère, mais mon père était un grand savant, et un saint.

— Que m'importe ! Mais il t'a donné à moi, cela seul suffit.

— Ma mère ! »

La conversation avec ma mère devenait souvent difficile quand on en venait à notre tribu ou à notre Voie. Elle n'avait au fond jamais embrassé ni l'une ni l'autre. Louad restait pour elle l'ennemi, la prison de sa jeunesse. Même si l'oasis avait appris à la respecter et même à l'aimer, ma mère refusait obstinément de plier devant les conquérants, et dans ses yeux teints de khôl brillaient de lointaines nostalgies. Elle restait fidèle à un passé inconnu et à des mots qui n'avaient pas de sens pour nous. J'enrageais parfois de ne pas mieux la connaître, de ne rien savoir de son enfance, de ses anciennes souffrances, mais elle disait toujours : « À quoi te servirait de les connaître ? Ta naissance a tout effacé, tu es mon nouveau monde, tu es ma nouvelle vie, la seule ! » Je ne trouvais rien à répondre. J'aimais juste me reposer près de son amour. C'était l'unique personne pour qui je n'étais pas le Cheikh, et dont le cœur ne s'adressait ni à une idée, ni à un ordre, ni à un turban, mais à moi, à moi seul.

Le lendemain, dès la prière de l'aube, tout Louad vint me baiser la main et remercier Dieu de mon retour. Notre confrérie, je le sentis, avait peur. Elle voyait grossir au-dessus d'elle les nuages annonciateurs d'un nouveau temps, et elle ne savait ce qui allait advenir, la pluie qui nous abreuverait ou l'inondation qui allait emporter nos terres. J'appris également de fort tristes nouvelles. En mon absence, des gendarmes étaient venus arrêter Yacoub. Le maire l'avait accusé d'agression. Mais qui donc avait agressé une communauté pieuse et pacifique ? Mohand aussi était revenu.

Mohand est mon cousin germain. Son père était l'aîné du mien, il était connu pour sa grande érudition, ainsi que, murmure-t-on ici, pour son grand orgueil. À la mort de mon grand-père il avait tout naturellement prétendu porter le turban de la Voie, mais les adeptes du Renoncement l'avaient très vite récusé et avaient choisi mon père, plus jeune, moins instruit à l'époque, mais plus pieux. Mon oncle n'avait pas quitté Louad. Il s'était retiré sous sa tente jusqu'à sa mort, se taisant, priant et, disent certains, ruminant son dépit.

Mohand m'avait accompagné durant toute l'enfance, nous avions joué ensemble, nous avions étudié ensemble, nous avions souvent rivalisé dans nos Récitations et auprès des jeunes vierges de Louad. Une certaine méfiance s'était créée entre nous, mais je n'avais jamais pensé qu'elle pouvait, de sa part, devenir aveugle animosité. Malgré nos différences, malgré le dédain que nombre de fidèles lui portaient, je l'avais toujours considéré comme un bon adepte de la Voie, comme un parent proche et comme un ami. Il était intelligent, pragmatique, et il avait une meilleure connaissance que moi du monde extérieur. Mais très vite, dès que nous devînmes adultes, il manifesta à mon égard la plus forte des aversions, il essaya même de créer un schisme dans la Voie pour se faire reconnaître par certains de nos fidèles. Il n'en convainquit aucun. Il s'exila et s'enfonça dans la jungle des nouvelles villes. Nous n'entendîmes plus que fort peu parler de lui.

Durant la procession, je ne vis pas Saara. Toutes les femmes de Louad passèrent devant moi, elles baissaient la tête et priaient pour mon bonheur et celui de Louad, mais je ne vis pas Saara. Était-elle repartie ? Devais-je me réjouir de son absence ? Je retins un peu Salma mais elle ne me dit mot à propos de Saara et je n'osai pas lui demander.

Après le départ des fidèles, c'est José qui vint me voir. Il me rendait visite chaque dimanche à la fin des premières prières, et nous prenions le petit déjeuner ensemble. Nous discutions longtemps. José ne croyait à rien, ni à Dieu, ni aux Saints, ni aux idéologies. Il ne croyait, clamait-il, qu'aux humains, à leurs faiblesses, et à la médecine. Je lui disais : « José, tu n'aimes pas les idéologies, tu n'aimes pas les religions, mais il est clair en t'entendant que tu ne connais rien ni aux idéologies ni aux religions, José, tu n'as que la science du paraître ! » Il me répondait toujours : « Et toi, Qotb, chef d'un village perdu et d'une confrérie médiévale, tu ne connais rien ni à la science ni au monde moderne, tu es d'un autre temps ! » Nos altercations se terminaient invariablement par de grands rires. Mais le plus souvent, c'étaient des affaires de Louad dont nous parlions, des malades, des médicaments, des évacuations sanitaires qu'il fallait parfois réaliser. Ce jour-là, José était maussade. « À Atar, j'ai été convoqué par le maire, me dit-il.

— À quel sujet ?

— Il m'a demandé après toi, quels étaient nos rapports, pourquoi je venais ici ; je lui ai répondu que j'étais médecin, que je ne travaillais pas pour lui mais pour l'État, au nom de la coopération que celui-ci entretient avec mon pays, que j'étais libre de mes journées de repos, et que tu étais mon ami.

— Que voulait-il savoir à propos de nos relations ?

— Il supputait une sombre conspiration, des relations suspectes entre ta confrérie et moi.

— Ceux qui sont mauvais voient le mal partout.

— Tu as raison, mais lui, en vérité, c'est aussi un peureux, il voulait s'assurer que tu n'avais pas d'appuis étrangers puissants. Et c'est justement ce qui m'inquiète.

— En quoi est-ce inquiétant ?

— Cela signifie qu'il cherche la confrontation. En plus il m'a parlé de ton cousin.

— Mohand ?

— Oui, il a dit qu'il était passé le voir, que c'était un homme instruit et moderne, et qu'il avait plus de légitimité que toi pour diriger la confrérie.

— Mohand a quitté Louad de lui-même, il est revenu durant mon absence et ne m'a pas encore rendu visite. C'est pourtant la tradition.

— Mohand, à ce que j'ai appris, a demandé au préfet de te bannir. Il dit partout que tu prépares une dissidence.

— Que m'importe Mohand et ses trahisons ! Personne ne croira à ses mensonges. C'est seulement ce barrage qui me préoccupe. Penses-tu qu'ils le construiront malgré tout ?

— Oui, et je vais te dire pourquoi. Parce que le maire y a intérêt. Toute l'administration est dans sa poche, le préfet en premier, il l'utilisera pour faire pression contre vous.

— Le barrage, c'est la mort de notre confrérie.

— Je ne vois pas les choses sous cet angle. Moi, en principe je suis favorable aux barrages... même si je sais ce qu'il en est de celui-là.

— C'est-à-dire ?

— C'est l'entreprise du maire qui le construira en partie, puis après son édification il accaparera plusieurs terres, il en distribuera d'autres à ses amis, vous serez renvoyés, et ils recruteront une masse de travailleurs sous-payés qu'ils licencieront les années de sécheresse.

— Que pouvons-nous faire ?

— Vous y opposer fortement.

— Nous nous y opposons déjà.

— Par les prières ?

— Oui, par nos prières, par le discours aussi.

— Cela ne peut suffire.

— Nous ne disposons pas d'autres moyens. Je sais ce que tu penses, José, tu crois aux grandes manifs, aux démonstrations de force, aux résistances que tu appelles légitimes. Tout cela nous est impossible, nous sommes une Voie qui se consacre à Dieu, nous refusons la violence, toute violence, nous estimons qu'elle est en elle-même hérésie, éloignement du divin ! »

José me quitta en pestant contre notre fatalisme et notre inertie. Mais je n'y pouvais rien, lié par le serment de mon père et de mon grand-père de faire de Louad un endroit où ne poussent ni le rejet ni la haine, d'où la violence est bannie, et où ne s'exprime que la Passion.

Dès que José partit, on m'annonça la visite d'un étranger. Je me levai prestement pour accueillir un jeune homme vêtu d'un boubou léger, blanc immaculé, d'une courte chemise noire, un turban autour du cou, les cheveux en broussaille, des yeux qui pétillent d'intelligence et aussi, c'était visible, d'ironie. Il se présenta aussitôt. « Sam », dit-il tout simplement. Ah, le poète, j'avais entendu parler de lui, mais que pouvait faire un poète des plaisirs à Louad ?

Je l'invitai à s'asseoir. « Bienvenue au pays des ascètes. Je ne veux pas encore savoir ce que tu es venu faire chez nous, mais ta présence nous honore.

— Je ne resterai pas longtemps.

— Tu déjeuneras avec nous, ensuite tu seras libre de rester ou de nous quitter.

— Je suis juste venu m'enquérir de l'état d'une amie chère, je m'en irai vite après.

— Non, tu déjeuneras chez les ascètes, mais n'aie crainte, tu ne crèveras pas, c'est seulement une vieille tradition que des gens passéistes comme nous tiennent à faire respecter. Je peux déjà t'informer que ton amie se porte bien.

— Saara ?

— Oui, il n'y a qu'elle ici qu'un grand poète pourrait connaître.

— Elle était partie pour quelques heures mais n'est pas rentrée, je m'inquiétais pour elle. Je voulais la voir, on m'a dit que je devais au préalable venir ici.

— Oui, c'est aussi une tradition à Louad, tout étranger qui passe est d'abord l'hôte du Cheikh.

— J'ai failli m'en retourner aussitôt.

— Pourquoi ? As-tu peur de moi ?

— Oui, un peu. Il paraît que les marabouts ne sont pas les amis des poètes, dit-il en riant.

— Mais ce qu'on ne dit pas souvent, c'est que ce sont les poètes qui refusent l'amitié des marabouts. Je serais content d'être un ami du poète, si celui-ci accepte la main tendue d'un homme de Dieu.

— Je sais quelle poésie vous habite, vous les soufis.

— Bel hommage de la part d'un homme comme vous.

— Un jouisseur, un prévaricateur des esprits, un suppôt de Satan...

— Je n'ai jamais pensé cela !

— Certains de vos fidèles me qualifient de tous ces mots.

— Beaucoup de nos fidèles ne voient que l'écorce de notre foi, ils en oublient les racines.

— Je respecte votre Voie, j'envie souvent la passion qui vous habite, mais j'aime trop la vie.

— Je respecte votre choix et à Louad vous devez respecter le nôtre.

— Je sais. Pourrais-je voir Saara, m'assurer de sa bonne santé et repartir ?

— Tu la verras tout de suite, ici même, car c'est l'unique endroit à Louad où vous pouvez vous rencontrer, mais tu ne repartiras pas immédiatement, je te retiens. On ne laisse pas s'échapper si vite un aussi bon poète. »

J'organisai un déjeuner auquel je conviai Saara et José.

Quand Saara apparut, Sam se leva avec joie pour l'accueillir, ils ne s'embrassèrent pas parce qu'ils respectaient les coutumes de Louad et je compris aussitôt qu'il n'y avait pas d'amour entre eux, seulement une forte amitié. Je sentis un serrement au cœur en la revoyant, j'avais commis une erreur en l'invitant, pensai-je aussitôt, j'allais faire remuer en moi les braises qui déjà refusaient de s'éteindre. Mais comment agir autrement ? Je ne pouvais laisser partir Sam sans lui accorder cette entrevue, et celle-ci ne saurait avoir lieu qu'en ma présence et dans ma demeure.

José entra en chantant pour me provoquer un peu, « J'amène de la musique dans cette vallée des larmes qui l'interdit », cria-t-il, et moi je ris de sa voix fausse : « Ce sont des braiements affreux que tu nous amènes, José ! »

Je tentai de ne pas regarder Saara pendant le déjeuner. Mais comment échapper à sa voix, au parfum de sa présence ? Elle parla peu pourtant, elle mangea à peine. Elle répondait très rapidement aux questions que José lui posait. Sam discuta poésie avec José, et lui traduisit des poèmes de son cru. Saara n'intervint qu'une fois et je me rendis compte qu'elle s'y connaissait. J'essayais d'échapper à la conversation en lisant un livre et en allant souvent près des cuisines m'assurer du service. Je ne voulais pas rester, parce que je ne voulais pas me trahir. Saara me perturbait, et je ne voulais point apparaître comme un amoureux transi, je ne voulais pas rompre à ce que nous enseignait la Voie. José se retira vite, ses patients l'attendaient. Sam dodelinait déjà de la tête, recru par les cahotements de la route. Avant de s'en aller, Saara s'adressa à moi. Elle voulait des nouvelles de Yacoub, son cousin. Je répondis que je n'en avais pas.

« Comment se fait-il, dit-elle, que personne ici ne s'intéresse à son sort, même pas le Cheikh, même pas sa tante ?

— Nous l'aimons tous, lui dis-je.

— Quelle forme d'amour est le vôtre ? Personne n'est allé voir ce qu'il endure !

— Nous n'avons nulle crainte pour lui.

— Je ne vous comprendrai jamais, vous les gens de Louad, dit-elle en se levant. J'irai moi-même demain à Atar et je m'assurerai de son état.

— Yacoub est un adepte de notre Voie, nous sommes sa seule famille, et son sort ne concerne que nous.

— De toute façon je m'en irai demain. Salma tenait à ce que j'attende votre retour.

— Et ma bénédiction, elle a certainement ajouté.

— Et votre bénédiction, mais je crois que vous ne bénirez pas une femme légère comme moi.

— Ne te laisse jamais juger. Ici, nous ne jugeons personne. Tu dois encore rester quelque temps avec nous », dis-je.

Mais quel ordre avais-je à donner ? Elle n'était pas de notre Voie, et elle n'obéissait à personne.

Saara s'en alla sans daigner répondre et je tendis la main dans le vide, instinctivement, pour la saisir, pour la rattraper, j'avançai de quelques pas pour la regarder partir, j'espérais qu'elle se retourne, mais elle poursuivit sa route, lentement, majestueusement, sans changer d'allure, je sentis une énorme angoisse m'envahir, la peur de laisser s'échapper quelque chose d'immense, et la peur aussi de perdre une partie de moi.

Ce soir-là, après les prières, nous entamâmes la séance du *dhikr*, les mélodies de notre foi, nos voix montèrent au ciel, et nous élevâmes vers le Puissant nos faiblesses de mortels, et nous récitâmes les poèmes d'Amour écrits par mon grand-père, le créateur de notre Voie, nous répétâmes des milliers de fois le nom du Seigneur, et nous chantâmes les vertus de son Prophète et Bien-Aimé, et des fidèles, emportés par les ailes de la foi, tombèrent en extase, certains se mirent à danser et à gesticuler, d'autres pleurèrent abondamment, et moi j'étais tout ému et toutes ces heures, je plongeai dans l'euphorie et oubliai mes tourments.

Quand je revins sur la terre du semblant, j'allai aux côtés de ma mère parce que j'avais peur de Saara et de moi.

C'est comme si elle m'attendait, ma mère, à cette heure si tardive, elle m'accueillit les bras ouverts en chantonnant doucement, et nous nous sommes embrassés et j'ai écouté les chansons de mon enfance et les mots que je n'ai jamais compris mais que je sentais doux. Je ne lui ai parlé ni de Louad, ni de la Voie. Je lui ai dit seulement que je voyais Saara quand je fermais les yeux, et elle a ri, ma mère, et elle m'a dit que le cœur ne connaissait pas de rivages, que Saara était belle et qu'il n'y avait aucun mal à rêver d'elle. « Mais, lui dis-je, Saara est une femme d'ailleurs.

— Ton père, me dit-elle, avait lui aussi trébuché sur les yeux et le corps d'une femme d'ailleurs mais elle était esclave, celle-là, et elle ne fut pas heureuse jusqu'à la naissance de son fils.

Saara, ajouta-t-elle, a du charme, elle est très intelligente, elle est très généreuse, elle est très libre, et comme moi, elle n'appartiendra jamais à la Voie de ton père.

— C'est pourquoi, lui dis-je, elle ne m'appartiendra jamais parce qu'elle est de l'autre camp, celui de la vie. »

Elle a encore ri, ma mère, et elle a dit : « Qui sait ? Les femmes sont une mer profonde, mon fils, elles peuvent par amour tout accueillir dans leurs bras ! » Puis elle me parla de Mahjouba, mon épouse, « C'est une bonne épouse, et elle attend un enfant. » Je ne savais que répondre parce que je savais que Mahjouba était bonne, qu'elle était pieuse, qu'elle attendait une naissance, et qu'elle était très attachée à la Voie, seulement rien en elle ne m'appelait plus, et à cela je n'avais pas de réponse, ma mère.

Ensuite, nous n'avons plus parlé, je somnolais un peu, elle chantait tout bas en me caressant la tête et je me disais que ma mère ne m'avait pas vu grandir, qu'à ses yeux j'étais encore un enfant, j'en riais et un immense soulagement m'envahissait le corps et l'esprit.

LE MENDIANT

Je ne sais pas ce qu'était hier, mais je sais qu'aujourd'hui tout est faux, parce que les gens me regardent sans sourire, sans pitié, sans froncements de sourcils, sans crispations de visage, sans me voir en vérité, je suis rien, je suis pierre, je suis mur, je suis air qui passe, le mendiant muet, je fais partie des choses, on ne me déteste ni me hait, je suis là c'est tout, c'est vrai qu'ils ne regardent même plus les étoiles les gens d'ici, ils ne voient et n'entendent que les cris de leurs bedaines, tout est vilain ici, et terne, et la laideur habite les yeux des gens. Et pourtant chaque jour, ma besace sur le dos, je descends de la montagne et je vais côtoyer leurs vilenies, je tendrai la main, je baisserai la tête, ils jetteront une pièce, un morceau de pain, une poignée de sucre pour, croient-ils, mettre un pied devant l'autre, rejoindre la bonne face d'eux-mêmes, qui n'existe même pas.

Cela fait deux jours que je ne suis pas sorti, les souffrances de ma mère refusaient de se taire, je ne pouvais pas m'éloigner. Je l'ai veillée toute la nuit, je lui caressais la tête, je lui massais le corps, je lui chantais des poèmes de Sam, oui je chantais pour ma mère, pour sa surdité, moi qui, pour tous les entendants de la cité, ne sais pas entendre, et je jurais que dès qu'elle se sentirait mieux nous partirions, nous irions dans une grande ville où personne ne nous connaît, je ne serai plus le pauvre mendiant auquel on balance les déchets des panses et elle ne sera plus la muette de la Montagne, mère d'un bâtard, héritière de ses seules infirmités, je travaillerai alors, et nous aurons une maison, avec un toit, avec des fenêtres et un vrai plafond, et je regagnerai la voix qui m'a été volée, et peut-être même j'aurai une femme et des enfants auxquels j'apprendrai à l'aimer et ils l'aimeront eux aussi, c'est sûr. Je racontais plein de choses à ma mère, tous mes rêves et tous mes désirs passés et à venir, j'étranglais auprès d'elle mon trop-plein de silence et je prenais plaisir à débiter mes rêves ineffables. Mais je savais bien, au fond de moi, que je serais toujours mendiant. Comment pouvais-je y échapper ? C'était tout de même bon de se dire ces choses.

Ma mère aujourd'hui ne souffre plus, je ne perçois plus ses halètements étouffés, ses gémissements se sont tus, ses douleurs se sont éteintes, elle s'assoupit tout le temps, elle est désormais hors-temps, elle navigue dans un ailleurs que je ne saisis pas, son corps trop fatigué d'avoir souffert est plongé dans une somnolente léthargie, c'est peut-être le mal en elle qui s'est affaibli et le corps et l'esprit se reposent de ses longues souffrances, voguent un peu dans l'air pour se reposer, moi aussi je suis ailleurs, une brume m'enveloppe, je sens un énorme vide en moi, mes articulations ne se réveillent pas encore. Je sais que je dois partir et pourtant je n'ai pas envie d'arpenter les rues, je n'ai pas envie d'entendre les bruits des marchés, je n'ai pas envie de voir les vilains visages des citadins sans âme. Mais je devrai bien y aller.

La Montagne nous protège, les enfants ne viennent plus ici, personne ne passe plus, ils la croient tous habitée, même les bruits de la ville ne nous parviennent plus que feutrés, peureux, moi et ma mère profitons seuls du silence, des senteurs du matin, des berceuses que psalmodie le vent, nous sentons le soleil se lever au-dessus de nos têtes, et nous le voyons s'assoupir lentement chaque soir. Je sors ma mère pour assister à la féerie, elle est maintenant aveugle, je sais, mais les rayons dormants du soleil lui parlent et elle connaît leur langage.

Il faut que je réveille ma mère, je vais la laver, je lui ferai porter le drap blanc que j'ai nettoyé durant son sommeil, et je laisserai à côté le voile neuf que Saara m'a donné pour elle, elle le mettra au réveil, elle n'accepte jamais de se déshabiller en ma présence. Et puis, ce soir quand je reviendrai, j'essayerai de la faire marcher un peu, je lui raconterai des histoires, je la ferai manger, il y a un fond de bouillie d'orge que j'ai patiemment préparée, il y a du pain déjà moisi que j'aspergerai de gouttes de thé, je lui ferai boire la petite théière en entier, cela donne de la force, les restes des aliments que j'ai ramenés de la ville ne valent plus rien et sentent mauvais, d'ailleurs elle n'en mange presque plus, et il y a de l'eau, de la bonne eau, et y a aussi deux bouteilles de lait tout près d'elle, elle n'aura pas besoin de se traîner. Ce soir, je lui raconterai encore des histoires qu'elle n'entendra pas, je chanterai pour moi et pour elle, je danserai, et peut-être sentira-t-elle tout cela, et peut-être sourira-t-elle, je l'imaginerai alors heureuse, et nous nous croirons heureux tous les deux.

De notre cabane accrochée au flanc de la Montagne, j'aperçois la ville et même au-delà. Elle s'endort, dirait-on, au creux de cette vallée qui la berce, bien abritée. Elle se croit grande, elle aime bomber le torse, mais d'ici je la vois toute petite et je sais qu'elle est fragile, que ses os sont aussi fatigués que ceux de ma mère, je la connais bien cette oasis qui a trop grandi, je sais les maladies qui l'habitent, je sais les doutes qui la rongent. Je ne la plains pas, elle mérite ses peurs, la ville, parce qu'elle est fade et orgueilleuse.

La pente de la Montagne paraît aujourd'hui plus raide, peut-être qu'elle ne sait pas que c'est moi, ces deux jours m'ont fait oublier la vie et peut-être que le monde aussi m'a oublié. Mama va me rappeler les cadences de la ville, de sa voix plaintive elle va me raconter tout ce qu'elle a vu, tout ce qu'elle a entendu, tout ce qu'elle a senti, chaque minute de sa pauvre existence, elle croit que sa vie me pénètre, qu'il y a un souterrain secret qui relie sa parole à la mienne, elle est bête ; mais je verrai les autres mendiants, les rues, et aussi Saara et Sam. Peut-être ont-ils pensé un peu à moi ! Sam m'avait dit : « Arrête de mendier, viens vivre avec moi, j'habite seul, tu amèneras ta mère si tu veux », il est fou. Saara a hoché la tête : « Je vous aiderai moi aussi, ta mère et toi », ils sont fous tous les deux, ils ne savent pas que devenir mendiant, c'est devenir mendiant, c'est ne vivre vraiment que de ça. Et quelle différence, mendiant de quelques-uns ou mendiant de tous ? Saara et Sam ont-ils perçu mon secret ? Je ne crois pas... Soudain, je me mets à chanter et à courir, je veux faire un plein de cris, un plein de paroles, un plein de joie, de vérité, avant d'atterrir sur la terre des faux-semblants.

Je m'arrête devant le carrefour, Zaza n'est pas ici, c'est un costaud noir aux yeux de braise et aux poignets de fer, il est tout petit pourtant, un nabot en vérité, il boite fortement mais ses bras puissants peuvent vous étouffer en moins que rien, il vous parle en grondant et en levant les poings, c'est sa manière à lui de s'adresser aux autres mendiants, personne ne peut le précéder quand une voiture s'arrête ou quand un passant tend la main. J'essaye toujours de l'éviter, c'est Mama qui le nargue à chaque fois, elle l'insulte même lorsqu'il me menace, il recule devant elle, il sourit quand elle s'en prend à lui, est-il amoureux ? A-t-il seulement des sentiments ? J'imagine une idylle entre Mama et lui, elle avec son visage rond et niais et ses yeux chassieux, et lui le visage tout plein de ses rides précoces, c'est impossible, me dis-je, ce serait trop grotesque.

Je renonce au carrefour et me dirige vers le marché, c'est toujours devant le restaurant de Baba que je m'arrête, il est là avec ses amis, assis sur des chaises, ils font face à la grande place, ils parlent et ils fument, ils ne font que parler, fumer et boire du thé toute la journée. Je les connais tous, il y a d'abord Sam qui m'accueille avec une grosse tape dans le dos, cela me fait mal et je n'apprécie pas, parce que je ne veux trop apparaître aux yeux des autres comme son ami, je ne suis qu'un mendiant après tout, il y a Mahmoud, celui-là il aime les livres, il en porte toujours un avec lui, il travaille à la préfecture mais il n'y va jamais, il y a Chabi, qui « fait des affaires » et qui est marié à Salma, elle tient un salon de coiffure, il y a Hamed, je ne sais pas ce qu'il fait mais il connaît bien Saara lui aussi, je l'ai déjà vu là-bas, et parfois s'ajoutent à eux des hommes de la ville. J'aime bien les écouter, ils parlent d'un monde mystérieux que je n'arrive pas à m'imaginer, des pays lointains, des avions, des meurtres, le mot « politique » revient souvent, ils disent du mal du maire et du préfet, ils n'ont peur de rien et cela me donne des frissons, et Sam déclame des poèmes, c'est beau je trouve et je reste pendu à ses lèvres. Pourquoi n'en dirais-je pas un, un jour, quand j'oserai parler ? À quoi servirait de parler si on ne crée pas de belles choses ? Je ressens par moments la forte envie de répéter à haute voix ces jolis mots, mais c'est impossible, je suis sourd et muet après tout. Le plus souvent, quand Mama ne me colle pas au dos, j'attends le verre de thé que Baba va m'offrir et la pièce qu'il me donne chaque jour, avant de me caresser la tête : « Va petit, va... »

C'est devant la vendeuse de légumes que Mama me rejoint le plus souvent, elle me montre ce qu'elle a gagné, quelques pièces toujours, des dattes, des morceaux de sucre, et parfois un billet. Je l'ai pourtant bien avertie, j'ai bien remué la tête et les mains, j'ai presque dit « non » du fond de la gorge, et j'ai ouvert fort les yeux, mais elle ne veut rien comprendre, elle prend les billets en mon absence et rit de ce qu'elle croit être une aubaine, mais moi je sais qu'il ne faut pas trop prendre aux gens, qu'au-delà de quelques petites miettes ce n'est plus de la mendicité, c'est une dette qu'il faudra peut-être un jour rembourser, de son corps, de son cœur. Mais Mama ne veut pas comprendre, alors je lui ai interdit, oui, je l'ai menacée. Car moi, je connais les gens, moi je les écoute, je sais que ce n'est pas la bonté qui habite l'univers, je sais que Hamou si pieux, si respecté, est un sadique qui opprime son personnel, qui frappe sa femme et ses enfants, je sais que Mini le vendeur de tissus a failli tuer Massoud, le chauffeur de taxi qu'il a trouvé avec sa femme, il lui a cassé une dent, mais c'est resté entre eux, pour sauver l'honneur, je sais plein de choses parce que je suis muet et sourd et personne ne fait attention à moi. Oui, il est mauvais, le monde, il n'y a que de rares personnes comme Saara et Sam que l'on peut croire, oui, ils sont mauvais, les gens. Mais là où je souffre le plus, là où je me retiens pour ne pas crier, c'est quand ils parlent de ma mère.

Ils disent qu'elle a fait un bâtard et que les siens l'ont renvoyée, ils disent qu'elle m'a volé et que je suis devenu sourd-muet à force de rester avec elle, ils prétendent qu'elle a eu une jeunesse trop volage, qu'elle a trompé un grand marabout et que Dieu l'a punie. Je m'éloigne bien vite au risque d'éveiller des soupçons, je ne peux pas rester, sinon j'éclaterais c'est sûr, et je leur crierais leurs vérités à la face.

À part Mama, seul Lamine sait que je parle. C'est un garçon de mon âge, il marche sur des béquilles, mais il est leste et il chante « Charité, charité, Dieu vous le rendra » d'une voix qui fend le cœur des vieilles dames. Parfois, quand il fait trop chaud et qu'il n'y a que très peu de passants, nous nous asseyons sous un arbre et jouons aux cartes, nous partageons nos repas, mais lui n'arrête pas de médire de Saara, il n'arrête pas de raconter des saletés sur elle et il ajoute des signes pour que je le comprenne. Au début je ne faisais que remuer la tête pour lui signifier que tout cela était faux, et un jour où nous n'étions que tous les deux, il est allé trop loin alors j'ai attrapé sa chemise sale, je lui ai fait un croc-en-jambe, il est tombé et je l'ai piétiné longuement. « Tiens pour Saara, sale mendiant ! » Il était tellement hébété qu'il n'a même pas pleuré et depuis nous ne nous parlons plus. Il s'éloigne vite quand je m'approche, et quand je suis loin il dit à tout le monde que je ne suis ni sourd ni muet, heureusement personne ne le croit.

La maison de Saara est grande, très grande, il y a une large cour où est planté un palmier, il y a une immense véranda, un énorme salon, et des escaliers qui mènent à une chambre là-haut, là où personne ne peut aller, à part Saara et ses amis. Je m'assois toujours à l'ombre du palmier et j'attends, il y a même une natte où je peux m'étendre, je n'entre jamais dans les chambres, Saara m'invite chaque jour mais je refuse obstinément, non, je sais bien qu'il y a une barrière, un trait noir entre moi et tous les autres, même Saara. Je sais qu'au-delà de ce mur, il y a un monde qui n'est pas le mien, qui ne m'accepte pas, il y fait trop sombre et je ne vois rien, je n'ai pas les gestes qu'il faut, j'ai les mots qui meurent au fond de moi, j'ai les pieds qui ont honte de marcher sur leurs moquettes, même usées, je suis un étranger là-bas, au royaume des gens normaux. Saara n'arrête pas de m'y convier, mais elle ne voit pas, elle, cette ceinture de peur qui m'empêche d'avancer. Elle vient parfois auprès de moi, sous le palmier, me parler. Elle oublie presque qu'elle s'adresse à un sourd. Elle me regarde fort dans les yeux, elle articule lentement ses mots, elle fait quelques gestes pour désigner son cœur, ses seins, son ventre, elle touche sa joue, elle montre du doigt le ciel, je suis tout transporté par cette mimique, j'oublie le sens des mots, je suis emporté par la grâce du mouvement. Elle demande des nouvelles de ma mère, je lui réponds qu'elle est malade, qu'elle est couchée, la main sous la tête, je fais une grimace pour le mal et une main sur le cœur pour lui dire que je suis inquiet et que j'aime beaucoup ma maman, elle est émue, je vois des larmes dans ses yeux, ce n'est pas ce que je veux, alors j'appelle demain de mon doigt tendu vers le ciel et je lui signifie qu'elle va se relever, qu'elle va retrouver la vie, cela veut dire mendier de nouveau et moi je deviendrai un joueur de foot et nous voyagerons loin tous les deux, un bruit d'avion, c'est facile pour mes lèvres, et Saara rit aux éclats et elle me serre dans ses bras, son parfum...

C'est vrai, j'aime regarder les enfants jouer au foot, je les envie de courir, de crier, de tomber, de se fâcher, de pleurer et de rire, je les regarde longuement et j'oublie d'aller mendier, je me retiens pour ne pas crier, pour ne pas dire « But » ou « Hors-jeu », ils me chassent souvent, je pars un moment puis je reviens, et une fois il n'y avait personne pour faire le goal, alors Mourad, un dégingandé aux oreilles d'écureuil, a dit : « Le mendiant, on essaye le mendiant, en attendant », les autres ont d'abord ri puis ils ont dit oui, ils avaient fait demi-camp, un seul but, un seul goal, mon Dieu, ce que j'ai sauté, ce que j'ai ouvert les jambes, ce que j'ai plongé dans la terre, je m'en suis bien sorti, j'ai écouté les deux équipes m'encourager, m'applaudir même. Mais le match terminé ils s'étaient rhabillés, ils s'étaient aspergé le visage d'eau, ils s'en étaient retournés chez eux sans un regard pour moi, les choses et les gens revenaient à leur place, je redevins le mendiant sourd-muet, fils de la mendiante sourde-muette, ils avaient de nouveau tiré le rideau, et à travers lui je ne pouvais voir les ombres d'une autre vie qui se mouvaient sans moi. Pourtant ces quelques instants ont planté en moi un sourire qui se réveille à chaque fois que ces souvenirs reviennent, parfois j'en rêve la nuit et je m'oublie bien vite, et je m'imagine autrement, un enfant comme les autres, dans une famille comme les autres, un bon joueur de foot, acclamé par des spectateurs. Avant que les gémissements de ma mère ne me ramènent à la réalité.

Il y a quelque chose de mauvais dans le monde, ma mère, parfois je pense que c'est le démon qui règne dans cette cité et pas le bon Dieu, Il est parti peut-être, outré par les mensonges, les injustices et les conneries, Il s'en est allé, fâché contre cette ville et contre l'humanité entière, et même peut-être qu'Il nous a abandonnés, ma mère, nous aussi, toi malade et moi souffrant de tout, tous deux infirmes de la vie. Mais ce n'est pas grave, ma mère, Il se souviendra de nous et viendra nous secourir. Quand ? Je ne sais pas, je ne peux te répondre, parce que je vois ce que tu veux, je le vois à ton front, je ne sais pas, mais ça viendra, peut-être un jour, il faut toujours se dire que ça viendra, sinon nous allons sombrer dans les détritus du désespoir, ça viendra, il y a toujours une étoile qui parle quelque part, c'est sûr, elle ne demande qu'à être regardée, qu'à être aimée, ça viendra, peut-être, même Dieu, tu sais... peut-être même, l'amour, tu sais...

Parfois, je me sens si fatigué, les membres endoloris d'avoir tant marché, la tête vide d'avoir tant oublié, le ventre creux, et un énorme désespoir dans le cœur, je m'assois à l'ombre d'un mur, j'ai envie de partir, de m'enfuir de ce monde qui ne me veut pas, mais pourquoi donc exister, me demandé-je, qu'est-ce qui, en moi, appelle à vivre ? Et je trouve ! Il y a l'amour, j'aime ma mère, et j'aime Saara, il y a aussi lui, je l'exècre fortement, il a laissé en moi cette tache, il m'a volé le corps et l'esprit, et demain, après-demain, dans un mois, dans un an, dans un siècle, il payera, il payera c'est sûr, alors je me lève parce que j'ai retrouvé l'amour, j'ai retrouvé la haine, j'ai retrouvé la vie.

La maison de Saara est fermée, ce n'est pas possible, je me dis, les portes sont vermoulues à force d'être ouvertes le matin, l'après-midi, même la nuit, il y a toujours du monde, même quand Saara est là-haut dans sa chambre pour dormir ou pour recevoir ses amis, il y a toujours du monde, des quémandeurs, moi, le poète, ses amies, le chanteur, il y a toujours des gens, je suis abasourdi, et soudain j'ai peur, quelque chose est arrivé, je me dis, quelque chose d'énorme, et une peur indicible me saisit, je frissonne de tout mon corps, je regarde autour de moi, personne dans le petite ruelle, alors je cours vers le boutiquier au coin de la rue, j'ai bien failli parler, crier, je me retiens au dernier moment, et j'émets un son de toute la force de mon arrière-gorge, il n'est pas content lui non plus, Saara et ses amis sont ses grands clients, il me fait mille signes agités de la main, je ne comprends pas d'abord, puis il accompagne ses gestes de paroles : « Saara est allée au-delà de la Montagne, à Louad, sa mère est mourante là-bas. » Je ne savais pas que Saara avait une mère, elle aussi. Et puis je vois le petit chat de Saara qui me renifle les orteils pour chercher son odeur, je le prends dans mes bras.

J'ai longtemps réfléchi, pesé le pour et le contre, il y a ma mère, il y a Saara, et j'ai compris, Louad n'est pas loin, juste derrière la Montagne, j'irai, j'apporterai son petit chat à Saara, Mama s'occupera de ma mère en attendant, elle va lui préparer à manger, la laver, lui parler, lui sourire, elle sait faire cela.

SAARA

La résonance maussade du temps, les interrogations cruelles, Louad qui s'est éloigné, Atar qui n'en peut plus de gémir, mes amis trop présents, trop absents aussi, ce deuil que je ne porte pas, cet élancement du cœur que je réprime, et cette douleur que je ne peux situer, tout cela a conspiré pour me voler mes jours et mes nuits.

Je compte maintenant les heures qui passent, et pourtant je n'attends plus rien. La fête éclate chaque soir dans ma maison mais elle s'est éteinte en moi, les rires et les cris de joie de mes amis et la musique qui m'entourent sonnent comme des coups de poing dans mon corps fatigué. La langueur m'habite et ne sait plus me quitter. Par instants c'est même l'effroi qui m'assaille, j'ai soudain peur de ce qui m'arrive, je crains de sombrer définitivement dans une lassitude mortelle, je tremble pour ma jeunesse et pour les rêves que je tais mais que je n'ai jamais enterrés.

Et pourtant une force intérieure m'appelle à résister, à rester moi-même : Saara, celle qui refuse les misères et l'ennui. Je laisse les joies paraître, car à force de les côtoyer on se croirait heureux, je laisse les bonnes humeurs s'afficher, je convie les habits du bonheur à me couvrir tout entière, mais le déguisement ne parvient pas à cacher ma misère. Je souris à tous mais la douleur en moi ne tarit pas et je sens toujours un immense et apathique vide en moi.

Je suis passée, je le sais, à côté des promesses. J'ai trop longtemps attendu ma mère alors que c'est elle qui m'attendait, alors que j'aurais dû aller la chercher et trouver auprès d'elle un cœur sur lequel m'appuyer, j'ai choisi de l'oublier alors que j'aurais pu chaque jour me faire aimer, alors que j'aurais pu chaque jour me sentir emplie d'une affectueuse présence ; j'ai perdu ma mère pendant des années parce que j'étais aveuglée par le dépit, par la rage de me croire abandonnée, et peut-être par l'ignorance de ce qu'elle était devenue ; alors que je ne savais pas moi-même ce que j'étais vraiment.

Le Cheikh est l'errement de mon cœur devenu fou et qui ne sait plus où aller, une escapade de l'esprit, une passion impossible qui m'empoigne encore et refuse de me lâcher. Mais je sais que je ne peux rester prisonnière d'un sentiment absurde, d'un dérèglement des sens.

Moi, Saara, femme aux mœurs légères et à l'esprit libre, lui, Qotb, chef d'une confrérie d'un autre temps, imam d'une foi qui refuse les joies du corps et rêve d'un au-delà ! Comment concilier deux planètes qui se nient ?

Que me reste-t-il à aimer ? Il n'y a que ma petite sœur, et celle-ci est partie, elle s'est enfuie sans regarder en arrière, sans se soucier du désespoir dans lequel elle m'a laissée. J'ai appelé cela trahison, mais aujourd'hui je ne sais plus si un cœur qui aime ne doit pas absoudre, si je ne dois pas pardonner un peu. Peut-être avait-elle seulement peur de voir mes larmes, de ne pas supporter mon visage contrarié, peut-être m'aimait-elle tellement qu'elle ne pouvait assister à ma peine, peut-être... ?

Je ne sais plus que penser, une nostalgie profonde me tient, une angoisse aussi. Que lui est-il arrivé qui l'empêche d'appeler, d'écrire ? Soudain une frayeur m'étreint, m'étrangle, me serre fortement au ventre. Et si elle était dans le malheur, abandonnée, malade ? Et si elle avait juste honte de revenir, et qu'elle n'attendait qu'un appel de moi ? Sur qui épanche-t-elle ses peines ? Je ne dois pas lâcher cette portion d'amour qui m'attend, la seule que je puisse encore espérer.

J'ai déjà hâte de la chercher, d'aller suivre ses traces, de flairer chaque arpent de sable qu'elle a emprunté, d'escalader les montagnes qu'elle a peut-être franchies et de savoir... Je ne saurais plus vivre sans savoir.

Sam ne disait rien, il comprenait mes raisons mais n'avait nul conseil à me donner, il est comme cela, Sam, il ne sait jamais quel parti prendre car pour lui tous les partis se valent et chacun doit sentir son propre chemin. Aziza m'encouragea à partir. Zeinab pensait que je devais oublier une sœur ingrate qui m'avait lâchée. Elle est dure, Zeinab, elle ne prend pas de gants. Cheibou et les autres disaient qu'un petit voyage ne me ferait pas de mal.

Je décidai donc de partir à la recherche de ma petite sœur dans cette capitale que je hais. La sœur d'Aziza, Gallia elle s'appelait, y était installée, mariée à un important personnage, « Tu verras, me dit Aziza, ils sont ennuyeux à souhait mais ils sont tous deux fort serviables et Gallia m'aime beaucoup, ils nous aideront..., il faut que j'aille avec toi ». J'acceptai. Aziza est folle mais on ne se lasse pas d'elle. Elle parle avec volubilité, saute d'un sujet à l'autre, et sa voix sonne comme musique aux oreilles. Elle est un peu maigre, elle a de petits yeux qui brillent, une bouche bien dessinée toujours souriante, elle aime chanter, elle aime danser. Elle plaît aux hommes, Aziza, mais elle est trop inconstante pour en garder un seul, chaque jour elle tombe amoureuse et chaque jour elle délaisse un amant. C'est vrai qu'elle dit souvent qu'avec Sam, ça aurait pu durer, mais Sam...

Cheibou voulut nous accompagner. Cheibou, c'est notre « pédé ». Il avait, quand nous l'avons connu, un peu honte de son état, mais Aziza lui a tellement crié dessus « Eh, la pédale ! » qu'il s'est enfin assumé. Tout comme Aziza, il aime danser, mais il joue surtout de la guitare. Son rêve, c'est de monter à la capitale, de faire des études, et de devenir un vrai, un grand guitariste. Il est très gentil, Cheibou, il est très bavard aussi et parfois je me sens obligée de le faire taire. Il n'y a que Sam qui l'écoute vraiment et qui croie en son talent.

Je dissuadai ce dernier de venir car je savais qu'il exécrait cette cité sans cœur où vivaient sa famille et ses plus mauvais souvenirs, et qu'Aziza s'accrocherait à lui, elle ne ferait rien d'autre qu'essayer pour la énième fois de le reconquérir, et elle ne m'aiderait plus en rien. Le petit mendiant, je ne l'avais pas vu depuis quelques jours, Sam dit qu'il ne l'avait point rencontré non plus. Sa mère était-elle encore malade ? Je n'avais pas le temps de m'en enquérir, Sam promit de prendre de ses nouvelles pour nous.

Je ne m'ennuyai pas pendant le voyage, mes compagnons de route n'arrêtèrent pas de chanter, de raconter des blagues et de se chamailler, « Sale pédale », « Vilaine garce », ils s'envoyaient les mêmes épithètes tout au long de la route et riaient ensemble après s'être insultés. Je ne lâchai presque pas le volant. Je ne pouvais pas : Cheibou ne savait pas conduire et Aziza aimait trop la vitesse. Les cinq cents kilomètres qu'il nous fallait parcourir étaient en grande partie désertiques, le paysage inchangé, nu, parfois clairsemé de plantes sauvages rabougries, de regs et de cailloux. Le goudron, un long et ennuyeux bandeau noir, rectiligne, se perdait dans les mirages d'un soleil ardent.

Akjoujt, la seule ville que nous traversâmes, sommeillait déjà, assommée cet après-midi-là par une journée de feu. Fort colonial puis ville minière, morte avant de revivre, elle paraissait avoir survécu au marasme, même si elle avait définitivement enterré ses années heureuses.

Nous nous arrêtâmes à Asma, un village qui avait voulu voler le désert et devenir cité, mais qui avait échoué et valeureusement accepté sa défaite. L'aubergiste, une femme entre deux âges, nous reçut avec des yeux étonnés. Elle nous offrit un thé à la menthe et une écuelle de lait de chamelle. Je somnolai un peu, je l'entendis dire aux oreilles de Cheibou : « Pourquoi conduit-elle durant ce long trajet ? Ce n'est pas normal pour une femme ! » et Cheibou de lui répondre :

« Elle, elle paraît femme mais il y a un homme qui se cache en elle, moi c'est le contraire. » L'aubergiste se retira vite, scandalisée, et Aziza éclata d'un rire qui chassa mon sommeil.

Nouakchott nous accueillit par ses lumières falotes, ses véhicules vieillots ou trop neufs, ses avenues poussiéreuses, ses foules mortes, ses boutiques vantardes, le sable de ses rues, l'insolence des regards et la modestie des sourires. Je dis à Aziza : « Si ce n'était pas pour ma sœur, je ne viendrais pas ici. » Et c'est vrai, j'ai horreur de nos villes d'aujourd'hui tout juste sorties des dunes et qui se prennent au sérieux. Atar a serpenté quelques siècles, oasis, petite bourgade, halte des caravanes, fort colonial, avant de se revendiquer mollement du titre de cité, et elle a conservé un reste de caractère, un peu de son passé, une certaine manière d'être bien à elle, assez bien partagée par sa population. Ici, rien, pas d'âme. Des multitudes venues d'ailleurs naissent et vivent ici et ne se revendiquent pas, c'est une ville que personne n'aime parce qu'elle n'aime personne. Mais on peut tout y rencontrer, c'est vrai, des nomades encore habités par leur Sahara, des villageois du Fleuve ou de l'Assaba, des pêcheurs Imraguens du Nord, des chasseurs Némadis de l'Est, des étrangers, beaucoup d'étrangers, sénégalais surtout, mais aussi marocains, algériens, tunisiens, maliens, qui restent entre eux parce que cette ville ne veut personne et les gens nés ici, grandis ici, n'ont plus de passé ni d'orgueil, ils rêvent tous d'émigrer vers les mégapoles du Golfe ou de l'Occident.

Je voulais aller à l'hôtel ou louer un appartement, mais Aziza poussa de hauts cris : « Pas question, c'est chez ma sœur que nous irons ! »

La sœur d'Aziza réside dans une énorme maison d'un quartier riche, silencieux, où des hommes en uniforme veillent devant de grands portails qui rassurent le sommeil léger des puissants. Nous dûmes nous annoncer. Nous nous regardâmes, Cheibou et moi : cela ne paraissait pas très amusant. C'est la sœur d'Aziza qui vint elle-même nous ouvrir, elles s'exclamèrent de joie et s'embrassèrent longtemps. Gallia ressemblait à Aziza mais elle était moins charnue, avait le teint plus laiteux, les lèvres moins épaisses, et ses yeux ne portaient pas la malicieuse brillance du regard de mon amie.

Le mari qui nous attendait dans un salon cossu était un homme long, mince, habillé d'un costume qui le serrait un peu et d'une cravate plutôt terne, avec des yeux pénétrants qui s'accrochent à vous, vous soupèsent, vous dénudent. Mamine est juge, nous dit sa femme et aussitôt je vis Cheibou se raidir, se tenir plus droit, s'éteindre l'ironie de ses yeux. Il chuchota à l'oreille d'Aziza des mots que je n'entendis pas mais les lèvres de celle-ci esquissèrent quelque chose comme « sale pédé ». Un méchoui nous fut servi, Aziza et sa sœur ne cessaient de converser, le juge parlait au téléphone, Cheibou n'arrêtait pas de contempler les divans, les coussins, les dorures, de fixer le plafond.

Aziza me présenta comme la meilleure amie qu'elle n'avait jamais eue et Cheibou comme quasi son petit frère. Je le vis alors tiquer imperceptiblement. Le juge, quand il apprit les raisons de mon voyage, me demanda si j'avais une photo de ma sœur, j'en avais une dans mon sac que je lui tendis, il la fourra dans sa poche sans même la regarder. « Vous n'aurez pas à la chercher, me dit-il, je donnerai cette photo à la police, et ils la retrouveront, où qu'elle soit.

— Vous n'allez pas tout de même, lui répondis-je, la publier dans la presse ?

— Pourquoi pas ? C'est un bon moyen de l'identifier.

— Elle refuserait de me revoir et me haïrait éternellement.

— Ne vous en faites donc pas, reprit-il, la photo ne paraîtra pas dans la presse, seuls des policiers la verront et je leur recommanderai toute la discrétion nécessaire.

— Elle est partie, ajoutai-je, avec un homme plus âgé qu'elle, la trentaine disons, grand, noir, il se nomme Alain, Allan ou quelque chose comme ça, il se dit français mais il parle cette langue, paraît-il, avec un fort accent africain. Elle l'a rencontré à Atar dans une auberge où elle travaillait.

— Ne vous inquiétez pas, ils la retrouveront. Surtout si elle est avec un étranger, depuis l'apparition du terrorisme ceux-ci sont tous suivis ! Soyez patiente, et ne tentez rien de votre côté, cela pourrait gâcher les choses. Je m'en occupe. »

Je sentis une espèce d'euphorie m'envahir. Tu vois, je ne t'abandonne pas, ma petite sœur, je frapperai aux portes de l'Enfer pour te retrouver, j'ouvrirai la gueule des monstres pour te soustraire à leurs dents acérées, j'affronterai le monde, je renierai mes joies, je piétinerai les livres sacrés pour te serrer dans mes bras, je te fêterai chaque jour si tu me reviens, et j'oublierai peut-être cette folie d'amour que je porte en moi, mon cœur sera plein de toi, et je serai même sage, si tu veux...

Cheibou, à la fin du dîner, s'excusa : « Je vais vous quitter maintenant, des amis m'attendent, je reviendrai vous embrasser, mes chéries. » Aziza tonna : « Tu nous abandonnes déjà, sale... ! » Elle regarda autour d'elle puis s'écria : « Mauvais compagnon, traître ! » Mais la maîtresse de maison se leva aussitôt pour l'accompagner, c'était clair, elle ne le retenait pas.

Je ne sortis pas de la journée, c'était la vision de Louad qui resurgissait, ses petites maisons sages, vaguement alignées, et ses tentes toutes blanches, ma tante marchant droit malgré sa cécité, Yacoub et sa désarmante naïveté, la mère du Cheikh si douce et si gentille, si rieuse avec son accent du Sud lointain, et le Cheikh… J'imaginais le Cheikh libéré de ses chaînes, libéré de son enfance, du titre absurde dont le hasard l'avait affublé, des croyances qui l'emprisonnaient, lui, jeune encore, dans les dédales des certitudes surannées, j'imaginais le Cheikh bien à moi, et la vie que nous choisirions, oui, j'abandonnerais tout, je me disais, je fermerais ma maison, je renierais mes amitiés, mes habitudes, mes passions incertaines, et j'ouvrirais les yeux dans ses bras que je croyais sentir déjà. Mais je me réveillais bien vite et chassais mes illusions, et je revenais à ce à quoi, maintenant, je devrais toujours revenir, ma sœur, perdue au milieu d'une ville bâtarde qui n'a pas de cœur.

Je m'impatientais un peu mais Aziza et Gallia me rassuraient : « Mamine a envoyé plusieurs policiers à sa suite, ils la retrouveront !

— Mais ce n'est pas une criminelle, je disais, je ne veux pas la voir arrêtée, questionnée, elle ne me le pardonnerait pas.

— Mais non, me répondaient-elles, ils ne feront que la localiser, ils informeront Mamine et tu pourras aller à sa rencontre. »

Cheibou venait le matin quand le juge n'était pas là, il préparait du thé pour nous, se querellait avec Aziza et s'en allait bien vite. Il avait, expliquait-il, croisé le chemin d'un groupe de musiciens qui lui apprenaient à jouer de la guitare.

Sam nous appelait chaque jour. Il s'ennuyait de nous, disait-il, et nous donnait des nouvelles : Yacoub, mon cousin, était toujours aux mains de la police, mais il l'avait vu, il se portait bien, l'administration ne semblait pas vouloir écouter le Cheikh et celui-ci était décidé à refuser le barrage. Zeinab avait un nouvel amoureux, quelques gouttes de pluie étaient tombées, il avait presque terminé son recueil de poésie... Je m'indignais de savoir que Yacoub était encore en prison, j'enrageais de ne rien faire pour lui. Mais j'étais loin, je n'avais aucun pouvoir et ma sœur m'attendait peut-être quelque part, dans les replis de cette cité énorme qui n'écoute pas les cœurs.

Le soir, Gallia nous amenait dîner dans « un restaurant à la mode », comme elle disait, nous regardions ce monde s'agenouiller devant le dieu argent parce qu'ils portaient sur eux, bien visibles, les signes de leur richesse, des costumes sortis des meilleures boutiques, des bijoux qui alourdissaient leurs membres et leurs cous, des voiles de soie finement assortis à leurs chaussures et à leurs sacs hors de prix, des boubous fièrement brodés, et ils parlaient et ne riaient jamais haut, et ils regardaient les serveurs avec des airs trop polis que je déchiffrai méprisants, et tout brillait faussement alentour. Aziza et moi observions et ne disions rien, déjà ennuyées par ce superflu luisant, nostalgiques de nos gaietés folles et de nos amis d'Atar qui vivaient sans se regarder vivre. Certes, nous aimions nous amuser, nous prenions l'argent de nos amants, mais nous ne nous destinions pas au paraître, nous ne connaissions pas ce vulgaire qui s'étale, qui se gonfle et qui sent la pourriture des esprits.

Cheibou nous invita une fois à une soirée de ses amis. Aziza entraîna sa sœur hésitante, c'était une soirée de *bendja*, une danse des anciens esclaves que nous connaissons bien à Atar et que j'ai toujours adorée, des paroles osées, des contorsions effrénées. Le public n'était pas nombreux, beaucoup de gays qui parlaient en remuant les mains et des jeunes femmes trop bien fardées, Gallia voulut s'en retourner. « Je ne peux pas m'attarder ici, disait-elle, mon mari... » Aziza la retint : « Ton mari n'en saura rien, et puis nous sommes tes hôtes, si tu ne restes pas avec nous, nous ne reviendrons pas chez toi. » Elle s'assit alors mais se voila la face.

Une femme plutôt âgée, la cinquantaine mais fort belle encore, s'avança au milieu du public, lentement, faisant danser le bout de ses doigts, regardant à gauche puis à droite, d'un mouvement cadencé.

Le tamtam et la tidinitt accompagnaient le rythme de ses gestes. Elle se mit à se mouvoir lentement, puis d'une voix forte :

Regardez-moi, regardez-moi bien donc, chanta-t-elle en balançant son corps.

Pourquoi donc m'a-t-il quittée ?... Et elle tendait les bras :

Voyez bien combien je les ai si lisses, les bras sur lesquels il se reposait

Pourquoi donc m'a-t-il quittée ?... Et elle caressait ses seins :

Voyez les beaux melons que j'ai là, et qu'il aimait tant flairer

Pourquoi donc m'a-t-il quittée ?... Et elle touchait son ventre :

Voyez mon ventre lisse et ce que je cache en dessous et qu'il adorait honorer

Pourquoi donc m'a-t-il quittée ?... Et elle dévoilait ses jambes dodues :

Regardez mes jambes, qu'y a-t-il de plus beau ? Il aimait les caresser

Et pourquoi donc m'a-t-il quittée ?... Et elle se retournait pour remuer ses fesses bien rondes :

Jugez donc de ce derrière qui l'affolait
Pourquoi donc m'a-t-il quittée ?...
C'est qu'on lui a jeté un mauvais sort, mon homme !... Et elle tournoyait alors sur elle-même comme possédée par les djinns.

Aziza se jeta dans le cercle et accompagna la danseuse, je m'élançai à mon tour et Cheibou vint se balancer autour de nous deux. Nous revînmes fort contentes de notre soirée, même Gallia dut avouer qu'elle s'était bien amusée.

Le juge nous attendait. Il avait des nouvelles, m'annonça-t-il. Ma sœur s'était séparée de l'étranger qui, depuis, avait quitté le pays, elle avait ensuite noué une relation avec un jeune homme qui s'appelle Khaled. Ils avaient été arrêtés pour détention de drogue, jetés en prison quelques jours, puis ils avaient disparu de la circulation un moment avant de prendre la mer en clandestins pour les Canaries. On avait perdu leur trace. Je m'effondrai en pleurs : Qu'ai-je donc fait, mon Dieu, pour toujours voir s'enfuir ceux que j'aime, moi qui ai voulu fuir, oublier les malheurs, pourquoi s'acharnent-ils contre moi ? Ma petite sœur, je ne t'aurais forcée en rien, je ne t'aurais rien refusé, je te le jure, rien interdit, je te le jure, je ne demandais qu'à t'aimer, je te le jure !

Je ne fermai pas l'œil de la nuit, je tournai en rond dans notre chambre, Aziza et sa sœur se relayaient auprès de moi. « Je n'ai rien, reposez-vous, je n'ai rien, je leur disais, je n'ai juste pas envie de dormir », mais elles ne m'écoutèrent pas et passèrent la nuit à me caresser les mains et à me réconforter.

Le lendemain me surprit en meilleure forme, mais je ne tenais pas en place. J'avais hâte de tout quitter, cette ville de rien, ces mirages qui avaient mangé ma sœur et qui chaque jour avalent l'esprit des gens. Pourquoi cet attrait pour le nouveau, ici ou ailleurs ? Ne savent-ils pas que le bonheur n'a pas de cité, qu'il est là où il y a des cœurs, qu'il s'invente parfois, qu'il est faux en vérité, qu'il se plie au moindre vent ? Et que cherchent-ils, ces jeunes fous, à fuir vers les villes d'Occident : le rejet ? le racisme ? les bas-fonds des laides cités ? Ce luxe n'est pas fait pour les misérables ; pourquoi personne ne le leur a jamais dit ? Et ce Khaled, qui a entraîné ma sœur dans cette aberration, je lui mangerais bien le foie, et les tripes, et le cœur, je le déchirerais de mes doigts, je l'émasculerais, je l'empalerais...

Je réveillai Aziza : « Mon amie, je vais partir. Toi, tu peux rester quelques jours avec ta sœur et son mari.

— Tu es folle, me dit-elle, tu veux que je crève d'ennui ? Je rentre avec toi, chez nous, chez moi. »

J'appelai Cheibou qui me répondit qu'il nous rejoignait. Le juge et sa femme étaient déjà sur pied. Je les remerciai longuement. Ils insistèrent pour que nous séjournions chez eux quelques jours de plus, je m'excusai encore. Au-dehors, devant ma voiture, Cheibou attendait déjà. « Je viens vous saluer. Je n'irai pas avec vous, je vais poursuivre mon apprentissage de la guitare.

— Je comprends, lui dis-je, tu me manqueras, mon ami », et je l'embrassai.

Aziza, elle, lui cria dessus : « Ainsi, tu nous lâches, ordure, tu n'attendais que ça, d'être ici pour nous lâcher, petit bâtard, hein ? » Cheibou secoua la tête plusieurs fois en signe de dénégation, puis il éclata en sanglots, Aziza le serra alors dans ses bras, « Ça va, ça va, je t'aime beaucoup, mon sale pédé », et Cheibou tout en larmes : « Et moi je t'aime aussi beaucoup, ma vilaine garce. »

Je pris la route. J'avais hâte. Quelque chose, je ne sais quoi, m'appelait à Louad.

Mais c'est Louad qui vint à moi. Je retrouvai Sam devant ma maison. « Tu m'as bien manqué, me dit-il. Et sais-tu la dernière ? On vient de m'appeler : le Cheikh et plusieurs de ses fidèles ont quitté Louad il y a déjà une heure, ils arrivent ici à pied, ils traversent la Montagne. Il doit voir le préfet. » Je décidai d'aller à leur rencontre.

« Repose-toi, tu dois être trop fatiguée, moi je vais y aller, dit Sam.

— Mais non, insistai-je, j'irai. »

Nous les vîmes descendre patiemment, péniblement, la plupart d'entre eux s'appuyant sur des bâtons. Nous reconnûmes le Cheikh qui, alerte, dévalait vite les rochers puis tendait la main à ses amis pour faciliter leur avancée. Au pied de la Montagne, d'autres fidèles, avertis, se tenaient déjà, ils lui embrassèrent les mains, il leur parla un peu puis se dirigea vers nous. « Nous voilà dans votre bonne ville d'Atar, je suis heureux de vous revoir tous les deux. » Je ne me pliai pas aux salamalecs d'usage : « Yacoub est encore dans leur geôle, ils l'ont peut-être torturé. » Une ombre passa subrepticement sur le visage du Cheikh. Il semblait ne pas avoir entendu. « Vous viendrez tous les deux avec nous, dit-il, si vous le voulez bien. Le préfet nous attend. J'espère que cette question de barrage sera résolue aujourd'hui. » Je proposai ma voiture. Il déclina : « Nous irons tous ensemble, à pied. »

Sur notre route, presque tous les passants vinrent saluer le Cheikh et lui baiser la main, certains nous suivirent, nous formâmes bientôt une longue procession qui traversait la ville, traînant derrière elle un nuage de poussière et beaucoup de bruit. Des litanies religieuses s'élevèrent et le Cheikh n'arrêtait pas de toucher les têtes des hommes et d'embrasser les enfants. Arrivés devant la préfecture, nous étions déjà une foule nombreuse. Les gardes nous barrèrent la route, puis un galonné sortit et cria : « Le préfet va recevoir le Cheikh et quelques personnes de son entourage, tous les autres devront se disperser. »

Le Cheikh appela deux de ses compagnons et, à mon vif étonnement, il m'invita aussi. « Tu es fille de Louad », me dit-il.

Nous entrâmes et je vis le Cheikh, c'était presque étrange, s'incliner fortement devant le préfet, le sourire aux lèvres, la main sur le cœur, plein de componction. Le préfet sembla surtout surpris de ma présence, il me fixa intensément. Je crus qu'il allait s'adresser à moi, mais il se tourna vers le Cheikh. « Quand j'ai reçu votre demande d'audience, je l'ai aussitôt acceptée.

— Que Dieu vous préserve, Monsieur le Préfet. Je m'appelle Qotb. Je suis votre humble serviteur et le Cheikh modeste d'une confrérie de pauvres hères qui s'est vouée à Dieu.

— Je vous connais, Cheikh, je connais aussi votre confrérie qui s'est toujours montrée pacifique et a toujours respecté les vœux et les ordres de l'administration.

— Respecter le pouvoir est un credo essentiel de notre Voie.

— C'est justement pourquoi vous me voyez vraiment étonné de l'attitude de votre confrérie !

— C'est peut-être parce que nous ne nous étions pas rencontrés. Les créatures de Dieu ont besoin de se parler pour s'entendre.

— Je vous ai envoyé un émissaire, et le maire est venu en personne.

— Leurs paroles ont certainement été noyées dans un flot de mots. Vous savez, Monsieur le Préfet, les mots sont parfois dénaturés par l'arrogance...

— Le maire est revenu outré par votre attitude, il a été insulté par l'un de vos fidèles.

— L'insulte est bannie par notre Voie et je suis prêt à demander pardon et à baiser les pieds du maire s'il s'est senti, une seule minute, insulté par l'un des nôtres.

— Le maire était porteur d'un message.

— Pardonnez-moi, Monsieur le Préfet, mais j'ai bien peur que le maire lui-même n'ait pas compris le message.

— Comment ?

— En ne nous proposant que l'abandon de notre Voie.

— Votre Voie nous importe peu. C'est la construction du barrage que nous voulons.

— Nous comprenons bien, Monsieur le Préfet, votre volonté de construire cette nation, mais ce barrage ne saurait s'ériger sur les cadavres des gens.

— C'est-à-dire...

— C'est-à-dire, Monsieur le Préfet, que Louad est notre destinée, à nous qui suivons cette Voie, c'est notre Terre promise, c'est là où s'est arrêté l'exil de notre Grand Cheikh. Nous ne pouvons pas l'abandonner sans mourir nous-mêmes !

— Qui vous demande de l'abandonner ?

— Le barrage, Monsieur le Préfet, le barrage...

— Comment ?...

— Le barrage peut être un don de Dieu, je l'accepte, car il amène l'eau, il amène la vie, il donne du travail. Mais Louad n'a pas été élue pour les richesses d'ici-bas, Louad a été choisie pour être une grotte qui abrite nos prières s'adressant au monde entier.

— Louad est une oasis qui appartient à un pays. Il obéit à une loi !

— Vous savez bien que nous obéissons aux lois, que nous respectons les autorités. Mais nous avons peur, Monsieur le Préfet.

— Peur ? Mais de quoi ?

— Peur de devoir vous désobéir, peur de voir ériger un barrage que nous refusons.

— Et pourquoi le refuseriez-vous ?

— Parce qu'il y a des lois qui ont préexisté à notre pays et à notre monde, des lois que Dieu nous a données et que les lois d'aujourd'hui doivent respecter. Notre loi première à nous est d'adorer le Créateur !

— Je ne rentre pas dans ces considérations. Je tiens d'abord au respect de la loi !

— Et à l'intérêt général ?

— Et à l'intérêt général !

— Et au développement, je veux dire, ce qu'on appelle maintenant développement ?

— Oui, le développement ! Je sais que votre Voie n'est pas très favorable au progrès !

— Peut-être, mais elle ne s'y oppose pas sur le principe, et elle est même prête à y contribuer. Monsieur le Préfet, je vous fais une proposition qui répond à votre souci et au nôtre et qui sera, si vous l'acceptez, signe de notre fidélité aux options de l'État.

— Je vous écoute.

— Je vous propose, si vous y consentez, Monsieur le Préfet, de financer, par les moyens propres de la Voie, les études pour un barrage, en tout point semblable à celui que vous voulez construire chez nous, dans tout autre oasis que vous désigneriez. Ainsi l'État n'aurait pas perdu de l'argent en vain, et la région bénéficierait quand même d'un nouveau barrage.

— En avez-vous les moyens ?

— Tout le monde sait que notre Voie se donne toujours les moyens de ses ambitions. Nous y emploierons toutes nos forces. Nous avons beaucoup de fidèles, beaucoup d'amis aussi !

— Cela peut être intéressant ce que vous me proposez là, mais il ne m'est pas possible de vous répondre sans en référer à mes supérieurs.

Je tiens cependant à vous avertir qu'aucun manquement à l'ordre ne sera plus toléré.

— Jamais nous n'avons appelé au désordre, Monsieur le Préfet. Nous avons toujours respecté l'administration.

— J'ai reçu votre cousin Mohand, lui il serait favorable à la construction du barrage.

— Mohand mon cousin a depuis longtemps quitté Louad, il a certainement maintenant des idées bien à lui.

— Des idées qui pourraient être partagées par certains de vos émules.

— Aujourd'hui, je n'ai connaissance d'aucune voix dissonante dans nos rangs. J'écouterais volontiers toute opinion qui se manifesterait. Je ne suis que le Cheikh et la voix de notre confrérie.

— Vous êtes une secte étonnante !

— Nous ne sommes pas une secte, Monsieur le Préfet, nous sommes un ordre, et nous ouvrons les bras au monde entier.

— Vous êtes tout de même très particuliers.

— Peut-être, Monsieur le Préfet, mais nous ne faisons du mal à personne, nous ne rejetons ni ne méprisons personne, nous refusons toute idée de violence, et notre Voie n'est qu'amour, il est vrai, immodéré, du Créateur et de la Création.

— Notre conversation est terminée, j'ai bien noté votre proposition et pour signe de ma bonne volonté à votre égard, je vais aussitôt donner l'ordre de libérer votre jeune fidèle Yacoub.

— Je vous remercie, Monsieur le Préfet, de m'avoir écouté. Quant à la libération de notre fils Yacoub, notez bien, Monsieur le Préfet, que je ne l'ai pas demandée.

— Pourquoi ? N'est-il pas des vôtres ?

— Si ! C'est l'un de nos fils les plus prometteurs, j'ai beaucoup d'amour pour lui, mais dans notre Voie, il n'existe pas de prison pour celui qui peut, ne serait-ce qu'en esprit, évoquer le Créateur. Ensuite, Yacoub en prison, c'est votre fardeau et celui du maire, pas le nôtre. Nous ne viendrons jamais demander liberté pour l'un de nos fidèles, même injustement arrêté. Ce serait douter de sa foi !

— Il a insulté le maire, je vous le répète, mais je le libérerai malgré tout. Vous pouvez vous retirer, Cheikh ! »

Le Cheikh sortit en saluant bas. J'ai été profondément frappée par son attitude, sa façon de se tenir pleine d'obséquiosité et la fermeté de ses propos. Je le suivis peu après et nous allâmes attendre Yacoub devant le commissariat. Les policiers refoulèrent la foule qui voulait se joindre à nous. Sam était là, il avait amené ma voiture, des vêtements pour Yacoub, des boissons aussi et des sandwichs. Quand Yacoub apparut, il s'avança d'abord vers le Cheikh pour lui baiser la main. Le Cheikh l'embrassa sur la tête et ne dit mot. Je crus tout de même lire une luisance dans ses yeux.

Le Cheikh se dirigea ensuite vers la Montagne suivi d'une foule qui avait grossi. Sam essaya de le dissuader d'une escalade qui pouvait être harassante et même dangereuse. « C'est la seule route qu'empruntent les adeptes du Renoncement. Il est impératif que je suive leur exemple.

— Mais, lui dit-il, vous n'avez vous-même pas choisi le Renoncement.

— Je sais, le Cheikh de la Voie doit vivre la vie des communs, car il est gardien du commun, mais il est aussi, dans un sens, un adepte du Renoncement. »

Sam l'interrogea sur la proposition faite au préfet. « Nous voulons, répondit-il, préserver Louad des souillures d'aujourd'hui et aussi tendre une main fraternelle à tous ceux qui n'aiment pas notre Voie, nous sommes peinés de voir que beaucoup de gens nous réprouvent alors que nous ne haïssons personne. Nous cherchons simplement la Lumière.

— Avez-vous vraiment les moyens de financer cette étude ? Savez-vous combien elle coûtera ?

— Nous avons longtemps réfléchi à cette proposition. Nous avons consulté nombre de nos fidèles, ici, au pays, et même à l'étranger, des ingénieurs, des financiers, des spécialistes en tous genres. Nous avons ensuite contacté ceux de nos fidèles qui pourraient contribuer au financement du projet. Nous pouvons disposer dans un délai raisonnable de l'argent nécessaire. Cela nous coûtera fort cher, mais rien ne vaut à nos yeux la sauvegarde de la Médine de nos cœurs. »

Je le regardai partir, se lancer, à la tête des autres fidèles, à l'assaut de cette montagne qu'on dit hantée, et je sentis aussi m'envahir une poignante angoisse, le sentiment de passer à côté de quelque chose d'essentiel, une partie de moi, tout ce qui reste de moi peut-être, et je n'arrivais pas à détacher mes yeux de cette silhouette qui s'éloignait, qui me fuyait peut-être, et je fus tentée, malgré mes jambes flageolantes et mon esprit embrumé, de courir après elle. Sam me retint alors que j'allais tomber. Mais Louad m'appelait, je le savais bien.

LE CHEIKH

Je crois que les temps nous interpellent et que nous devons choisir. Définitivement ! Il ne reste plus de longues heures pour tergiverser. L'émissaire du préfet est venu. Il n'a pas parlé cette fois-ci, il m'a simplement tendu le message puis il est reparti : l'administration ne peut accepter ma proposition, le barrage sera construit dans les plus brefs délais, les premières équipes arriveront bientôt. J'appris aussi qu'ils avaient expulsé mon ami José.

J'ignore pourquoi le monde s'acharne tant sur nous, petite oasis peuplée d'êtres fragiles qui ne demandent qu'à prier, à vivre humblement leur foi, et qui n'ont jamais fait de mal à personne. Ils auraient pourtant dû comprendre : avec le barrage, c'est notre destruction qui est programmée, la fin de notre ambition, l'extinction peut-être de notre Voie. Et moi qui suis le pâtre, je ne sais plus où aller. Certes je sais que je ne peux accepter notre mort, mais j'ai peur de la violence, j'ai peur de la haine, j'ai peur même de notre refus. Mais il faut bien que nous refusions !

Le retour de Saara perturbe aussi mon esprit. Elle est revenue malade, elle avait des vertiges et ne pouvait se tenir debout, elle tremblait de fièvre. Elle est restée avec ma mère parce que sa cousine aveugle ne pouvait s'occuper d'elle. José l'a auscultée, il a dit que ce n'était rien, que ça passerait, qu'elle était seulement exténuée, mais elle paraissait si frêle quand je l'ai vue, si belle, et dans ses yeux fatigués j'ai lu un appel. À cela non plus, je n'ai pas su répondre. Son ami le sourd-muet est arrivé ici, lui aussi veille sur elle et j'ai appelé Sam, le poète, il dira un jour la vérité. Mais quelle vérité ?

Et pour savoir, pour déchiffrer les échos, j'ai gravi la nuit, seul, la Montagne de l'Anéantissement. Je suis allé auprès des adeptes du Renoncement, ils se sont un peu plus serrés dans leur bouge pour me céder de la place et je me suis agenouillé près de Memine, le Maître de la Voie, l'ami de mon père. J'ai chuchoté dans le noir : « J'ai tout essayé, Maître, ils ont tout rejeté, ils veulent le barrage, et moi je ne peux accepter, et je ne sais comment refuser, je n'ai pas de vraie réponse aux furies qui s'annoncent. Il fait sombre, Maître. Le fils du Grand Cheikh ne voit rien !

— Le fils du Grand Cheikh ne doit pas regarder avec les yeux !

— J'ai beaucoup médité, Maître, j'ai beaucoup réfléchi, et je ne vois rien. Je ne sais plus interpréter les signes du nouveau !

— Parce que, peut-être, tu t'évertues à les comprendre. N'essaye pas de les lire, ils sont les apparences fugaces qui trompent !

— Le barrage qu'ils veulent construire, est-il apparence, Maître ? Et leur entêtement à nous détruire ? Et Mohand qui cherche à me faire bannir ? Et leur haine pour notre Voie ? Et José, notre médecin, notre ami, qu'ils ont expulsé !

— Tout cela n'est que ruse du temps, tout cela n'est que vulgaire illusion. Parce que notre foi est en nous et que le reste n'est que néant !

— Mais j'ai à gérer le temps, moi. J'ai à préserver une terre pour nos adeptes et pour notre Voie. J'ai à sauver l'héritage de mon père !

— Toutes choses sans signification !

— Préserver la Voie n'est pas sans signification !

— Les prémisses de la Voie, les prémisses seulement.

— Oui, je sais, les prémisses de la Voie dont vous êtes, ici, l'accomplissement.

— Que nous rêvons d'accomplir...

— Oui, Maître, je sais, je suis le Cheikh des apparences, vous êtes les gardiens du Secret.

— Que nous tentons seulement d'atteindre par la foi.

— Oui, oui, vous êtes les cimes.

— Les escaladeurs qui vont vers les cimes.

— Oui, Maître, je confonds tout ! Je désire préserver Louad et je ne sais plus comment. Les forces du mal veulent nous extraire de la conque de notre Voie.

— Et que comptes-tu faire, Cheikh ?

— J'ai parlé leur langage, mais ils refusent de m'écouter.

— Vont-ils encore t'entendre ?

— Je ne crois pas et quand je vous ai appelé, vous n'avez pas dit mot !

— Nous n'utilisons pas le langage des mots.

— Mais j'ai besoin de vous, Maître !

— Nous sommes d'un autre lieu.

— Et je suis le gardien de la vallée, du *barzakh*, le terrain nu qui conduit au véritable Chemin, le vôtre, celui de l'Anéantissement en Dieu. Je suis le gérant du monde du semblant, des fois simples qui ne font que rêver de clarté. Mais les apparences ont aujourd'hui besoin des Lumières !

— Quelle prétention, mon fils ! Nous ne sommes nullement Lumière. Nous empruntons seulement le chemin de l'Anéantissement de soi qui mène à la Lumière.

— Je suis seul, Maître, je suis perdu, Maître, je ne sais plus où aller.

— C'est toi que nous avons choisi pour marcher sur la Terre. Tu portes, il est vrai la baraka de ton père, mais nous t'avons choisi surtout parce que nous sentions en toi l'attrait du merveilleux et l'intelligence de l'instant. Nous nous sommes occupés de ton éducation, nous t'avons insufflé la force de diriger la Voie, et nous t'avons fait entourer d'une *jemaa* de connaisseurs des sciences de l'Apparent et de l'exotérique. Tout cela pour que nous nous recueillions en paix, pour que tu saches gérer les premières marches de la Voie, et aussi pour préserver Louad qui abrite les candidats au Bonheur. Ici, nous sommes l'autre étape, celle de la rupture et du jeûne.

— Aujourd'hui, Maître, j'ai besoin de vous entendre.

— Nous ne savons plus parler. Tu retourneras à ton monde et tu prieras, et tu écouteras, encore, le souffle en toi. Et c'est tout !

— Le souffle n'a pas parlé.

— Il parlera si tu l'écoutes.

— Maître… Je veux rester quelque temps ici.

— Tu dois redescendre, mon fils, et aller vers les tiens.

— Maître…

— Je sais, mon fils. Tu es seul. Tu es peut-être malheureux. C'est ton destin. Ne reviens plus ici, sauf pour prier ou mourir ! »

Louad tout entier était là, rassemblé après la prière du soir. Les vieillards aux regards fatigués, emmitouflés dans des burnous épais, les adultes serrant autour de leurs tailles d'amples boubous que fait flotter le vent léger du soir, les adolescents portant de simples habits et des questions aux yeux. Et puis les femmes, ne laissant paraître que leurs visages ou leurs mains. Certains adeptes du Renoncement étaient présents aussi, qui baissaient la tête pour ne pas trop voir les effervescences de la vie.

Ils étaient tous là car je les avais appelés. Je voulais qu'ils apprennent et sentent les dangers qui se profilent, puis qu'ils se prononcent, avant qu'au nom de notre Voie j'énonce une opinion, j'édicte une règle, qui seraient définitives.

Je fis interdire ce soir-là toute élévation éthérée, toute extase collective ou individuelle et même les *dhikr* trop bruyants. Je voulais que nos gens aient bien l'esprit sur terre pour livrer leur appréciation, puisque la Voie allait nécessairement s'engager dans de nouveaux chemins, pour très longtemps, pour toujours peut-être.

Mehmed prit d'abord la parole en mon nom : « Mes frères et sœurs en Dieu, le Cheikh vous fait dire qu'il sait bien que cette assemblée est inhabituelle. Nos sages, les compagnons de notre guide et père à tous, le Grand Cheikh, sont là qui auraient pu, seuls, délibérer et faire entendre la voix de leur savoir. Mais le Cheikh a estimé qu'aujourd'hui nous tous, et la Voie que nous avons choisie, sommes face à des choix qui doivent nécessairement nous conduire vers de nouveaux destins. Vous savez que l'administration a demandé depuis longtemps l'ouverture d'une école à Louad. Le Cheikh a agréé cette demande malgré l'excellence des nourritures intellectuelles et spirituelles que nous fournissons à nos enfants. Cependant l'administration a établi un second projet, consistant cette fois en la construction prochaine d'un barrage dans notre oasis.

Vous savez tous que cette terre a été choisie par notre Grand Cheikh, qu'Allah l'agrée, comme lieu de prière, comme refuge de notre adoration, comme Médine pour notre Voie. Nous ne sommes pas venus ici pour des richesses, ni pour des vanités. Nous sommes là pour adorer Dieu, car nous savons qu'Il n'a créé les djinns et les hommes que pour L'adorer. Nous sommes venus ici pour nous évader des vanités et suivre notre Voie en toute quiétude, un Chemin que nous n'obligeons personne à suivre mais que nous voulons faire respecter. Et le Grand Cheikh a consacré cette terre à la foi, seulement au travail et à la foi.

Le problème est que ce barrage entraînera une nouvelle forme de culture qui tuera ces terres, elle entraînera l'arrivée de centaines, voire de milliers de personnes qui n'embrasseront ni ne respecteront notre Voie, il fera de nous des parias dans une oasis que nous avons créée. Sur cette terre d'adoration, il installera la recherche du gain. Ce barrage nous rejettera loin de Louad, alors que le Grand Cheikh, notre guide vers la Vérité et notre père à tous, l'a dit : “Louad est l'oasis où s'est arrêtée notre quête, notre Voie n'a de salut qu'ici, c'est la Médine de notre Voie”. Allons-nous laisser détruire la Médine de notre Voie ? »

Je fis signe pour que se taisent ces paroles passionnées. Mehmed était allé plus loin que je ne le désirais. Je voulais juste entendre d'abord exposée, sans fard, la situation, et je cherchais réponse à une unique question : que devions-nous faire ?

Parole fut ensuite donnée aux dix amis du Grand Cheikh, mon père. Ils affirmèrent que Satan, ennemi de toutes les fois humaines, était apparu à Louad et voulait détruire l'œuvre de la Voie, ils dirent aussi que Louad était une terre de Dieu, un endroit pur où on L'adorait sans aucun répit, que cette terre était sainte et qu'il fallait la protéger des pourritures qui, de nos jours, assaillent les cœurs et dérèglent les raisons.

Ils dirent que la Voie ne connaissait plus d'hégire pour sauver la foi et que Louad, comme l'avait énoncé Mehmed, était bien la Médine de ceux qui ont embrassé les enseignements du Grand Cheikh.

Il n'était donc pas question pour eux d'accepter un barrage qui, nécessairement, enlèverait Louad à ceux qui ne connaissent d'autre empire que celui de la Voie. Ils insistèrent cependant sur ce qui, répétèrent-ils, était le noyau de la Voie : le respect des puissances terrestres et le refus de toute violence.

La foule marmonnait des prières silencieuses et jetait de temps en temps des « Wallahi » approbateurs. Un brouhaha de protestations s'éleva pourtant quand Mohand se dressa. D'un geste impérieux, je réclamai le silence et l'invitai à parler.

« Mes chers frères, dit-il, j'ai entendu ici, maintenant, certaines personnes protester contre ma présence et pester contre moi. Devrais-je leur rappeler que je suis fils de Louad et de la Voie, devrais-je leur rappeler que mes aïeux étaient des oulémas, que je suis, après tout, le neveu du Grand Cheikh et que de toute façon les murmures feutrés et les paroles malfaisantes devraient être bannis de notre Voie ?

On aime parler à Louad de danger imminent. Où est-il donc ? Je voudrais bien voir cette hydre assassine qui nous guetterait et contre laquelle, avec vous tous, j'engagerais le plus féroce des combats. Mais je ne vois rien, pourtant je vous le jure, je ne suis point aveugle et je n'ai pas besoin de guide.

On évoque le barrage que l'État projetterait de construire ici ! Pourquoi Louad devrait-elle se plaindre d'avoir, entre mille oasis, été choisie pour abriter un ouvrage si utile ? Savez-vous ce que c'est, un barrage ? C'est de l'eau, de l'eau en abondance, l'eau qui manque tant dans nos contrées, l'eau, cette denrée rare ici et bénie de Dieu. Personne de raisonnable ne saurait s'opposer à l'eau. On nous dit que notre confrérie risquerait de disparaître si elle acceptait le barrage. C'est faux ! Dans mille autres endroits, les confréries du soufisme ont construit des barrages et s'en sont bien portées. Pourquoi la nôtre refuserait-elle ce barrage ? Parce qu'elle partagerait Louad avec d'autres communautés ? Pourquoi faudrait-il s'en offenser ?

On nous dit que le Grand Cheikh a déclaré que Louad ne saurait appartenir qu'à la seule Voie. Il ne l'a écrit dans aucun de ses livres ! Quelques-uns de ses compagnons, ici présents, ont soutenu l'avoir entendu dire cela. Pourquoi devrait-on les croire ?

Ne vous laissez pas entraîner par les vieux dogmes devenus désuets, par un Cheikh qui subit l'influence de sa mère, une esclave étrangère, et par une *jemaa* de vieillards séniles. Regardez autour de vous, réveillez-vous : le monde a changé ! »

Une énorme clameur monta, j'entendis même des insultes et je vis des poings serrés. Je commandai aux fidèles de se calmer, mais, en mon for intérieur, j'étais perplexe et furieux. Je ne comprenais pas ! Pourquoi Mohand avait-il choisi soudainement de m'affronter et d'insulter publiquement les dix amis du Grand Cheikh ? Il aurait pu affirmer ses convictions et ne blesser personne ! Et comment lui était venu ce regard haineux qu'il nous jetait, et même le courage de nous défier directement, les dix amis du Grand Cheikh et moi, lui que je connaissais si pusillanime ? Je compris, mon bon Dieu, qu'il s'agissait là d'une nouvelle épreuve pour notre Voie. Mohand essayait d'ouvrir une brèche dans nos rangs et derrière lui il y avait certainement l'administration, la Force d'aujourd'hui. Mais les cris continuaient à fuser du public, et moi je voulais encore l'écouter exposer le fond de sa pensée. Je me levai et contrairement à nos coutumes, je pris la parole : « Mes pères, mes mères, mes frères, mes sœurs, le Cheikh devrait être le dernier à parler mais je ne peux attendre quand de mauvais discours sonnent au milieu du cercle des fidèles de la Voie. Écoutez en silence et attendez votre tour pour parler ! Mohand, mon cousin, vous pouvez continuer !

— J'en ai terminé, cousin », me répondit-il.

Toute la foule se mit à tonner. Certaines personnes s'agitèrent même en dirigeant le poing vers lui. Il ne m'avait pas appelé « Cheikh » !

Depuis combien de temps fulmine-t-il intérieurement contre la Voie et contre moi ? me demandai-je tout bas. Épargne-moi, bon Dieu, les colères indignes et les haines secrètes qui rongent les cœurs si longtemps ! Je repris la parole : « Mes chers frères, j'interdis qu'on prononce un mot malpropre ou qu'on touche à un seul cheveu de mon cousin. Il s'est exprimé en des termes qui ne nous réjouissent pas. Mais est-il tenu de dire des mots qui nous réjouissent ? Il a présenté sa vérité. J'exige qu'on la respecte et qu'on lui réponde sans oublier les préceptes de notre Voie. »

Le jeune Yacoub se leva. Je faillis lui interdire de parler, car je lisais en lui la colère et je craignais que la fougue de son jeune âge ne l'entraînât trop loin. Mais déjà la foule l'encourageait.

« Mon gracieux Cheikh, mes pères, mes mères, mes frères, mes sœurs, cet homme que vous voyez là, ce félon qui ose parler en ces termes de notre Cheikh et de nos aînés, est indigne d'être parmi nous. Car cet homme ne s'est pas arrêté là. Depuis son retour, sa haine de notre Voie et de notre Cheikh s'est dévoilée au grand jour. Il n'a eu de cesse de pousser l'administration à poursuivre le projet de barrage. Il a même demandé aux autorités de bannir le Cheikh, oui, bannir le Cheikh ! Cet homme doit immédiatement quitter notre assemblée, sinon, mon gracieux Cheikh, je ne réponds de rien ! »

Des cris fusèrent alors et je vis des hommes qui s'apprêtaient à s'en prendre à Mohand. Je dus intervenir avec fermeté pour qu'il puisse se retirer en paix.

« Mes frères et sœurs, dis-je, mes pères et mères, reprenez vos esprits, ne vous laissez pas entraîner par la colère qui est fille de Satan. Nous devons nous prononcer sur une question essentielle, ayons les idées claires, chassons la colère maudite, oublions les traîtrises, prononçons-nous en toute quiétude ! »

Cependant, mon bon Dieu, je me sentais perturbé, je comprenais que les choses allaient m'échapper, nous échapper à tous ; et qu'il fallait courir derrière le temps, ne plus se raviser, ne plus attendre.

Yacoub s'adressa encore à la foule, et ses mots me firent peur. « Je connais le monde dont parlait ce félon de Mohand, c'est un monde qui ne croit qu'aux valeurs marchandes et qui ronge petit à petit les certitudes et les fois, c'est un monde qui ne connaît qu'une seule loi, celle, justement, que notre Voie a toujours refusée, la loi du plus fort ! Je demande à nos aînés et à notre Cheikh de réfléchir à cela, car on ne peut rejeter aveuglément d'utiliser toutes les armes possibles quand non seulement notre Voie, mais aussi notre foi risquent de disparaître, avalées par les vilaines puissances de ce temps ! »

Je ne pus réprimer un frisson, mon bon Dieu, lorsque des cris approbateurs répondirent aux propos de Yacoub.

Je ne savais plus que faire, je ne savais plus penser, et une immense angoisse me serrait à la gorge. Je levai la main soudain et, sans vraiment réfléchir, j'appelai à la Prière de la Peur. Un tremblement m'envahit le corps, et je le sentis traverser toute l'assistance. Jamais, dans notre Voie, on n'avait appelé à la Prière de la Peur. Aucun de mes pères ne l'avait jamais faite, même au pire moment, mais ce jour-là, j'en perçus la terrible nécessité. Je voyais quelque chose s'écrouler autour de moi et d'affreux ectoplasmes se promener dans le ciel jusqu'ici calme de notre Louad, je distinguais au loin le bruit des vagues furieuses qui s'annonçaient, et nous si frêles, face aux immenses ouragans. La Prière de la Peur !

Les hommes se divisèrent en deux groupes pour prier, à tour de rôle, derrière moi. Ils n'avaient jamais prié ainsi mais ils connaissaient les rites de cette Prière de la Peur qui était acte de guerre, le seul acte de guerre que nous pouvions nous permettre. Certains ne comprenaient pas mon choix, et cherchaient à comprendre, d'autres comme Yacoub croyaient comprendre et exultaient, et j'entendis même quelques-uns pleurer. Je dirigeai la prière sans perdre la voix, puis je me tournai vers les fidèles, baissai la tête, fermai les yeux et rentrai en moi.

Un silence effrayant planait. Le vide m'appelait, mon Dieu, et des dunes toutes blanches s'offraient à mon esprit, et le vent du désert haletait en moi, et j'avançais en tâtonnant dans le noir, sous le soleil ardent de notre Sahara. Mon Dieu, comment la lumière et l'ombre pourraient-elles s'associer ? Je me pris la tête entre les mains et plongeai encore plus profondément dans les abysses de mon être. C'est dans le fond que gît le vrai, me disais-je. Et j'avais mal au cœur de m'être tant immergé, et j'essayais d'effacer toute présence terrestre, mais je vis Saara qui me souriait et qui m'attendait au bord d'un précipice. Saara, pourquoi Saara ? Je me libérai de l'étreinte de ses yeux mais j'y revins encore, et encore, puis je parvins à lui échapper et à m'enfoncer dans les replis du vide, du rien, quand tout se tait, quand tout se tient, quand tout s'éteint et qu'une nouvelle lumière, différente celle-là, illumine l'esprit et les yeux. J'y plongeai quelques secondes, hélé malgré moi par la voix de Saara et celle des nomades, amis des soifs, amis pour toujours.

Mais ces courts instants suffirent car j'avais senti en moi le souffle et je me levai aussitôt pour le traduire. Alors l'assistance entière se leva avec moi et joignit les mains.

« ... Il est venu le temps pour notre foi de pénétrer les déserts, de sonder les fonds des puits secs et de se désaltérer des seules forces que nous a données la Voie. Elles sont là, les puissances sataniques dont mon père a prédit l'arrivée, elles ont pénétré Louad et elles s'apprêtent à nous avaler, à éteindre la lueur qui a choisi de briller ici. Que pouvons-nous contre le Satan d'aujourd'hui qui porte les habits du nouveau, du progrès, du travail, des ventres rassasiés ? Vous savez bien, et j'insiste là-dessus, qu'il nous est interdit de lever l'épée et le glaive et même de porter l'insulte, mais vous savez aussi que Louad appartient à la Voie, le dernier refuge de la Voie, notre Médine comme disait notre Grand Cheikh, notre père bien-aimé. Maintenant, je dis devant vous tous que notre Voie refuse le barrage et je jure devant vous que je ferai tout pour que ne soit pas érigé ce monstre de mensonge qui enlèvera Louad à la foi. Nous refuserons ensemble chaque pierre qui viendra et nous nous coucherons devant leurs engins de mort, s'il le faut, parce que Louad nous appartient. Cette bataille que nous mènerons sera une bataille de la Certitude. Elle ne sera pas ce déchaînement de destructions et de haine qu'attendent les vulgaires ennemis de notre Voie.

Et, encore une fois, je vous avertis : ni les amis du Grand Cheikh ni moi n'accepterons aucune violence, ni aucune offense personnelle contre les hommes qui viendront, nous devrons sourire et refuser, car nous devrons rester propres et ne pas nous laisser infecter par les souillures d'aujourd'hui. Dieu protège notre Voie ! »

Au moment où je terminais mes paroles, Jid, le mendiant sourd-muet, l'ami de Saara, se leva au milieu de la foule : « Ces hommes qui vous menacent m'ont déjà détruit. Ne vous laissez pas détruire ! »

Aussitôt des cris s'élevèrent, aussitôt le peuple l'entoura et je vis des hommes et des femmes pleurer, « Le sourd-muet a parlé, il a entendu, c'est un miracle, l'annonce de notre victoire ! » dirent certains. Moi, j'étais troublé et ne savais que penser. Jid était acclamé, soulevé, tout le monde voulait le toucher pour ressentir la grâce.

Nos fidèles s'avancèrent en ordre et vinrent me baiser les mains et moi je les bénissais, mon Dieu, et je priais tout bas pour que ces hommes et ces femmes ne soient pas emportés par les mauvais vents, écrasés par les rouages aveugles des machines de ce temps.

LE MENDIANT

J'habite un mauvais songe. Tout cela ne peut être que rêve tourmenté. Ce n'est pas moi, ce n'est pas ici, ce n'est pas la réalité, mes yeux sont ouverts mais peut-être en vérité sont-ils fermés, c'est un cauchemar affreux que je vis, un sommeil agité, et je me réveillerai un jour. Il est impossible de voir ce que je vois ; ma mère souffrant toujours, mon cœur déchiré par ses plaintes, mes tempes qui crient, la puanteur de notre cabane, l'air au-dehors, le soleil qui ne nous regarde pas, les roches brûlantes que je devrais encore franchir pour chercher l'aumône, et même Saara qui est partie, et le Cheikh, et Louad qui a été piétiné, rasé par des hordes incultes, et les gens, en bas, qui aiment, qui mangent à leur faim, qui ont les joues pleines. Il y a quelque chose de faux dans tout cela. Ce n'est pas vrai, le monde.

Aujourd'hui je me sens affreusement seul, tout se tait et gémit, je n'ai plus la force de mendier, les amies de Saara ont quitté la ville, tout est parti, et la ville est morte, Sam est allé se réfugier dans les effluves de la poésie et de l'ébriété... et Moustaff l'Affreux exulte.

Quand je revins auprès de ma mère, j'avais mal partout, j'avais des ecchymoses sur le corps et mon cœur saignait. Et je retrouvai ma mère en souffrance, traversée par des pinces terribles qui lui torturaient le corps. Son visage était découvert et quand je lui parlai elle ouvrit les yeux et releva la tête. Je vis apparaître sur sa figure une fugace lumière, la joie de me revoir, vite submergée par d'atroces douleurs. Mama ne savait plus que faire, elle pleurait sans discontinuer.

Je sortis pour apaiser mes tourments, pour me retrouver un peu, pour savoir respirer et chercher un chemin ; la Montagne dormait paisiblement, indifférente à mes malheurs, de Louad ne parvenait aucune voix et, au loin, les lumières de la ville clignotaient déjà.

Je suis resté comme ça, prostré pendant un long moment, au seuil de notre cabane, l'esprit et le corps perdus, habité par une euphorie du vide, anesthésié contre l'instant, insensible aux peines qui m'entourent et qui cherchent des pores pour s'insuffler en moi, puis mû par une soudaine secousse électrique, je marchai comme un somnambule vers l'unique éclaircie qui m'apparaissait, ce tunnel du désespoir dont l'ouverture béante s'était subitement offerte à moi.

Oui, j'ai hésité trop longtemps, j'ai rêvassé trop longtemps, j'ai trop longtemps dormi, et je veux aujourd'hui m'en aller, quitter la grotte, oublier les ventres creux, les faux petits espoirs et les spasmes de la fin qui nous hantent. Il y a trop longtemps que je porte la misère, il y a trop longtemps que je porte les angoisses, il y a trop longtemps que je vis en exil de tout ; et il y a trop longtemps qu'aucune once de plaisir ne nous a effleurés ma mère et moi, et il y a aussi trop longtemps que je revis cette scène horrible de mon corps fouetté, de mes antres souillés, de ma personne écrasée, et des ricanements féroces des porcs qui s'acharnaient sur moi et s'esclaffaient pendant que je me débattais, que je criais, et qui me frappaient violemment à la figure pour que je me taise mais je ne me taisais pas, et personne n'est venu à mon secours, personne ne le pouvait. Eux, c'était la jeunesse dorée de la cité, c'était la fleur de leurs parents sales et corrompus, c'était la crème du mal que tout le monde adore, et moi, une moisissure qui n'a pas de voix.

À Louad aussi, ils ont tout gagné. Ils ont saccagé les gens et l'esprit. Saara et le Cheikh sont partis, défaits, brisés. Je ne les reverrai peut-être plus.

Mais je connais maintenant le chemin qu'il faut prendre non pas pour guérir, mais pour endormir ses plaies, pour se regarder un peu, s'estimer un peu, ne pas mourir en soi, éteindre la pourriture qui grouille en moi et me parle, qui me détruit parce qu'elle ne cesse de me dire : « Tu n'es pas un homme, tu n'es qu'un étron putride, un détritus de l'esprit, tu tends la main, c'est tout, alors que tu es déjà exclu de la condition humaine, tu n'habites nulle part, tu ne possèdes rien, tu portes des haillons, tu ne peux pas soigner ta mère, tu n'as rien pu faire pour Saara, il ne reste en toi que la puanteur que tu portes au fond de ton cul, dans tes entrailles même, la pestilence de leur présence dans ton corps et que tu vis chaque jour, et qui t'assaille dans tes rêves et qui te refuse toutes joies, quand pourras-tu sauver ce qui peut l'être en toi ? »

Se dessine devant les yeux l'évidence, la vérité tonnante, la foudre qui les niera, qui les fera hurler, qui imprimera l'effroi sur leurs vilaines faces et qui, tel un spectre malfaisant, les accompagnera toujours, les réveillera la nuit, leur rongera l'esprit. Je sais maintenant où aller. J'ai retrouvé la trace du tonnerre qui va faire trembler leurs âmes corrompues. Je réveillerai peut-être la fierté en moi, je vengerai ma mère et Saara.

Salem, le gardien de la grande palmeraie du maire, je le connais bien. Très tôt le matin, quand je traverse la frontière de sable, la *battha*, qui sépare les oasis de la ville, je le vois assis devant sa case préparant du thé. Il m'appelle parfois pour m'offrir une miche de pain, et je reste à attendre le petit verre qu'il me sert. Il arrive même qu'il m'envoie en ville chercher du sucre, des aliments, je cours vite et au retour, il me donne une pièce ou deux. C'est un homme bien, Salem, mais je sais ce qu'il vend en secret : d'énormes gerbes de feu qui font éclater les roches pour creuser des puits et arracher les eaux des profondeurs. Ils éventrent la terre et lui dérobent ce qu'elle cache depuis toujours, des eaux qui n'étaient pas destinées à maintenant, qui étaient réservées à d'autres temps, des eaux qui auraient dû attendre d'autres gens, des dizaines, des centaines d'années, des siècles peut-être, arrachées à l'avenir grâce à ces machines de mort pour être offertes à l'impatience des riches d'aujourd'hui. Et les générations futures verront des terres irrémédiablement mortes, dont les profondeurs seront définitivement sèches, et ils crieront au vol, à la trahison... De nos jours les pauvres paysans sont déjà condamnés à voir mourir leurs palmiers et leurs cultures parce qu'avec les pompes de toutes sortes, solaires ou pas solaires, les gros propriétaires tirent à eux toute l'eau de la nappe. C'est ce que dit Sam, quand il revient des oasis.

Les riches, eux, peuvent creuser les sols très loin et aller chercher l'eau où elle se trouve. Ils y emploient tous les moyens et quantité d'argent, les sols rocheux ne les arrêtent pas, ils font sauter les pierres avec de la dynamite et ils découvrent une eau qu'ils sont les seuls à pouvoir atteindre, ils arrosent généreusement leurs palmiers, donnent à boire à leurs bêtes, s'offrent des piscines sous les cieux avares et plus tard, ils pourront acheter à bon compte la terre du pauvre voisin, obligé de vendre une propriété qui, de toute façon, ne lui rapporte plus rien. C'est Sam, encore, qui dit cela.

Moi, j'ai souvent entendu des explosions énormes ébranler la montagne, là-bas à l'ouest, quand ils creusaient la route, c'était un grondement effrayant, un énorme éboulement qui secouait la terre, je croyais que notre petite cabane allait s'envoler, que nous allions être ensevelis sous d'innombrables gravats, mais j'ai maintenant compris que les montagnes elles aussi peuvent être violées, que le temps qui leur avait fait relever la tête ne sait plus les protéger, et qu'elles laissent d'immenses passages traverser leurs corps meurtris.

Salem cache dans sa palmeraie ce tonnerre qui fait trembler les pierres ; il ne le dit à personne sauf à ses clients mais moi, je le sais, parce que je suis sourd et que l'on parle devant moi, je l'ai entendu expliquer en détail ce qu'il faut faire pour laisser s'exprimer ces engins cruels. Il y a de petites pièces, des détonateurs, il y a des sortes de bougies, il suffit d'enfoncer le détonateur dans les bougies et puis d'attacher des fils électriques à cet engin, d'allumer, et c'est tout, il l'a bien expliqué devant moi à l'un des acheteurs, il a ajouté que c'était très dangereux, qu'il fallait vite s'éloigner de l'explosion. Il insistait très fort aussi pour dire qu'il fallait garder le secret, que cette vente était interdite parce que seule l'administration avait le droit de posséder ces trucs, que c'était elle seule qui les délivrait, que les détenir légalement demandait beaucoup de démarches et que cela prenait des mois pour avoir les autorisations nécessaires. C'est pourquoi il les vendait très cher. Mais en vérité, c'est le maire qui possède ces engins de mort. Salem les vend pour lui. Il possède tout, le maire, des voitures, des demeures, des bureaux, le Grand Marché du centre, Louad maintenant, et même la mort, il la possède aussi.

Et moi je sais où Salem dissimule tous les éléments séparés de l'explosif, chacun dans sa petite cache, aux quatre coins de la palmeraie.

Il fait noir mais je n'ai pas peur, ce soir la nuit ne m'effraie pas. J'ai couru dans la montagne sans regarder autour de moi. La fraîcheur du sable de la *battha* titille douloureusement mes pieds nus habitués aux pierres, elle pénètre insidieusement dans mes petites égratignures, cela me fait un peu mal et cela retarde ma marche, mais le temps est pour moi parce que Salem doit déjà dormir, parce que la palmeraie est très grande et que personne ne percevra mes pas.

Ouvrir les caches fut facile, j'avais apporté une petite barre de fer, il suffisait de la faire tourner dans les cadenas. Cela n'a produit que très peu de bruit. Par trois fois, j'ai réalisé l'opération et je me suis retrouvé avec tout un attirail qui au début m'a terrifié, tout ce matériel me paraissait diabolique, habité par les démons. De la mort qui dormait.

Je restai plusieurs minutes ébahi, je ne réalisai pas avoir si facilement accompli ces effractions, franchi si rapidement le seuil. J'envisageai quelques secondes de revenir et remettre tout à sa place, mais j'entendis leurs rires avec clarté, je revis leurs vilaines faces hilares, je ressentis à nouveau la douleur en moi, dans tout mon corps et au tréfonds de mon être, et une vague de dégoût et de haine m'envahit à nouveau, alors je me mis à assembler les différents corps de l'hideuse machine. « Ce n'est rien, c'est facile », expliquait Salem à ses clients. Et c'était vrai, je parvins rapidement à positionner les pièces. Je mis le tout dans un gros sac trouvé dans le champ et je courus.

La ville bruissait de mille feux, les vacarmes de la fête embrasaient le ciel et l'écho de la Montagne les ramenait dans la cité. Une foule nombreuse s'agglutinait devant la salle des spectacles. Je ne m'approchai pas mais j'entendis un jeune homme dire à son ami : « Il ne s'ennuie pas, Khaled, il court toutes les filles, il se marie quand il veut puis il divorce, puis il court encore plein de filles, puis il se remarie. C'est bien quand on est riche et qu'on sait s'amuser ! » Un frisson me parcourut, une rage me monta encore au cœur. Khaled était le fils unique du maire, il était le chef de cette bande qui avait planté la douleur en moi, qui m'avait spolié de ma confiance, qui m'avait volé les raisons de m'aimer. Je faillis en pleurer. Et en même temps, je me dis : je vais effacer d'un éclat fier et magique le contentement de leurs faces, je vais planter en eux la peur qui m'a trop longtemps habité, l'inquiétude ne quittera plus leurs fronts et je vengerai non seulement Saara mais aussi le Cheikh, Louad et tous les autres, et ils regarderont chaque instant autour d'eux pour éviter qu'une colère ne les écrase. Mais je ne savais que faire, la foule était là qui se pressait à la porte pour accéder à la fête, la musique à très hauts décibels me crevait le tympan, et je sentais mon cœur battre à tout rompre. J'aperçus alors, bien rangées, les belles voitures de Khaled et de ses amis, de splendides 4x4 aux carrosseries métalliques rutilantes. Je me faufilai entre elles, personne ne me héla, tout le monde regardait ailleurs. Je m'adossai à la roue d'un de ces mastodontes, sortis mon briquet et allumai la mèche avant de m'éloigner d'abord lentement puis à vive allure. L'explosion me fit m'arrêter, je me retournai et je vis cette gerbe de flammes et de fumées jaillir d'entre les voitures, un formidable bruit de tôles, j'entendis d'énormes cris s'élever, les gens détalèrent, certains me dépassèrent même, une gigantesque pagaille s'installa. Les gardiens du Grand Marché tout à côté accoururent, ils portaient de gros bâtons à la main et un immense effroi aux yeux, j'eus peur, mais ils s'éloignèrent. Je me faufilai entre les étals vides qui encadraient le Grand Marché et arrivai dans la cour pleine elle aussi de petites échoppes fermées, entourées de grosses boutiques aux volets clos. Je me sentis aussitôt habité d'une confiance en moi inédite, j'étais le justicier des films que les petits mendiants racontaient, il ne me manquait vraiment qu'un cheval et un masque, mais qu'importe, j'allais punir le potentat, Moustaff l'Affreux comme l'appellent Saara et Sam, propriétaire de tout cela, maître des pénuries, chef des mauvaises œuvres, destructeur de Louad, symbole de cette cité qui me méprise, de ces hommes, de ces femmes qui ne me voient pas, pour qui je suis moustique, sordide misérable, et qui me tendent une pièce par pitié pour ce sous-homme sourd-muet, bâtard d'une mendiante sourde-muette.

Je plaçai mon deuxième engin devant une boutique, juste au-dessous de la porte, l'allumai et courus de l'autre côté du marché. L'explosion fut encore plus forte, elle toucha instantanément les petites échoppes et les étals de bois qui s'enflammèrent, je sortis dans la rue alors que les hurlements fusaient, les hommes fuyaient dans tous les sens, la foule qui sortait de la fête reflua encore dans un brouhaha énorme, les klaxons des voitures remplissaient l'atmosphère. Je marchai lentement dans la grande avenue, au milieu du tumulte et des cris. Une inextricable cohue. Personne ne s'intéressa au petit mendiant, qui allait sans se presser, sans se soucier du tohu-bohu.

Du haut de la Montagne, je contemplai le spectacle, l'immense feu que j'avais allumé et qui montait au ciel, les grondements sourds qui échappaient du marché et le bruit des sirènes de pompiers qui arrivaient, ils sont toujours en retard, les pompiers ici. La fumée enveloppait maintenant tout le centre-ville et obscurcissait les rues adjacentes, une étrange plainte émanait du cœur de la cité. J'ai fait mal à la ville, je me disais, je l'ai touchée au cœur de l'insignifiance, la salle des spectacles où se pavanent les orgueils vulgaires des nouveaux riches, les parvenus dédaigneux des pauvres gens et le Grand Marché, antre du commerce des âmes et du cynisme. Moi, pauvre mendiant sourd-muet, fils d'une mendiante sourde-muette, la lie de l'humanité, Jid le bâtard, j'ai répondu à leur mépris, à leur suffisance. Brûle donc, Moustaff l'Affreux, roi des corruptions, brûle donc, Khaled fils de l'Affreux, héritier des concussions, du vol, du viol des enfants qui n'ont rien fait, sauf d'être pauvres et sans protection. Je n'ai pas brûlé vos corps, certes, je n'ai incendié qu'une petite partie de vos biens, mais n'est-ce pas assez pour un pauvre mendiant de toucher là où s'enterrent vos consciences, ce sale fric que vous adorez ? Et demain, moi ou d'autres marcheront sur vos corps, briseront vos os comme vous avez brisé mon cœur et celui de Saara.

Saara, je suis allé la retrouver quand elle est partie à Louad, je l'ai veillée toute la nuit, j'ai baisé la main du Cheikh aussi et j'ai parlé pour qu'on crie au miracle, j'ai vu qu'on m'aimait, j'ai vu qu'on m'entourait, je ne pouvais pas rester longtemps parce que ma mère m'attendait, mais le désastre est vite arrivé. Ils sont venus au petit matin, alors que Louad s'éveillait, le bruit de leurs moteurs a noyé l'appel du muezzin et leurs pas sur le sable ont résonné comme des trompettes de la Fin, ils étaient nombreux et derrière eux des machines énormes s'avançaient, la gueule ouverte, prêtes à avaler la terre et les gens. Le Cheikh et ses fidèles les attendaient déjà, ils étaient tous rassemblés sur le lieu même où devait s'élever le barrage, ils chantaient doucement Dieu, leurs cheikhs et leur Voie, pas un geste, pas un regard vers les mastodontes qui arrivaient. J'entendis le Cheikh s'adresser aux soldats : « Je vous aime en Dieu, mes frères, faites votre devoir, tirez sur nous si telle est la mission que vous vous êtes donnée, nous, notre devoir, c'est de ne pas abandonner cette terre. » Et je l'entendis parler à Yacoub et à ses amis qui déjà l'entouraient, les yeux rouges de colère : « Éloignez-vous, je ne veux aucune protection, parce que je ne veux aucune forme de violence, notre défaite ce n'est pas qu'on nous enlève Louad, notre défaite c'est le jour où on utilisera une autre arme que celle de l'esprit, cette terre mérite qu'on meure pour elle mais elle ne mérite pas qu'on fasse violence pour elle. »

Un officier s'approcha du Cheikh, et celui-ci tendit l'oreille pour l'écouter, souriant, fort respectueux : oui, je connais, c'est quand ils se montrent les plus onctueux qu'ils sont en réalité les plus fermes. L'officier alla vers ses hommes, hésita un instant, revint vers le Cheikh, lui parla encore, puis il s'en retourna d'un pas rapide, fort contrarié. Il grogna un ordre. Des soldats portant masques avancèrent vers la foule, celle-ci ne fit aucun mouvement, elle se tut soudain, et alors qu'elle restait immobile, attendant impassiblement l'attaque, surgirent de jeunes hommes armés de gourdins, sortis je ne sais d'où et qui firent front devant le Cheikh. J'entendis celui-ci les invectiver : « Lâches, impies, arrière, je vous interdis... » Les soldats lancèrent des bombes lacrymogènes, tirèrent des balles en l'air puis se ruèrent vers les habitants de Louad, un énorme choc, des cris hystériques, des pleurs, Yacoub et ses amis furent maîtrisés, traînés par les cheveux. Les bottes piétinaient les corps, les matraques s'abattaient sur les têtes, des hommes se cramponnaient à des soldats et refusaient de lâcher malgré les coups qui pleuvaient, des femmes protégeaient leurs enfants de leurs corps, des hommes hurlaient, d'autres déjà à terre recevaient des coups sans se plaindre. Des prières qui ressemblaient à des cris de douleur montaient au ciel, un énorme nuage de poussière et de geignements s'élevait au-dessus de Louad, j'allais m'éloigner, fuir cet embrasement, quand j'aperçus soudain Saara, elle courait les cheveux libres, les poings levés, injuriant les soldats et se frayant un chemin au milieu de l'affreuse mêlée.

Je m'élançai à sa suite, mais je ne voyais plus que des douleurs qu'on traînait.

Ils ont tout ravagé, les fiertés et les gens ; ils étaient furieux, c'était comme si cette oasis si paisible leur avait volé quelque chose d'essentiel, et pourtant les habitants n'avaient plus opposé de résistance, ils se couvraient la tête et pleuraient en silence, acceptant les coups, avalant les insultes. Le Cheikh était resté debout, figé, il fermait les yeux seulement, et autour de lui les dix amis du Grand Cheikh psalmodiaient des prières, les soldats ne s'attaquèrent pas à ce cercle-là, quelque chose d'indicible le leur interdisait. Et soudain, un ordre claqua, un aboiement, les soldats se retirèrent aussitôt, la furie s'arrêta, un étrange silence plana brièvement entrecoupé par des sanglots, des halètements, des souffrances qui essayaient pourtant de se taire. Un soldat s'avança, un papier à la main. « Le Cheikh Qotb, cria-t-il, est sommé de quitter la région et de ne jamais y revenir jusqu'à nouvel ordre. Une voiture l'attend. Les autres, dispersez-vous ! » On entendit des plaintes, des pleurs, des cris. Le Cheikh leva le bras et clama d'une voix tremblante : « Obéissez maintenant, mes frères. Retournez à vos foyers. Je vais partir. Que personne ne me suive. Je ne reviendrai peut-être pas mais je serai toujours avec vous, vous devez tous rester, ne jamais quitter cette terre, pour que ne meure pas la Médine de nos cœurs. Et n'oubliez jamais les préceptes de notre foi. Je vous confie ma mère, ma maison et les livres de mon père. » Il se dirigea alors d'un pas lent, encore incertain, vers un véhicule que le soldat désigna du doigt et qui stationnait au loin. Le peuple de Louad, qui pleurant, qui se lamentant sans bruit, qui priant tout bas, regardait le Cheikh s'en aller. Et soudain, Saara surgit de la foule et courut derrière lui, il se retourna alors, s'arrêta pour l'attendre, et ils restèrent un moment debout, face à face, je n'entendis pas ce qu'ils se dirent, mais l'on vit au bout d'un court instant qu'il lui tendait la main et qu'elle la prenait, il prononça des mots indistincts, elle hocha la tête, et puis ils s'en furent, je ne sais où.

Je m'avançai vers notre cabane, et pour la première fois, je remarquai qu'elle était près de s'effondrer, qu'elle courbait déjà l'échine et que les branchages qui la recouvraient n'avaient plus de couleur, délavés par le soleil et le temps. Tout autour de nous, les roches dans leur hiératique présence semblaient ne plus vouloir nous protéger, et je percevais les cris des hyènes qui n'apeuraient pas ma mère parce qu'elle ne les entendait pas.

Mama dormait à l'entrée de la cabane, un éclair de lune lui traversait la moitié du visage, elle était à demi-nue et presque belle dans son sommeil. Dans ses bras, son fils nu épousait la couleur de son ventre. Je la dépassai sans bruit et m'approchai de ma mère. Elle avait rejeté le drap sale qui la recouvrait, elle geignait dans son sommeil et des spasmes lui parcouraient encore le corps, elle tremblait un peu, la douleur l'accompagnait même dans l'inconscience, tu as tant enduré, ma mère, tu as tant souffert que cette montagne elle-même aurait dû avoir honte de ce que tu as vécu, jamais la vie ne t'a accordé de répit, tu as peiné, tu as mendié, tu as vécu pour moi qui ne suis rien, qui ne vaux pas une once de ta plus petite douleur, et moi je t'aime ma mère, je t'aime à mourir, je t'aime à te voir mourir, ma petite maman, et les jours à venir ne nous tendent pas les bras, maman, demain, qu'est-ce que demain pour toi, cela n'existe pas, c'est sombre demain, comme ton passé, comme ta vie, je t'aime tant, maman... Et je pressais ma main sur sa bouche et son nez, je n'appuyai pas fort, parce que sa respiration était déjà faible et hachée, elle se secoua un peu mais je n'arrêtai pas la pression, je fermais seulement les yeux et je la vis partir, je sentis son corps se soulever lentement et s'affaisser, se reposer enfin sur les rives de l'oubli, je t'aime tellement, maman.

Je sortis sans bruit, hagard et sans but. Je tendais le visage vers le ciel, un léger vent soufflait mais rien ne pouvait assécher mes larmes, je hoquetais piteusement, et j'entendais sans plaisir maintenant les brouhahas de la ville et je voyais les flammes se rapetisser, près de s'éteindre, et je savais que l'incendie que j'avais créé allait continuer en moi mais que ne pâliraient jamais devant mes yeux l'image du visage de ma mère, ni celui de Saara.

Composition : Elyzad

Cet ouvrage a été achevé
d'imprimer en septembre 2022
par Normandie Roto Impression s.a.s.
à Lonrai (France)
pour le compte des éditions Elyzad

Isbn : 978-2-492270-84-0
Dépôt légal : octobre 2022
N° d'impression : 2204753